中国经济

2024

王德培 著

周期拐点与结构演化

上海远东出版社

图书在版编目（CIP）数据

中国经济. 2024：周期拐点与结构演化 / 王德培著. —上海：上海远东出版社，2024
ISBN 978-7-5476-1984-1

Ⅰ. ①中… Ⅱ. ①王… Ⅲ. ①中国经济—经济发展—研究— 2024 Ⅳ. ①F12

中国国家版本馆 CIP 数据核字（2024）第 002185 号

出 品 人　曹　建
责任编辑　祁东城
特约编辑　郭晓丹　李　健　吴雪冰　师惠齐
封面设计　徐羽情

中国经济．2024：周期拐点与结构演化

王德培　著

出　　版　上海远东出版社
　　　　　（201101　上海市闵行区号景路 159 弄 C 座）
发　　行　上海人民出版社发行中心
印　　刷　上海颛辉印刷厂有限公司
开　　本　710×1000　　　1/16
印　　张　17.25
插　　页　2
字　　数　228 000
版　　次　2024 年 2 月第 1 版
印　　次　2024 年 3 月第 2 次印刷
ISBN　978-7-5476-1984-1/F・724
定　　价　68.00 元

2024：新旧周期与结构演化

　　如果说 2023 年是国际局势骤变，各种坏消息不断，人们普遍感觉寒意加深的年份，那么，2024 年全球经济形势如何？平庸之年、拐点之年，还是分化调整之年？对此众说纷纭。国际货币基金组织（IMF）原副总裁认为"2024 年世界经济不会出现强增长，也没有大危机，总体'不温不火'，相对平庸"；高盛预测，在强劲的收入增长以及投资人对加息周期已经过去的预期等因素的推动下，全球经济将在 2024 年超预期，预计世界经济增长 2.6%。各方对全球经济形势判断莫衷一是，基于站位、角度不同及所取变量差异，对中国经济形势预判同样是"言辞交错争辩，真理或暂难寻"。高盛预测，2024 年中国经济增长将会低于 5%；瑞银集团在《2024—2025 年中国经济展望》中指出，2024 年中国消费和服务业将延续疫情后的复苏趋势。2024 年，中国以及世界经济到底何去何从，众说纷纭、尚难定论。

　　各种确定与不确定、悖论与反转交织，国内外经济形势似乎"稳中有降、进中有退"，让人看不清、辨不明。一方面，宏观趋稳，微观难熬。从宏观角度看，主要经济体经济均呈增长态势。2023 年第三季度美国实际 GDP 按年率计算环比增长 4.9%，大幅高于前值（2.1%），为 2022 年以来的最高值。

2023年前三季度日本实际GDP同比增长1.7%，其中净出口、私人消费对实际GDP分别贡献0.7与0.5个百分点。同期中国GDP同比增长5.2%，超过5%的全年增长目标。然而在微观层面，欧美企业普遍面临通胀压力、投资不足、内需疲软等多重问题。国内很多企业也抱怨市场需求疲软和经营困难。另一方面，预期与现实屡现偏差。美国公布2023年10月CPI数据，10月未季调CPI同比升3.2%，预期升3.3%，前值升3.7%。英国2023年11月15日发布的10月通胀数据显示，总体CPI同比大幅下降2.1个百分点至4.6%，通胀降幅超预期强化了市场对2024年降息的预期。中国经济指标同样存在现实不及预期的问题，如2023年10月制造业采购经理指数（PMI）为49.5%，未达到预期的50.2%。

2023年各种"常态"与"非常态"叠加，导致专家、机构对形势误判、失言，无疑也给预判2024年的经济走向增加了理论、现实难度。但"乱花渐欲迷人眼"的背后，实则是在百年未有之大变局时代，旧周期与旧秩序被打破，新周期与新秩序尚在建构中。

在政治层面，新兴国家不断挑战旧秩序。美国、欧洲等西方国家向全球投射影响力的能力开始衰落，旧的势力范围收缩：金砖国家大幅扩员、欧盟扩员计划受挫；美国"主动对外战略收缩"，欧亚一体化则在深化合作……新旧势力不断博弈交锋，国家主义回归、全球化转向区域化等加大了经济、金融、地缘、思潮等的动荡洗牌。

在经济层面，世界经济周期从增长到放缓，中美两个世界最大的经济体均陷于各自的经济困局。一边是，美国自由市场经济"走火入魔"，过度金融化"脱实入虚"。经济的过度金融化引发美国制造业空心化：企业层面的金融化破坏了创新型企业的生存土壤，导致美国工业能力逐渐被掏空；宏观经济政策的金融化则导致金融资本与产业资本逐渐解绑。另一边是，尽管中国经济依然正增长，但传统红利引擎趋于衰退，在人口红利与工业低成本优势逐步丧失、外向型制造业转型升级、土地财政收紧和老龄化加深等因素的交叠作用下，或将直接牵连 2024 年全球经济走势。

新旧交替的过程似乎让经济失去了方向，在此背景下，全球纷纷开启大的政策调整，从金融回归制造到科技突破、基建刺激等，全球政治经济同频共振。拜登政府于 2023 年 11 月宣布，将投入约 30 亿美元资金，专门用于资助美国的芯片封装行业，这是美国《芯片与科学法案》的首项研发投资项目。印度公布 2023—2024 财年预算，铁路建设预算创历史新高达 2.4 万亿卢比，接近 2013—2014 财年的 9 倍。

不可否认，一国经济增长总会面临周期性的波动，而宏观经济调控措施往往也是应对波动、渡过经济拐点的"强心剂"。殊不知，当下经济的症结不在于周期性调整，而在于结构性变化，决定经济趋势与内在规律的重大变量正在悄然演变。

第一，地缘风险波动性上升。20 世纪 60 年代，经济合作与发展组织（OECD）成员国国防开支占 GDP 比重高达 6%—7%，70 年代降低到 4%—5%，90 年代初进一步下降，即所谓的和平红利。在俄乌冲突和巴以冲突背景下，多国计划增加军购和国防预算，局部性的冲突冲击了全球经济发展的和平环境。持续不断的地缘政治冲突和紧张局势也会抑制经济增长，并加剧央行无法控制的通胀压力。

第二，极端气候危机"常态化"。由于全球变暖加剧，极端高温、极端强降水等事件出现频率升高、周期缩短，原本 50 年一遇的变为 20 年甚至 10 年一遇。联合国领导的政府间气候变化专门委员会（IPCC）发布第六次评估报告第一工作组报告，该报告指出，自 1970 年到现在，全球地表温度在 50 年内上升的速率比过去至少 2 000 年间的任意 50 年都快。应对气候变化所需的政策、法律、技术、市场等方面的调整都会对经济社会发展带来影响。例如，碳税、排放限制、能源转型、消费模式改变等，会进一步影响企业成本、市场竞争、国家博弈。

第三，科技创新与数字化转型成"关键变量"。2023 年 ChatGPT 横空出世，标志着以人工智能为核心的第四次工业革命拉开序幕。回顾人类进步的历史规律，发现各类技术经过堆叠、积累、量变、质变，会最终涌现出一个新的事物，如印刷术、火药、工业革命、汽车、飞机、计算机、自动驾驶、机器人等。各类 AI 工具的进化和升级，将带来人类生产方式、生活方式的升级重组。

第四，人口结构引爆社会大变革。全球新生人口持续下降将引发经济结构调整、社会养老和文化教育转型等重大变革。比如，少子化引发学校关停潮，人口年龄结构变化引发养老金系统和养老产业结构的调整等。

第五，货币重新寻锚。新型冠状病毒感染疫情打乱了美元"10 年贬值、6 年升息"的大周期，越来越多的国家和地区在跨境贸易和投资中减少美元使用，开始重新寻锚，或加强本币结算，或挂钩资源。在此过程中，由于态势不明朗，全球资本流动方向不明、世界货币离散度加大等问题都将接踵而来，既酝酿着国际货币体系动荡的风险，也蕴含着人民币国际化的机缘。

在以上各种变量的叠加、对冲之下，既有破，又有立，不仅经济周期被颠覆，连拐点也变得模糊。即便政策的调摆能让短期经济数据趋稳，但本质性的结构性问题依然难解。就此而言，世界经济面临长期性危机，此次危机既非大萧条，也非大衰退，而将呈现增长萎缩与替代乏力之特征，这早已不是正常的周期性切换所能解释。

在变量演化的过程中，既有积极因素，又有负面风险，这也决定了未来全球经济走势也将呈现结构性分化态势。一方面，后发国家与先发国家分化。《国际金融论坛（IFF）2023 年全球金融与发展报告》预测，2024 年全球经济增长预计将保持在 3.1% 的疲软水平，其中发达经济体将增长 1.3%，发展中经济体将增长 4.3%。摩根士丹利预计 2024 年发达市场的增长将低于趋势水平，而新兴市场的增长前景将喜忧参半。另一方面，全球贸易、产业内部出现结构性分化。从各国表现看，发达国家需求疲软，对全球贸易造成较大影响。新兴市场国家贸易增速较高，成为推动全球贸易增长的重要引擎。传统大宗货物的国际贸易相对疲弱，包括手机、电脑等电子类消费产品，以及一些传统劳动密集型产品。新能源汽车、光伏，以及数字贸易等新产业、新业态，正成为国际贸易中的亮点。

结构演化既是当前经济迷局的本质，也是判断未来经济走势的基本坐标。对于中国来说，纵向来看，短期内结构性问题仍将加深，但与其他国家相比，中国经济仍有"一枝独秀"的空间与机缘。

一方面，改革空间就是发展空间。上一轮以"市场经济""创新"为主题词的改革确实释放了生产力，助力中国经济"飞"了几十年。如今，改革进入深水区，与发达国家相比，中国在一些制度规则上仍有差距。例如，财税改革方面，财税制度既是调节收入分配、缩小贫富差距、促进共同富裕的主要再分配工具，更是减轻企业税负，激发其积极性，进而带动就业、拉动经济的重要手段。我国虽已陆续出台一系列财税改革措施，但从企业到个人税费负担在全球范围依然偏高。现有税制下，我国企业所得税25%（据OECD测算，全球最低税率为15%）、个税累进最高档45%。不过，差距越大也意味着改革空间越大。未来，财税制度的进一步调整、完善势必将提振企业信心，激发市场活力。

另一方面，在经济增长引擎切换的过程中，以数字经济、新能源等为锚点，中国已走在世界前列。比如在数字经济领域，中国已经与29个国家建立了双边电子商务合作机制，与18个国家签署了数字经济投资合作备忘录，一批数字企业成功出海。数字经济的国际朋友圈不断扩大，涉及的领域将更加广泛，由此还将涌现出更多的商业模式和新兴产业。又如，在能源转型过程中，"清洁能源＋储能＋算力"将破解我国能源结构和电力成本两大掣肘因素，使未来经济的各种发展方式成为可能。同时，以新能源汽车、智能家居消费等为代表的新消费爆发，将加速我国从"世界工厂"向"世界市场"转变。

总之，在结构演化的过程中，风险和机遇相生共随，随着新技术、新模式、新产业格局的深入布局，中国乃至全球经济将在持续的结构调整中蓄积新一轮的发展势能。

第二篇　变量与拐点

第三篇　锚点与机缘

第一篇

形势与坐标

第一章　中国经济面临周期性拐点？

2023 年中国经济走出了"进二退一"、波浪式发展的曲线。实际上中国经济"L 形复苏"的本质在于结构性难题在短期内难以解决，可以说，这一次的经济困难是改革开放以来最为复杂的。放眼未来，结构性调整难免会带来巨大不确定性以及经济的震荡波折。但与此同时，中国四大新的历史机缘正欲厚积薄发。

总结 2023，展望 2024

2023 年中国经济震荡前行。一方面，拉出了一条上扬线：第一季度，在信贷脉冲（即新增信贷占 GDP 比重的同比变化）带动下实现良好开局；第二季度，受制于出口下滑、财政投资趋缓，部分经济指标增速放缓；第三季度，在消费复苏带动下（国家统计局数据显示，2023 年前三季度，最终消费支出对经济增长的贡献率为 83.2%，拉动 GDP 增长 4.4 个百分点），经济出现积极恢复的势头；第四季度，面临房地产失速、资产负债表收缩等压力，宏观调控组合政策发力对冲，总体延续回稳向上态势。据国家统计局初步核算，2023 年前三季度 GDP 录得 913 027 亿元，按不变价格计算，同比增长 5.2%。

另一方面，部分领域经济运行偏离预期。一是市场信心恢复不及预期，集中体现在社会零售领域的"报复性消费"未大规模显现，在宏观经济与微观感受的冷热温差下，M1、M2 剪刀差在 2023 年 11 月扩大到 8.7%，创2022 年 2 月以来新高。二是全球"大通胀恐慌"并未如期传导，中国市场反而陷入"通货紧缩"以及"资产负债表衰退"争议。截至 2023 年 11 月，CPI连续两月负增长，PPI连续 14 个月同比下降。三是宏观调控偏离预期。前期不及预期，市场期盼的"大水漫灌"强刺激未显现；后又超预期，2023 年第四季度增发 1 万亿元国债即为例证。

在此背景下，就连身经百战的机构也对经济形势摸不着头脑，不断修正预测结论，因突发事件而上调或下调对中国经济的判断。直至 2023 年 12 月11—12 日，中央经济工作会议将 2023 年总结为"经济恢复发展的一年"，"有效需求不足、部分行业产能过剩、社会预期偏弱、风险隐患仍然较多"，但"有利条件强于不利因素"；同时定调 2024 年"加大宏观调控力度"，"稳中求进、以进促稳、先立后破，多出有利于稳预期、稳增长、稳就业的政策"。如果说 2023 年中国经济走出了"进二退一"、波浪式发展的复苏曲线，那么展望 2024 年及未来，可总结为 28 个字：适度恢复、结构萎靡、问题临界、压力不足、多空对峙、长期横盘、五到十年。

我国正处在经济恢复和产业升级的关键期，结构性问题、周期性矛盾交织叠加，2024 年宏观经济将在结构萎靡中实现适度恢复。总体来看，宏观经济有望进一步向上修复，彰显经济发展的韧性和活力，不仅在美元走弱和政策加码的预期下释放更多经济活力，同时，相较 2023 年，2024 年还将出现房地产失速收窄、出口修复、消费提振等积极变化。以新能源汽车、新能源发电设备、电子产品为代表，2024 年我国先进产业链累积的技术突破或产生出口提振效应。德国《焦点》周刊数据显示，30 年前，中国在高科技出口方面仅占全球总量的 0.6%，如今却已超过美国、日本、德国的总和。由此，学界、各机构纷纷将 2024 年中国 GDP 增速锁定在 5.0%—5.5% 的区间。殊不知，这种经济上扬呈现结构萎靡、相对波动、非全面恢复的态势。

一方面，房地产等传统经济"火车头"的动力正在消失，经济内生动力面临增长替代问题。房地产及相关市场平均每年贡献 13%—14% 的 GDP 增长，是中国经济的重要支撑。国家统计局数据显示，2023 年 1—11 月，商品房销售面积、全国房地产开发投资、房地产开发企业房屋施工面积分别是 2021 年 1—11 月的 63.6%、75.8%、86.6%。此外，开发投资额、销售面积与销售额、融资额均回落到 2016 年之前的水平，尤其是商品房销售面积尚不及 2010 年的水平。后地产时代，中国经济正迫切寻求新的动力。

另一方面，债务正成为经济中一个阶段性置顶的存在。从地方债风险到屡屡"爆雷"的企业债，再到创新高的居民杠杆（71.8%），债务问题亟需"拆弹"。更重要的是，债务危机的可怕之处，并非债务规模之大，而是信用坍塌引起的一系列连锁反应。但债务又是最难解决的问题，所有的债务出清都颇为艰难，负债率越高，对资产负债表的破坏就越大，"债务－通缩"陷阱越深，债务出清周期就越长，进而影响经济增长。

而深究 2024 年适度恢复、结构萎靡的经济特征背后，恰恰在于经济问题正逼近临界，原有发展模式、思路纷纷撞到"天花板"，而切换新模式、新思路的时间窗口正持续收窄。过去经济的高速增长，向内看源自中低端供给的规模性扩张与居民持续增长的需求之间的匹配；向外看受益于国内廉价的劳动力、较低的土地成本与发达经济体产业转移之间的匹配。当前经济增速换挡，一边是市场经济的发展引导人类走出短缺经济，进入过剩经济，居民需求从数量转向质量，供给也应随之转型。另一边中低端产业重新在全球寻找成本洼地，以美国领头的部分国家又试图遏制中国在高端产业链的快速发展，倒逼中国产业在上下夹击中加快向价值链高端转移。

　　只不过，尽管问题处于临界状态，不断逼近系统性切换的历史时刻，却又尚未引发关联风险外溢，在一定程度上，导致改革压力相对不足。党的十一届三中全会对中国走计划经济还是市场经济的方向性定调，从制度安排的高度实现了国家工作中心战略转移，开启了改革开放的新阶段。相较而言，尽管目前的状况是改革开放以来从未出现的情况，但还不及党的十一届三中全会召开时面临的改革压力，毕竟当时正处在长期的政治、经济、社会与思想混乱后，终于迎来的一个拨乱反正、重新思考与再认识的历史窗口。更何况，横向比，中国经济仍在世界经济中相对占优。经济合作与发展组织（OECD）、国际货币基金组织（IMF）相继调高了对2024年中国经济增长的预期，认为中国仍将是亚太地区和全球经济增长的主要动力。瑞银集团则预判2024年全球经济增长放缓，但中国经济将保持中长期增长。

　　毋庸置疑，框架性变量的调整难以一蹴而就，当下只是打破了旧格局，却还没有形成新秩序——在"青黄不接"的断层期，中国经济将持续呈现多空对峙：一方面，中国正以脱胎换骨的方式孕育自己的内生性发展动力，从21世纪初的"5＋1"版本升级到新的"6＋1"版本（大基建、后工业、新能源、新三农、数字化、绿色化＋世界经济安全岛的特殊地位）①，不断夯实中国经济"韧性强、潜力足、回旋余地广，长期向好"的基本面。另一方面，风险因子始终存在。面对房地产结构性泡沫、大型企业的债务违约风险、金融兑付与A股调整等行业性扰动因素，亟待进行深度出清、重构和重估。同时地缘政治风险持续扰动，姑且不论频繁爆发的地区性冲突，2024年还是"权力拐点年"，全球76个国家和地区将举行100多场选举，覆盖全球超一半的人口。全球政治焦虑以及基于安全的一切行动，诸如重构全球产业链、修订经贸规则、保护能源体系、强化金融安全、推动技术本土化，都对中国进

一步深化改革开放造成压力。

在如此基本面下，新旧格局的切换难以在 2024 年完成，而需阶段性酝酿，甚至在多空对峙中产生巨大的内耗，由此要做好中国经济长期"横盘"的准备。说到底，经济发展的本质是生产更好地满足消费，先是数量上的满足，再是质量上的满足。如果说前期数量的扩张受益于债务驱动、规模复制，那么质量的提升则需创新驱动、产业革新，难度大、风险高，需要循序渐进地推进系统性盘整。据西京研究院测算，与以房地产驱动的传统发展模式挥手作别，日本用了 30 年，美国用了 15 年。在这个漫长的告别过程中，经济将承受长期需求不振的压力。幸运的是，科技经济时代，各类技术大爆炸让经济增长周期的加速开启成为可能。典型如生成式 AI，它如同一把万能钥匙正开启千行百业的应用变革。更重要的是，AI 不是一个独立产业，作为一个技术底座，它将持续带来产业生态的重构、经济增长模式的颠覆。由此看来，中国经济的系统性盘整或超越 2024 年，以 5—10 年为期。

中国经济迈入"无人区"

2023 年中国经济呈现复苏由强转弱的态势，一些超预期问题逐渐显现，对于其中一些此前未曾经历的问题，尚缺乏理论共识。可以说，中国经济已经迈入"无人区"。在此背景下，经济学家不得不围绕这些问题展开讨论，辜朝明的"资产负债表衰退"理论——一个用于解释 20 世纪日本经济衰退的理论——在 21 世纪第二个十年的中国引起了社会广泛的共鸣，尽管很明显，日本和中国存在方方面面的巨大差距，本不应简单类比。

更多观点认为，中国经济正步入复苏期。经济学家们通常会用 5 个字母来描述经济复苏，分别是 U、V、L、W、K。U 形和 V 形意思是先跌后涨，出现触底反弹；W 形意味着先跌后涨，再跌再涨，要耐心等待；N 形意思是会像 N 字一样先涨后跌再涨，即稳中向好；疫情之后，K 形复苏的说法也逐步走红，意味着经济遭遇整体性衰退后，一部分反弹上升，另一部分仍处于低位。

在经济复苏失去动能之际，政府出台的政策效果似乎不及预期，这让悲观情绪开始在市场蔓延。直到 2023 年 7 月高盛发布报告称，预计中国内地房地产市场将在未来数年出现"L 形复苏"，这才让众多讨论参与者恍然大悟，这种"不看好形势的高情商说法"既符合前两年"权威人士"对中国经济复苏态势的定论，也比较准确地反映了目前宏观经济形势的基本特征。定性之后，怎样应对"L 形复苏"就成了主要问题。

在应对"L 形复苏"的对策建议方面，国内外机构、专家给出的方法举措大致有以下几类。国内机构与学者更看重货币政策。国内三大证券报的头版文章纷纷呼吁"经济修复过程或许并非一帆风顺，仍需货币政策保驾护航"。一些经济学家积极呼吁采取降息和其他支持措施，认为降息是很重要的促投资手段，呼吁银行业进一步降低贷款利率。还有部分商界领袖和经济学家则呼吁政府赶快出手救市，尤其是房地产市场，有人直接喊出"只有救楼市才能救内需"。还有人呼吁政府紧急修正政策，采取更加以市场为导向，而非计划式的经济模式。一些地方政府在谈及就业问题时，鼓励企业在带动就业等方面展现更大担当，"可招可不招的要招，可多可少的多招，可早可晚的早招"。

以上这些占据主流媒体"C 位"的对策建议，用于应对一般性或常规化的经济波动，解决经济上升期或繁荣阶段遭遇的短期调整等问题，大概率是可行的。但是面对中国经济"L 形复苏"的问题，这种头疼医头、脚疼医脚的办法就无能为力了，因为他们无法兼顾目前中国市场经济发展的阶段性问题、平衡经济结构以及刺激市场主体恢复信心、增强投资活力的根本性大问题，也没能解决未来经济增长替代、构建现代化产业体系以及找到推动"双循环"的动力源等关键问题，更没有很好地处理总量巨大的政府债务、规模巨大的房产存量以及日益增长的青年人失业率等紧迫问题……一言以蔽之，按照这些方案解决"L 形复苏"的结果极有可能是饮鸩止渴，不但无法扭转经济探底进程，而且还会激化原本的矛盾并制造新的经济危机。

历史上两次"L 形复苏"的考验

严格意义上说，近半个世纪以来中国曾经历过两次近似"L 形复苏"的考验。

第一次是 20 世纪 70 年代末，在经济濒临崩溃的时刻，"包干到户"与"改革开放"开启农村体制改革，并由此开始了一系列体制改革，解放、发展了生产力……本质上这是中国告别计划经济、结束"闭关锁国"、走向世界的开始，其伟大意义怎么说都不过分。

第二次是 20 世纪 90 年代初，具体来说是 80 年代末到 90 年代初的三年，也是中国经济在改革开放之后经历的第一次最危险、最困难的时期，当时很多国家认为中国已经走向穷途末路。国际上，随着东欧剧变和苏联解体，社会主义阵营土崩瓦解，让当时还算强势的中国自然而然地成为西方世界头号敌人，以美国为首的资本主义国家纷纷对中国"痛下杀手"，以外企撤资、国际禁运、贸易制裁等方式把中国经济拖进"黑洞"。与此同时，国内经济效益下降、财政困难加剧、潜在通货膨胀压力并存，GDP 增速从 1988 年的 11.3% 陡然降至 1989 年的 4.1% 与 1990 年的 3.8%，1991 年 GDP 才反弹至 9.2%，国内一片愁云惨淡。

然而，就在这样看空、唱空为主流的背景下，1992 年"南方谈话"开启了有中国特色的市场经济体制改革的新篇章，结果是随后中国经济进入长达 30 多年的"起飞"状态，并实现了"超英追日赶美"。其中，最核心的一招就是1994年开始的"分税制"改革，分灶吃饭、权力下放，让地方政府获得了极大的财政自主权，充分调动了地方政府发展经济的积极性，万马狂奔的效果有目共睹。可以说，通过搞市场经济改革，关键是解放了地方思想，让他们有兴趣、有热情主动地建设、完善市场经济体制，成为推动市场经济发展的主体。至于"四项基本原则""一个中心，两个基本点"等脍炙人口却又简单易懂的口号，不过是锁定方向、鼓励发展的"白名单"。大道至简，却是一个巨大的进步，同时也是今日国家提出"建设国内统一大市场"这一目标的根源所在。

在随后的1998年中国经济又遭遇严重通货膨胀、产能过剩、国企职工下岗失业问题，2008年则是遭受世界金融危机的冲击。这两次经济危机的危害性均不及前两次。1998年我国采取类似如今"供给侧结构性改革"的方式来去产能，用了3年时间把煤炭、有色金属等亏损行业都做了去产能处理，结果一方面国有企业的产值下降到20%以下，另一方面"国退民进"，民营企业迎来了飞速发展阶段，开启了在国民经济中权重持续上升的进程。2008年则是通过"4万亿"投资"救活"了中国经济，后遗症是地方债务膨胀问题也由此进入"快车道"，并演化为今天制约扩张性财政政策推行的首要"堵点"。本质上，应对这两次危机的方式还是在政府主导经济发展、资源配置的道路上"见招拆招"。然而，这些招数对于化解2023年所遭遇的挑战已经力不从心了。

一方面，原有发展模式、体制以及思路纷纷遭遇天花板。高速度发展时期"被忽视的部分"在高质量发展阶段开始"修正"经济发展本身，建设国内统一大市场、"双碳"战略的执行、企业ESG评价标准、绿色化发展模式、平台经济、地方债、经济内循环以及总体国家安全观的落实等，一系列新要求、新标准基本让原来熟悉的经验模式变成了教训。这是一个缓慢而重大的切换，是一个时代远去的标志。所以，当某些经济专家的思路还停留在希望通过降息、刺激促销等政策来拉动消费，一些决策者还是萧规曹随，习惯用增加投资、扩大出口、超发货币、促销等传统方式来救经济时，要明白其中思想认识上的"断层"与"错位"。

另一方面，外部环境的变化与压力增加。2016 年以来，中国的外部环境就开始变化，个中原因毋庸多说，恶化的态势也可谓既快又宽，从贸易摩擦延展成近乎"全域战"，从市场经济到国家主义，从脱钩到去风险化，从近岸生产到友岸外包，从产业链重塑到供应链调整，全球化、WTO 框架下理所当然的事情，如今都成为必须重新思考的复杂问题，而这早已超越经济本身……这种变化短中期看来难以缓解。因此，对于大多数企业、个体而言，未来发展遭遇的不确定性要大于确定性。

L 形本质：形势向好，结构难调

尽管大多数机构和专家认为中国经济正处于平稳回升、积极向好的局面，但是内外部形势依然不太乐观——宏观好，微观差，形势向好的背后是少数行业巨头在增长，但大多数企业还处于水深火热之中。从中央到民间，都在谈三重压力（需求收缩、供给冲击、预期转弱），谈"六稳"和"六保"（稳就业、稳金融、稳外贸、稳外资、稳投资、稳预期，保居民就业、保基本民生、保市场主体、保粮食能源安全、保产业链供应链稳定、保基层运转）。那么，中国经济问题难在哪？

归根结底，中国经济正面临诸多结构性难题，而且，这种难题不是周期性的。不可否认，一国经济增长总会面临周期性的波动。过去几十年，中国基于房地产业蓬勃发展、城市化进程的经济周期正在变弱，加之需求周期、供给周期、政策"去产能"等多周期嵌套，往往会带来一系列经济连锁波动。但这种周期性变化和结构性难题的动因是不一样的，周期性波动用短期宏观经济调控措施应对便可取得成效，但结构性难题具有一定的趋势性，而改变趋势的难度要大得多。具体来说，中国经济面临的结构性调整压力主要体现在四大方面。

第一，人口的总量见顶与结构失衡。作为一个人口大国，中国正经历一场人口结构变革。一边是人口总量见顶。2022年全国人口负增长85万，是1962年以来首次出现总人口的负增长。另一边是在少婚、低生育率和寿命延长的共同作用下，少子化、老龄化的结构性危机日益加剧，引发"大国空巢""人口悬崖"等忧虑。过去十年，中国劳动年龄人口平均每年减少300万左右。中国人口已经迎来由劳动力过剩到短缺的"刘易斯拐点"①，劳动力成本持续上升。国际经验表明，劳动力成本的上升将使一国的劳动密集型产业不再具有比较优势，只有创新才能推动经济进一步发展。处于后工业化时期的国家经济增长往往会放缓，难以复制7%—10%的GDP增速。

第二，外贸迎来贸易伙伴的结构性切换。全球产业链调整与重构呈现本土化、区域化、逆全球化特征，以美国为代表的西方国家正加快产业链"去中国化"。从国家统计数据看，2017年，中国占美国全部进口额的21.6%，2022年下降至16.5%，2023年1—5月，该占比进一步降至13.0%；2022年，美国成为欧盟第一大贸易伙伴，超过此前占据该位置的中国；印度2021—2022财年最大的贸易伙伴也由多年来的中国变成美国。中国几十年来在全球产业链中的地位开始被削弱。由此，中国迎来贸易伙伴的结构性转变：东盟超过欧美，成为中国第一大贸易伙伴。2023年前8个月，中国与东盟贸易总值占中国外贸总值的15.2%，超过欧盟（13.6%）、美国（11.2%）和日本

---

① 刘易斯拐点是由英国曼彻斯特大学教授威廉·阿瑟·刘易斯提出的一个经济学观点，指的是劳动力由过剩向短缺的转折点。在工业化进程中，随着农村富余劳动力向非农产业逐步转移，农村富余劳动力逐渐减少，农业和低端工业从业者工资成本提高，最后再也没有富余劳动力了。刘易斯拐点意味着城市化过程的结束和劳动力成本的上升，整个产业结构和经济发展模式都面临巨大的调整压力，也是企业转型升级的重要分水岭。

（5.4%）。放眼未来，中国产业升级会进一步挤压欧美通过科技垄断赚取超额利润的产业空间。在中美处于恐怖平衡、产业竞争激烈的阶段，中国外贸的结构性调整在所难免。

第三，投资过剩与消费不足的结构性错配。一方面，中国家庭消费占GDP的比重一直维持在低位（2022年全国最终消费只占GDP的53%，居民消费只占37%），而储蓄率却高于大多数甚至所有中高收入国家（世界银行的数据显示，2022年全球储蓄率为25.5%，而中国储蓄率则高达45.4%）。另一方面，中国的投资率虽长期高于其他国家，但住房和基础设施投资占中国固定资产投资的一半。2010年以来，由于住房和基础设施的投资回报率增速放缓，中国的投资回报率大幅下降。此外，由于民营资本信心不足等原因，民间资本的投资增速逐月放缓，2023年上半年国有控股投资增长8.1%，但是民间投资增速只有－0.2%。结果，社会财富钢筋水泥化，叠加国企投资上升、民企负增长的格局，严重影响整个社会的信心和资金流动性，造成债务堆积和消费不足。欧洲政策研究中心主任格罗斯发表的《中国经济的现实问题》指出，如果中国的储蓄率维持在目前水平，即达到国内生产总值的40%以上，但投资率下降到国内生产总值的30%，中国将不得不保持10个百分点的经常账户盈余以保持经济平衡。

第四，"双碳"目标与中国经济发展的结构性变革。中国目前已制定了"3060"双碳目标。其中，"碳达峰"要求经济增长与二氧化碳排放逐渐脱钩；"碳中和"则要求中国整体经济结构的变化和经济技术的根本性再造。这倒逼中国从一个粗放的以煤为基础，能耗效率较低的经济体系，转变为一个完全以电为基础，但能耗效率较高的高科技现代化经济体系。如此一来，中国不得不面对经济增长与"双碳"目标的长期两难性。以能源结构为例，从消费角度来看，如果中国想在2060年达到美国目前的煤炭消费水平，则煤炭消费必须以每年8 200万吨的速度减少。从生产角度来看，如果中国继续以煤炭为主要的发电能源，并继续生产世界上近半数的钢筋和水泥，那么摆脱煤炭将不可能实现。

以上四大结构性问题并非单独作用，而是同频共振叠加交织在一起，验证了"中国经济下半场"的判断。市场笼罩在情绪面的阴影之中，包括内部消费潜力和市场信心严重不足，潜在的通货紧缩和流动性陷阱威胁，国际关系恶化和外贸萎缩，技术封锁、资本外流与产业外迁，国民心态的变化，长期的人口萎缩趋势等因素。这些危险因素正在造成影响，刺激政策加码的市场预期越来越强，各部委不断跟进推出一系列维稳措施。只不过，当下刺激政策只涉及短期以维稳为目标的"见招拆招"，或许能在一定程度上缓解市场焦虑情绪，但只有刺激而缺乏普遍性的经济制度安排，难以形成系统拐点。

形势向好，结构难调，可以说，这一次的经济困难是改革开放以来最为复杂和最难消解的局面。放眼未来，结构性压力的触底调整难免会带来巨大不确定性以及经济的震荡波折。不过，虽然政策仍在"挤药膏式"救市，但若未来经济形势依旧严峻，届时出台大政策的概率会加大。总之，破与立的辩证关系是指导我们理解中国经济发展道路的一盏明灯。

穿透变局、困局与破局的迷雾

现实中的变局挑战极大，困局仍然无法回避，没有破局的出路，那么宏观经济的震荡与调整就会持续很久，造成的破坏后果就会很大。要对此态势进行冷静分析，还得回到形势的变局、困局与破局这"三个大局"上来，仍然坚持用第一性原则发现变局与困局的本质并准确定性，梳理出底层逻辑后才能提出破局的出路。这也是穿透反常、极端现象的迷雾，摆脱"噪声"干扰，用客观、中性立场理性看待形势的必由之路。

冷静分析当前的经济"变局"可以明确其本质是叠加式的"危机组合"，

简单地说就是去产能、去全球化与去金融化的历史性"回摆"。这基本上是对前二十年世界经济发展环境的"全面否定",其冲击力对中国这样一个得益于经济全球化、贸易自由化的国家而言,是地震般的打击。因此,出现各种各样的不适应、恐慌倒也不奇怪,关键是要看准变局最本质的因素,排除那些影响情绪的说法,要清醒地意识到这既不是意识形态斗争,也不是阴谋诡计,而是大国之间对生存空间的争夺。至于定性为危机叠加,则是表明这是周期性、规律性与宿命性因素的叠加,是人类历史发展"否定之否定"定律的体现。

困局也不是中国独有的窘境,因为"变局之下"全世界普遍面临经济增长乏力、衰退的严峻挑战,各国都遭遇世界贸易大幅下降的问题,从东方到西方几乎没有一个出口型国家的外贸频现亮点,都是红灯闪闪;投资方向与资本流动更是有苦难言,原有的金融秩序、交易结构以及市场规则都被破坏,美国的长臂管辖、持续加息、越来越严密的投资审查以及国家间博弈的深化、泛化让世界投资的安全性、自由度受到严重冲击,俄乌冲突的走势让世界发展环境的不确定性上升。这对投资是"空",对投机是"多",所以,投机之下经济发展的离散度加大、动荡程度加剧,也就不言自明了。至于消费的作用更是尴尬,主要问题是钱从何来?"流动性陷阱"是目前形势分析报告中出现频率最高的一个术语,一方面是资金在虚拟经济中"空转",另一方面是各国债务堆积如山,普遍陷入借新还旧的恶性循环中……在这些核心问题上,"环球同此凉热"。

破局之道在于对本质的深刻理解与把握,基于变局与困局的内在逻辑,依靠既有政策、经验与模式来应对这些问题几乎是不可能的,必须在体制改革和制度建设的层面上实现突破,回到经济改革的第一性上去"解放和发展生产力",解决广大群众最关心的问题,才能有效地应对变局、打破困局、实现破局。对此,如何发挥市场在资源配置中的基础性作用,就成了"牛鼻子"，是解决主要矛盾的灵魂。在这个层面上，有两个角度可以发力破局。一是关于统一大市场的建设，作为化解世界猜疑、统战国际盟友、消除地方保护主义、打破行政区划分割的一体两面的"大杀器"，统一大市场是用市场手段解决问题的关键。二是下一步"大政策"的空间。面对前所未有的严峻形势，重大会议将会有重大思路、重大政策出台，这既是中国独有的体制改革的特点，也符合经济发展的逻辑。

中国四大新机缘正欲厚积薄发

如今，世界经济又来到方向不明、发展滞缓的历史拐点，在中美两国以往历史机缘逐渐消退、新的机缘尚未完全形成之际，亟待第三只"看不见的手"扣动变量、打破临界、孕育新的历史机缘。对应中国原有的历史机缘（市场经济、房地产、WTO），"复式经济、社会经济、能源变革、量子计算"四大新的历史机缘正欲厚积薄发，任何一方面的突破都能带来社会发展的巨大变革。

其一，复式经济的实质性到位——模式定型，界面友好。社会矛盾的沉淀、时代发展的需求催生复式经济。自改革开放以来，中国从计划经济的半道上拐弯到市场经济，但几十年来市场化速度过快造成的社会矛盾也在不断积累，在经典的市场经济难以适应发展之际，亟待第三条道路——复式经济。复合模式将表现在中国经济的方方面面且带来极为深远的影响。首先是国家力量与市场力量的结合，政府功能将在不断对冲市场经济的过程中兼顾效率与公平、契合治理和发展，市场经济与国家经济相辅相成、双轮驱动，成为中国发展模式引领时代的关键切入口。其次是城市发展趋向"双中心"，包括以特大城市为中心的超级都市圈以及以小城镇为节点的网格化格局。最后是产业层面的复式，即解构原有的产业格局，催生以产业互联网等为代表的新产业模式，形成爆发式经济增量。

其二，历史的动能叠加特殊的时代背景，让"社会经济"正式登上历史舞台且量大面广。当代中国经济具有"转轨"的历史动能，1980年深圳"画个圈"、1992年浦东开放，让中国从计划经济半道拐向市场经济，大大促进了经济发展；如今再度"转轨"，在市场经济的半道、国家经济刚刚崭露头角之际涌现了"社会经济"。"社会经济"是复式经济的组成部分，也是对市场经济和国家经济的重要补充，在市场经济和国家经济难以覆盖的领域发挥作用。牛津大学曾预测，全球大约一半的工作岗位将随着技术进步而消失。在一个对人力工作需求不大的世界里，尤其在市场经济、国有经济难以容纳足够就业的时候，必须要有基本收入确保生存。信息经济时代，"社会经济"被互联网、机器人、人工智能等"逼上"历史舞台，迫切需要中国在思想和行动上先行。企业群体、社会组织、国家机构将合力为社会提供量大面广且具备社会公益性质的就业机会，如社会养老、社区管理、非营利性基层公共服务以及过渡性就业安置等，不仅对维系公民权利产生深远影响，也能帮助中国构筑"橄榄形"社会稳态结构。

其三，能源技术实现颠覆性变革（如核电技术的实质性突破）。科技的积累让中国核电技术领先全球，甚至可能打开"终极能源"之门。中国核电技术始终寻求自主化发展道路，已掌握第三代核电技术（国和一号、华龙一号），并在第四代核电技术上取得突破性进展，全球首个基于第四代核电技术的钍基熔盐实验堆于2021年9月在甘肃武威试运行。2021年12月，中国科学院合肥物质科学研究院等离子体物理研究所借助素有"人造太阳"之称的全超导托卡马克核聚变实验装置完成了1 056秒的长脉冲高参数等离子体运行，让人类探索可控核聚变能源应用跨出历史性一步，为核聚变实现商业发电奠定基础。一方面，可控核聚变将为中国乃至世界打开"双碳"与能源革命之门，其原材料在地球上几乎取之不竭，且排放无污染，是解决能源危机的终极办法。另一方面，中国核电基建能力超前且建设成本全球最低（华龙一号造价仅为其他国家同类机组的60%），"核电技术＋基建能力"将在"一带一路"倡议下出海，通过基建与核电标准的输出引领全球核电发展，并逐步摆脱对法系、美系标准的依赖。

其四，技术的积累将让量子计算机实现实质性突破，电子运算与量子运算的系统边界逐步被打开。2020年12月，中国科学技术大学研究团队与中国科学院上海微系统与信息技术研究所、国家并行计算机工程技术研究中心合作，构建了76量子比特的量子计算机"九章"（其求解数学算法高斯玻色取样只需要200秒，而当时世界上最快的超级计算机"富岳号"则要用6亿年），较之2019年谷歌发布的53量子比特计算机"悬铃木"快了100亿倍。除算力取代之外，量子计算还会开拓延伸出更多前所未有的新兴领域，重新定义并"格式化"各行各业。例如在人工智能领域，量子计算避免了经典机器学习算法受到数据量和空间维度的制约，能够更快地操控"高维向量"进行大数据分类并提升学习速度。如今，汽车自动驾驶、搜索引擎、推荐系统等都是机器学习的热门领域，因此量子计算决定了全球IT产业巨头的发展趋势。未来，全新的量子技术将在量子计算的基础上从实验室里走出来——量子通信、量子测量、量子材料等也将获得突破，而掌握这种能力的国家将在经济、军事、科研等领域建立全方位优势。

进一步而言，如果说"新大陆"地理大发现以及市场经济与工业经济双双推动下的科技革命开启了近几百年现代文明的历史机缘，那么变革生产方式、交换方式、生活方式将催生人类文明的新一轮历史机缘。尤其自美国次贷危机爆发以来，人类社会已经悄然走向历史周期的转折点和拐点，国际政治力量对比的变化、数字化新时代、气候危机等因素相互叠加深刻影响世界时局。新型冠状病毒感染疫情又加速了这一进程，奠定了变革的方向，成为撬动百年未有之大变局的杠杆。表面上看是国家内部矛盾、国家之间冲突、人与自然关系失衡在当下的集中爆发，但归根结底是变革西方两三百年来原有路径依赖的内在逻辑，即变革人类自工业革命以来激进的生产方式、交换方式、生活方式。

当人类的生产方式、交换方式、生活方式开启变革，从"激进与偏态"向"平衡与稳态"转轨，势必会经历一个极其艰难的调整阶段，但也将正向引导人类命运的未来走向。而这背后，所有社会、资源、环境等矛盾的沉淀，信息、生物、太空等技术的积累，周期性拐点叠加百年未有之大变局的时代背景，经济范式、制度变革、文明形态等系统边界的突破，以及在历史积淀、思想源头、文化底蕴之中寻根溯源的历史动能，都将协同发挥作用构成人类历史整体性破局的"对角线"，以一只无形的"上帝之手"推动三大方式的变革并创造人类文明新的历史机缘。

第二章　形势结构演化的内在坐标

百年未有之大变局下，"3＋2＋1"涌现，既成为中国乃至全球经济形势起伏变化的主轴，也构成了判断世界经济发展趋势的基本坐标。"3"是去产能、去WTO、去金融化的宏观大势变量，"2"是发达经济体、后发经济体普遍逼近各自发展瓶颈，"1"是科技革命带来的颠覆性影响。在这一内在坐标的影响下，全球经济、政策等将面临结构性调整和演化。

世界经济进入长期性危机

IMF在2023年10月发布的《世界经济展望》中将2024年全球消费者价格涨幅预期从5.2%上调至5.8%。IMF预计，到2025年，大多数国家的通胀率都将高于央行的目标。以此看IMF对未来全球的前景预测，比2008年金融危机和2000年互联网泡沫破裂时期还要黯淡。就此看，世界经济似乎正进入长期性危机。

第一，全球经济增长开始放缓，符合"二八定律"，提振经济已成为全球置顶议题。全球前20名国家的GDP总额占全球80.5%，并呈现美国、中国、欧元区GDP"三分天下"之势（三者占全球六成）。与此同时，地缘冲突、高通胀、债务危机不断显现，回望 2023 年，全球经济巨轮在复苏之路上艰难前行。IMF 在 2023 年 10 月发布的《世界经济展望》中提示"发达经济体增速放缓"成为全球经济增速下行的主要原因。其中，预计美国的经济增速将从 2022 年的 2.1% 放缓至 2024 年的 1.5%。

第二，传统左平右衡的政策经济已严重脱离现实。以降息、加息为典型，主要经济体不约而同地试图通过货币政策进行对冲，未料其边际效益递减，"成绩"还是不理想。哪怕试图以财政政策调节，也容易陷入货币政策与财政政策的结构性失调。突出表现在美国货币政策紧缩（美联储自 2022 年 3 月以来多次加息）与大规模补贴的财政政策（拜登四大法案不断扩大政府财政支出）并行，与控通胀目标相冲突。美联储缩表减少债券持有（2022 年 5 月至 2023 年 8 月 9 日，美联储投资组合缩水 0.98 万亿美元）与财政发债规模快速增加（2023 年 5 月底至 8 月 17 日，美债规模增加约 1.3 万亿美元）并行，不断抬高美债市场供需失衡风险。

第三，尽管相较于欧美经济的负增长，中国依然以正增长充当了世界经济增长发动机，但不可否认，中国曾经在人口、房地产以及改革方面的红利正在消退。国家统计局数据显示，2023 年 1—9 月全国规模以上工业企业实现营业收入 96.35 万亿元，同比大致持平；利润总额 5.41 万亿元，同比下降 9.0%；营业收入利润率为 5.62%，同比下降 0.55 个百分点，可谓利薄如纸。就连托底经济的大基建和房地产都开始不稳："卖地"收入缩减、地方债务高企让大基建后续增速乏力，中国楼市经历第一季度的小阳春，4 月就立马"坠崖"，5 月后持续回落，房地产正在进行历史性的下行寻底，商品房供过于求更为严峻。截至 2023 年 4 月，全国在建的商品房面积超过 77 亿平方米，待售的还有 6.4 亿平方米。按照 2023 年 1—4 月月均 0.95 亿平方米的销售能力，即使开发商不再增加在建项目，这些商品房也需要 89 个月才能卖完。房地产行情与其说是短期断崖式下坠，不如说是结构性、长期性问题显现。

第四，美国这个"带头大哥"病了，主动带头去全球化，阻断"美元—美债"的全球循环，无异于自废武功、自断经脉。美联储一年多11次加息，直接破坏了银行"短存长贷"的资金链，以至于整个银行业面临流动性危机。伴随银行破产浪潮，大量资金从美国外逃，导致"拆东墙补西墙"的金融击鼓传花无以为继，正戳破美国的虚假繁荣。如今美债达到上限，一旦再也躲不过去，美债违约给全球带来的就是超出想象的金融海啸。IMF在2023年5月11日估计，全球15%的低收入国家因美国不断加息而处于债务困境中，45%处于风险之中。未来5年的全球增长将是30多年来最弱势的增长。道琼斯市场数据显示，自2022年7月5日以来，代表2年期和10年期美债收益率之差的收益率曲线一直呈现倒挂形态，这一美国经济衰退指标已连续222个交易日释放出预警信号，倒挂时间越长，衰退程度越严重。已有美国专家预判："我们目前所处的环境——高通胀、利率上升以及金融系统出现的'裂缝'，正是那种更有可能发生股灾的环境。"如果美国爆发股灾，金融游戏靠的是信用支撑，一旦美国信用崩塌，后果将是瞬间跌入悬崖。这也意味着，美国已步入银行"爆雷"到美债违约的信用"死亡螺旋"，难以走出银行危机与债务危机的悖论，这就不仅仅说明了危机的长度，更说明了危机的深度。

第五，欧洲、亚太和非洲等地区也在风雨飘摇中煎熬。现实的触发点看似是新型冠状病毒感染疫情。从2020年1月30日WHO宣布全球紧急状态，到2023年5月5日WHO宣布新型冠状病毒感染疫情不再构成国际关注的突发公共卫生事件，疫情三年不仅造成全球近700万人死亡（谭德塞表示实际至少有2 000万人死于疫情，是WHO记录的近3倍），更因为防控断链改变了全球贸易。但疫情只是个加速器而已，在疫情之前就早已埋下了这次全球性经济危机的病根。从美联储到日本、欧洲央行无不以量化宽松货币政策来延缓2008年金融危机，当年金融衍生品的市场过剩并未平仓，反而在原先的市场失灵下更添超发货币的政府失灵，以至于美国率先推倒了危机的多米诺骨牌。

由此，从中国经济增速放缓、红利消退到美国银行"爆雷"、债务危机，这次世界性经济危机，既非大萧条，也非大衰退，而将呈现增长萎缩与替代乏力的基本特征。

第一，全球经济依然在正增长，只不过是在区域分化中增速下降而已。2023 年 10 月 IMF 预判多个新兴市场和发展中经济体增长势头强劲，2023 年经济增速放缓主要集中在发达经济体（约 90% 的发达经济体增速放缓）。

第二，全球经济面临新旧引擎切换，但在旧引擎失速下，新增长替代乏力。最典型的就是贸易全球化遭遇困境，市场经济逐利空间在各国壁垒下被严重压缩，全球"三链"即产业链、供应链、价值链面临重塑，当下只是打破了旧格局，却还没有形成新格局，尚在国家博弈中，处于青黄不接的断层期。

从长度看，这场危机的调整至少需要 20 年。从历史经验看，英国工业革命后，全球开始按照工业文明经济规律发展，每隔 50—60 年出现一次经济周期，主动力是技术升级，推动产业升级，进而以生产力提高推动经济增长。一个经济周期内往往是 20 年左右的经济增长，随后技术对经济贡献率见顶，即便再维持 10 年左右的高增长，也挡不住接下来步入危机的 20—30 年，这也意味着危机的变局调整至少需要 20 年。加之，20 年正好是一代人，从出生到 20 多岁买新房是 20 年，到 40 多岁改善住房又是 20 年。买新房借贷一次，改善住房借贷一次间隔也是 20 年。因此，从房产周期到信贷周期，基本都是以人口为推动力的 20 年周期，而一个产业持续兴盛不会超过 20 年，经济上颠覆性的产业增长替代也需要 20 年。换言之，全球经济或需 20 年左右才能进入新一轮大繁荣周期。而在此之前，经济增长将以扁平化、隐性化的非显著形式呈现。

判断形势的基本坐标："3＋2＋1"

百年未有之大变局下，"3＋2＋1"涌现，既成为中国乃至全球经济形势起伏变化的主轴，也构成了判断世界经济发展趋势的基本坐标。

"3"是去产能、去 WTO、去金融化的宏观大势变量。近 40 年，市场经济几乎在全球范围内急速狂飙，市场要素资源在全球自由配置带来产能快速膨胀，同期西方在国际产业大转移驱动下迎来金融大繁荣。然而，物极必反，月盈则亏，危机也逐渐显现。

其一，前所未有的大过剩就像幽灵一样盘旋，引爆大范围去产能。按照国际通行标准，产能利用率低于 75% 时，就意味着严重的产能过剩。中国乘联会的数据显示，截至 2022 年底，中国产能前二十车企的产能合计 3 749 万辆/年，占总量近九成，但平均产能利用率却低于 50%，产能利用率在 70%以上的车企仅有 5 家。如果说中国产能过剩突出表现在汽车产业，全球产能过剩则以手机为典型。国际数据公司（IDC）数据显示，全球智能手机的出货量在 2022 年、2023 年第一季度分别同比下滑 11.3%、13.2%。一部手机覆盖超过上百家供应链厂家，一辆汽车更是由成千上万零部件组装而成，这两个代表性消费品产能过剩的背后实则是多个产业集中出现过剩之忧。

其二，以美国为首的一些国家挑起的逆全球化搅乱"三链"，破坏生产经营秩序。政治风险在多个领域爆发，产业链、供应链、价值链寸寸断裂，打破生产经营各环节上下游的连接，加剧国际"三链"矛盾。以出口为导向的国家首当其冲。越南统计总局数据显示，2023 年前 8 个月，越南货物进出口总额 4 352.3 亿美元，同比下降 13.1%。2023 年上半年，越南 GDP 同比增长 3.72%，是自 2011 年以来的第二低值，仅略高于 2020 年同期的 1.74%。

其三，全球进入去金融化周期。十余年的量化宽松政策让主要经济体保持相对稳定的增长，同时也导致了接近负的名义利率和不断攀升的债务水平，助长了投机性资产泡沫。美国自 2022 年 3 月以来，启动自 20 世纪 80 年代以来节奏最迅猛的一轮加息。与之相伴的是资产负债表规模的快速收缩，从 2022 年 3 月 24 日的 9.01 万亿美元降至 2023 年 9 月 19 日的 8.02 万亿美元。

"2"是发达经济体、后发经济体普遍逼近各自发展瓶颈。一方面，后发经济体结束市场化改革的红利周期，转入攻坚克难的新阶段。以中国为例，改革开放释放出从计划经济向市场经济切换的制度红利，房地产市场化改革兑现出土地红利，中国劳动力资源禀赋和广阔市场空间释放出人口红利，三个红利相结合释放了创造财富的巨大潜力。而今三大红利的内涵生变，战略和制度密集调整，推动中国经济从高速增长转向高质量发展的新阶段。另一方面，发达的市场经济国家逐步进入"最高阶段"，陷入金融脱离实体经济的尴尬。当金融业发展到市场经济最高阶段，天使变魔鬼，拐至"钱生钱"的癫狂状态虹吸一切社会资源。2022 年美国第一、第二产业之和占 GDP 比重不足 20%，已然揭示"实业空心化、金融泛滥化"的产业偏态结构。

"1"是科技革命带来的颠覆性影响。生物科技改造人类的生理构成，信息科技把人类活动延展到虚拟世界，科技革命则给人类社会、生活、工作等方方面面带来翻天覆地的变化，不同技术的持续迭代和进化正从多个维度把人类社会推向新的发展阶段。然而，科技革命却又陷入创新困局，久久未有更前沿的技术创新，无法提供一个新的生产要素以提升全球劳动生产率，缺少能对生产生活方式进行根本变革的产业。昔日智能手机替代功能手机，掀起新的产业起点。而如今从 VR/AR 到元宇宙，新概念层出不穷，但依旧停留在想象中，迟迟无法落地兑现。更严峻的是，一切都在变化，但一切又仿佛没有改变：计算机的计算能力更强，但仍然是基于 20 世纪 40 年代的冯·诺依曼理论；从 1990 年到现在，锂电池技术几乎原地踏步……

毋庸置疑，"3 + 2 + 1"框架性变量的调整难以一蹴而就，当下只是打破了旧格局，却还没有形成新秩序。这意味着，全球经济增速放缓，将面临结构性调整。

去产能：拉开国策调整序幕

全球迎来前所未有的产能大过剩，《财富》500 强企业艾利丹尼森的全球调研报告《蒸发的数十亿：供应链浪费的真实成本》显示，供应链危机因全球生产过剩和浪费正进一步加剧。"有近8%的库存变质或被弃置，这对企业造成的负面影响约为年利润的 3.6%。其中，4.3%的库存在尚未上架前的供应链阶段就已变质，另有 3.4%的库存由于生产过剩而被弃置，合计造成价值1 631 亿美元的库存损失。"

此轮全球性大过剩导致以欧美为代表的国家大范围进行国策调整。比如，欧美市场对中国不锈钢焊缝管产品发起了一系列反倾销调查。这一行动背后的原因是全球钢铁产能过剩，欧美国家都希望保护本国钢铁产业。经济合作与发展组织的数据显示，全球钢铁产能在 2022 年达到了创纪录的高位，过剩产能也创下历史新高，产能利用率为 75%，而中国占产能增量的四分之一。

大过剩之后必然面临产能出清，就市场经济运行机制而言，从过剩到出清是其内生的经济现象。毕竟"天下熙熙，皆为利来；天下攘攘，皆为利往"，市场逐利、配置讲效率，哪里有利可图，就把资源导向哪里，长此以往，必然引发过剩。但过剩又是市场低效的表现，这些产能在优胜劣汰的市场环境中难以为继，最终被市场出清。自工业革命把欧洲带入市场经济起，市场从过剩到出清的周期性震荡便如影随形，也证明了市场在出现严重过剩后，总能找到供应和需求的平衡点，以市场出清主动修正供需错配。

但问题在于，市场经济发展太快，不可逆地水银泻地，让"过剩—出清"过程中的能量释放又上了一个量级。一方面，WTO 为市场经济开辟全球化时代。各国生产要素在世界范围内自由流动、交易，在前所未有地提高资源配置效率的同时，也让局部过剩无限放大、传导，为全球性过剩埋下伏笔。2008 年金融危机爆发和金融资本的过度使用、过剩流通息息相关。后危机时代，美国为加速本土市场出清，更不惜通过制造美元过剩收割新兴国家市场，令全球经济陷入宽幅震荡。另一方面，生产力在"地球村"集中爆发。自工业革命以来，生产力发展一路"开挂"。每两次工业革命之间的间隔时间越来越短。从人类进入蒸汽时代到电气时代，用了近 100 年时间，从电气时代到科技时代间隔约 70 年，而从科技时代到以网络化、信息化与智能化的深度融合为代表的第四次工业革命缩短到了 50 余年。眼下区块链、大数据等新概念、新技术频出，点燃生产力加速器。如人工智能标志着超人类生产力崛起，按美国能源部 SLAC 国家加速器实验室的说法，在分析时空中复杂的扭曲现象方面，人工智能比传统方法快 1 000 万倍。而当生产力加速爆发，市场对供需的调摆却并未加速，这也意味着过剩将以更快的速度、更大的规模成形。

由此观之，过剩产能出清的经济现象随着市场经济发展进入新阶段呈现更激烈的态势，而在此过程中，中国实在太特殊：首先，中国市场规模超大，波及范围太广，牵一发而动全身；其次，由于计划经济半道转轨市场经济的特殊背景，中国的市场制度尚有硬伤，政府也在维稳考量下频频出手；再次，超大规模的出清体量，市场主动出清缺位、政府出清越位的失衡，让中国市场出清走得跌跌撞撞。以供给侧改革为代表的行政出清成为近四年来经济运行的逻辑主线，但与此同时，迫于经济下行压力，各地"火力全开"持续大量上马基建项目，相当于一脚踩刹车（用行政手段去产能）、一脚踩油门（刺激需求以稳增长），实则是通过增量扩张来消化存量矛盾，市场并未真正实现有效出清。凡此种种都意味着，中国过剩产能的出清注定将以更复杂的形式全面铺开。

毋庸置疑，现阶段行政干预出清的纠结与对冲大过剩的客观需求，将倒逼大出清的相关政策机制进行方向性调整。

第一，机制上，调控供给来管理需求，刺激需求来促进供给，将成为未来政策推动供需平衡的新常态。从传统经济学理论看，供给和需求是经济发展的一体两面，关键是谁去纠偏供需失衡，是市场"无形之手"的自我调整，还是政府"有形之手"的积极干预？传统经济自由主义把重点放在供给侧，认为是生产不足导致经济衰退；凯恩斯主义则把重点放在需求侧，否定了古典经济学"供给会自动创造需求"的观点。可仰仗凯恩斯主义和罗斯福新政，至少从美国经验看带来成效的同时副作用也很大。因为正是凯恩斯的"药方"导致了之后二十世纪六七十年代的"滞胀"危机，因此西方有学者开玩笑说，凯恩斯不仅是"战后繁荣之父"，也是"战后滞胀之母"。也正因西方普遍"滞胀"，供给学派应运而生，强调供给会自动创造需求，并提出了减税、削减政府开支、限制货币发行量等政策建议，构成了"里根经济学"的主要思路。以此看经济周期的循环，背后恰恰是从供给侧到需求侧改革的兜兜转转。在此过程中，比较明显地体现出了西方的一贯套路，即在非此即彼的思维方式下往往是零和博弈。

有别于美国自己一有问题，就想着转嫁风险，以美元霸权收割他国，甚至用非常态的战时经济走出危机（建立在别人的痛苦上），中国将发挥自身特有的行政优势和组织能力，围绕着经济发展、社会稳定、国家安全的内在均衡，以创新"新常态"去应对外在"非常态"，真正"让市场起决定性作用，更好发挥政府作用"。2020年中国就提出加快构建以国内大循环为主体、国内国际双循环相互促进的新发展格局，要求统筹谋划扩大内需和优化供给，充分发挥超大规模市场优势，提升供给体系对国内需求适配性，打通经济循环卡点堵点，推动供需良性互动，在实现自身高质量发展的同时为世界经济注入新动力。如果说，供给侧结构性改革的主旨是提高供给体系质量和效率，提高全要素生产率和长期增长潜力，那么，需求侧改革的核心是扩大内需，以消费为牵引，带动投资、出口协同高质量发展。中国改革从供给侧到需求侧，不是非此即彼，而是重心转移、协同均衡。

第二，切入点上，从紧盯着供给侧改革转向过剩产能出清、新经济释放两手抓。这是个出清的时代，更是个释放以及培育新经济、新动能的时代，过剩产能的出清恰好为新经济腾挪出空间、创造资源条件。而如果说当下大过剩的主场在第二产业，反之第三产业就是释放的主场。

从体制看，事业单位横跨教育、卫生、交通等约 25 个行业类别，其中一些基础设施领域的民间投资占比，低的不到 5%，高的也就 30%。而随着事业单位改革的持续进行，事业单位真正成为"干事业"的单位，也意味着这25 个行业可能打破一道道的"玻璃门""弹簧门""旋转门"，成为释放新经济活力的重点领域。

从具体领域看，教育、医疗是关键领域。医疗与教育一个关乎人的生老病死，一个关乎人的发展，本就是最根本、最焦点的刚需领域，也历来受传统体制力量禁锢较深，近年来改革不断，又容易借新技术、新商业模式气象一新，从而孕育极大的爆发力。其他生活领域是潜在增量。旺盛的需求推拉新市场空间，在过去，人们消费是为了解决温饱与基本生活，那么当衣食住行的物质需求基本满足之后，日益增长的美好生活需求从一味追逐"身外之物"上升到强调自我体验。以游戏业、新媒体产业、旅游业等为代表，眼下增长最迅速的几股新兴力量几乎都与自我体验需求息息相关。

第三，手段上，从单一强调金融去杠杆转向分层次调整金融功能，支持市场出清。无实体经济则金融不存，无金融则实体经济不旺，实体经济与金融难解难分，实现市场出清金融亦不可缺席。问题是金融市场流动性快速膨胀本就是本轮产能大过剩的缘由，当下试图通过传统金融的开开关关来调控实体经济，明显与新时代错位，如央行通过调整准备金率、公开市场操作等影响商业银行信用扩张能力、借贷能力。这种模式在运行过程中，往往陷入死循环：一旦经济下行，就开闸，但"大水漫灌"刺激下粗放的经济增长，往往导致产能过剩；于是关闸出清，而出清又往往导致经济下行。即便试图从"大水漫灌"转向"滴灌"也收效有限。说到底所谓的"滴灌"，即是结构性微观调控，原本央行决定放不放水、放多少水即可，但滴灌相当于要求央行来决定把水运到哪个具体领域。央行似乎承担起市场资源分配的功能，确定资源配置、安排经济活动，如此一来，再度放大了行政主导的权重，而相对淡化了市场的作用。但是，解决中国过剩产能出清问题又必然须以金融功能的方向性调整为前提，这也意味着，传统金融、投资金融、资本金融也将成为政策结构性调整的重点领域，以此来支撑产能快速出清。

综上，既有政府指导，又有市场充分发挥调剂功能，还有新旧经济的动态交替轮动，更有金融功能的如虎添翼，对冲前所未有大过剩的大出清国策将逐渐走上前台。

去WTO：国家功能再定位

去WTO造成的后果不可小觑——原有国际协调机制被强行打乱后，全球产业链、供应链、价值链也随之变得支离破碎，结果正如美国劳工部前部长赖克所言，"美国承担不起所有东西都本土制造，这种经济方式会削弱美国，（美国）会变得比现在穷困得多，发展中国家若不能出口到美国，或其他发达国家，（其经济）也会一蹶不振"，最终使世界各国的经济发展都面临困难，实现国家内部收敛的难度进一步加大。具体来说，去WTO有以下后果。

一方面，在经济层面上，全球范围的去WTO给国际产业链、供应链和价值链带来了巨大冲击，各国依靠对外参与国际分工协作，对内依托财政转移支付等手段使各民族、各地区共同分享发展成果的难度大大提高，致使本国利用经济手段收敛国家的效果今不如昔。另一方面，在政治层面上，各国在全球范围的经济"脱钩"，为狭隘民族主义的兴起创造了符合其话语体系的经济、社会土壤。然而，狭隘民族主义非但不能在思想层面收敛国家，其话语逻辑反而为国内民族、教派、地域的分裂提供了某种"理论支撑"——毕竟，无论是国家民族主义，还是国家内部的地方民族主义，背后的逻辑都是同一套：以血缘、地域、文化等共同点为抓手实现抱团取暖、党同伐异。既然在国际上，可以为了捍卫国家利益而宣扬国家民族主义，那么在国内，各民族、各地区为了捍卫本民族、本地区利益，自然也有动机去宣扬地方民族主义。

其后果便是国家内部的民族、教派、地域矛盾被急剧放大，在全球范围内民族分裂、地域分离趋势加速，在部分国家和地区产生了"去国家化"现象——在欧洲，2014 年以来的乌克兰东部地区自不必说，英国的苏格兰、西班牙的加泰罗尼亚不断提出独立公投的主张，法国的科西嘉和布列塔尼也是分离主义的策源地；在亚洲，库尔德人问题困扰着土耳其、叙利亚和伊拉克三国，印度、缅甸、泰国长期受分离主义困扰；而即便是在以"民族大熔炉"自居的美国，得克萨斯等州的分离倾向日趋明显，2022 年 6 月底，多家美媒报道，得克萨斯州的共和党提议在 2023 年对脱离美国举行全民公投——"得克萨斯州的修宪权被忽视、拒绝和剥夺。得克萨斯州保留脱离美国的自身权利，得克萨斯州立法机构应据此要求举行公投。"

然而，从纵向看，逆全球化只是全球化历史长河中的小插曲。仅美国主导的全球化就有 70 年之久，再加上此前英国建立世界贸易秩序，由其主导的全球化 1.0 时代，全球化的历程长达 200 年，眼下的逆全球化充其量是"倒春寒"式的小逆流。从横向看，即便当下逆全球化抬头，全球化及自由贸易也并未止步，RCEP 等区域贸易合作如火如荼。逆全球化的阴霾遮挡不住全球贸易的阳光。可见，逆全球化的回流并不会为全球化画上句号，但它内含着国家功能的凸显。

全球贸易置国家于不顾，但国家无法置全球贸易的后果于不顾。世界贸易的扩散加剧了不同国家和地区之间及其内部的不平等。换言之，美国主导的这轮全球化导致了一种结构性失衡，即全球化赢家与全球化输家之间的对立。在这轮全球化中，中国凭借劳动力禀赋、市场空间、区域纵深上的先天优势，一举成为世界代工厂及全球第二大经济体。美国的产业反而被挤压成极致的两端，一端是技术密集型高端产业，另一端就是农业。中间的产业层都空出来了，美国经济也随之滑坡。道理很简单，发展中国家的工厂接的是美国企业的订单，创造的是当地的GDP，结果是美国急速由生产型社会滑向消费型社会，其购买的商品越来越多地超过它所卖的，整个国家随即进入负债经营模式。全球化把衰败的宏观账户留给了美国，更进一步地演化成社会结构的变化。制造业的边缘化，使得美国国内要素收入增长缓慢，贫富悬殊加大，劳动与资本矛盾冲突。全球贸易置国家于不顾的"任性"可见一斑。

美国精英们认为当年是他们将中国"抬入"WTO，但中国人只摘走了自由贸易的果实，还使美国精英成为"负翁"，对其带去的普世价值的种子也拒之门外，所以失望至极。老百姓认为全球化的代工厂偷走了美国人的工作机会，偷走了美国人的工程师红利，使得他们的生活越来越糟糕。美国社会不能为平民提供能够站得稳的地板，老百姓自下而上"同仇敌忾"，强烈要求"砌墙"，华尔街精英的失势情绪也对政府执政措施施加压力，两股力量共同作用下，政府的功能凸显，即全球化制造的失衡为国家机器赋权。国家机器无法置全球贸易的后果于不顾，特朗普团队号准了民意的脉，于是，放弃多边和区域主义，转向"美国优先"和单边主义。

全球贸易的负面后果由国家机器去扛，这导致欧美政府举起了去全球化的旗帜。然而，国家无法阻挡全球化的大潮与趋势，原因有以下几点。

第一，狭义的全球化任何国家或政府都无法阻挡。货物、服务、金融贸易与投资的自由化、便利化导致世界各国分工已经深化，在这个过程中形成了全球价值链。全球价值链中处于上游的国家（如美国）提供设计与生产理念，将技术复杂度较高的中高端环节交由处于价值链中游的国家（比如日本、韩国）来完成，将劳动密集型的制造、装配环节交由劳动力丰富的价值链下游国家（比如印度尼西亚）来完成并最终出口到世界各地。即便美国退出价值链，随着产业升级和技术进步，也会有新的国家（欧盟国家、日本甚至中国）在价值链中取代美国，成为中上游环节中的重要力量。全球价值链是贸易自由化的一个必然结果。只要有市场经济，各类要素就必然在全球范围内优化配置，就必然有世界贸易，也必然有全球价值链的形成。反过来，全球价值链的形成使得各国更加难以分割。某些国家政府难以解构全球价值链，自然难以阻挡贸易全球化。

第二，宽泛的全球化仍不以国家意志或某国领导人的喜恶为转移。如果说经济学家用货物贸易、服务贸易和金融交易来衡量全球化过于狭窄，全球化还可延伸到任何个人或公司在全球范围的竞争、联系、交换或协作。以互联网为代表的信息技术按照摩尔定律快速发展，让许多事物数字化，变成了全球流动的数据流，而这又驱动了更深层次的全球化：友谊与联络、商业与金融、教育与新闻、地球生态与全球应急处置。这让整个世界以更深、更广的方式一体化。世界各国的贸易往来与依存交融都是客观大势，国家机器的力量在客观大势面前是渺小的。据此，也可以推出，眼下全球化的修整与退步仅是全球化过程中"进二退一"的"退一"阶段，而退一步是为了更好地进两步，全球化在夯实底部的基础上积聚着爆发的能量。

综上，全球贸易导致的结构性失衡促使国家功能凸显，政府操盘来对冲全球贸易的后果。但任何国家又不能改变全球化的客观趋势。既想改革"旧的全球化"，又要认账"全球化洪流势不可当"，遂为国家功能再定位，即在内外部的碰撞、合作中重构新世贸。鉴于旧的全球化造成的失衡和断裂是其回缩的根源，"全球化输家"抵制旧全球化，转向有利于自己的全球化，国家利益成为某些西方国家对外关系中首要考虑的因素，都首先为自己的利益着想，因此，短期内，口水争议、冲突对抗是难以避免的，在较量之中，多极化、多元化、多中心的国际关系格局将隐然成形。

在此格局下，某些国家基于利益考量，将策划更有利于自己的经济小圈子，区域共同体将不断涌现。经过区域化的调整期，国家之间慢慢由碰撞走向协作，各方利益得以协调，分歧逐渐消除，最终将进入"以全球为全球，以天下为天下"的新全球化，进入边缘化国家及群体也能够平等加入的新全球化，进入包容性强、共生性强的新全球化。可以说，区域化整合为新全球化奠基。而在新全球化形成的过程中，不排除某个大国的作用明显突出，比如中国，就算中国不想主导新全球化，中国的体量也在那里，中国"平等、合作、共建、共赢"的理念还在那里。秉承"兼爱互利"的中国将引领人类社会迎来崭新的拐点。

去金融化：中美金融监管两条路

倘若以经济发展的内在逻辑来理解当下的去金融化，其背后实则蕴含了三大逻辑。

其一，理论逻辑。根据经济规律，金融资本在解放生产要素并提升资源配置效率的同时，如果不加限制与约束，就会造成"金融过剩"，任何一个行业一旦过度金融化，就会失去原来的作用，沦为金融衍生工具。当社会普遍认为玩金融可以获取暴利，编故事、造概念就能赚得盆满钵满时，金融市场就会滋生一个个金融"黑洞"。而金融独大、投机成风将使得金融脱离实体经济，走上自我交易、自我膨胀的道路，直接导致国家经济的"空心化"，并引发社会阶层撕裂、贫富极端分化。

其二，现实逻辑。在现实层面上，中国正面临市场经济初级阶段的紊乱，金融发展过速但与之相关的市场体系尚不成熟，法律配套也不健全。一些金融控股集团通过"政商勾兑"、金融杠杆等手段垄断社会资源，造成大欺小、强欺弱的霸市现象；而民营经济，尤其是房地产、互联网科技企业的过度金融化和资本化也在不断影响民生与国本，各类金融衍生产品（债务、理财、信托、股市等）不断诱导社会通过金融杠杆赚快钱，继续演化势必导致经济泡沫化。因此，收敛金融、厘清金融的边界与范围成为当下经济"纠偏"最现实的问题。

其三，历史逻辑。《这次不一样：八百年金融危机史》的作者莱因哈特总结了近 800 年来金融危机的过程，从 17 世纪的荷兰郁金香泡沫，18 世纪的英国南海泡沫、法国约翰·劳财政危机，到 19 世纪美国的铁路大跃进，20 世纪的美国大萧条、日本大衰退，再到 21 世纪的美国次贷危机、欧债危机等，无不是在金融过度的背景下，过度的金融扩张和投机炒作，使市场扭曲，将社会卷入移花接木、击鼓传花、无中生有的"庞氏游戏"。"信用违约掉期"触发了美国金融危机，而金融危机改写了美国国运。

有了前车之鉴，中国势必不能学美国在金融化道路上一路走到黑，而是要"半道刹车"，以去金融化的方式引导金融回归本原、拥抱实体。而去金融化的关键手段在于将金融关进制度的笼子里。

当下美国监管模式失灵，正是数十年金融过度自由化的恶果。一方面，美国在监管方面过度市场化。美国自世纪之交废除《格拉斯-斯蒂格尔法案》，允许银行再次涉足投资、保险等领域，标志着金融自由化淹没了监管逻辑。20 年间，时而也会打上补丁，例如奥巴马执政期间推动的沃尔克规则，禁止银行利用参加联邦存款保险的存款，进行自营交易、投资对冲基金或者私募基金。这本是 2008 年金融危机之后，欧美国家强化金融监管的尝试，但本质上是面临危机的应激反应。一旦情况有所好转，便即刻放开对华尔街的"紧箍咒"。最终，该法案于特朗普执政期间被投票修改，放松银行对风险投资基金等的交易限制。

另一方面，美国在货币宽松上又政策过度。如今持续多年的量化宽松政策的恶果已然显现，美国通过美元的滥发造就虚假的增长繁荣，并借助美元霸权将风险转嫁，导致新兴经济体的资产在此期间被严重高估。但泡沫总是要被戳破的，如今金融原罪的反噬、过剩泡沫的破裂、多米诺骨牌效应的信用连带以及去美元化浪潮下的特权破碎，成为美国整个金融体系的"四座大山"。美联储只能凭借不断加息来对抗 40 年来的最高通胀，且不说金融系统能不能撑下去，其收效也很有限。

归根结底，美国基于市场原则，对自由资本的迷信，已致使金融监管出现时代性错位。2022 年诺贝尔经济学奖得主伯南克将金融的本质论述为"将储蓄变为投资"，以他为代表的一众西方金融精英笃信，只要设下参数标准用于政府监管，剩下的交给市场自我调节，就可以避免金融原罪的终极宿命。殊不知，存贷周期（短存长贷）是所有银行都绕不过去的结构问题。当大量的资金涌入金融投资产品，尤其是衍生品与虚拟金融产品时，祸乱的种子就已经埋下。再叠加政府监管失灵大背景，不仅商业银行难以保全自身，危机向社会各个角落蔓延也将是大概率事件。

也恰恰是监管模式，塑造了中美金融监管完全不同的两条路。一方面，金融作为繁荣与危机交织的特殊行业，其每一次进步都伴随着监管的质变。以美国金融发展史为例：1792 年 5 月 17 日，24 名经纪人在华尔街的梧桐树下签订了世界上第一份证券行规，结束了新大陆 18 世纪以来，谁都能成为经纪人，没有报价牌，没有固定交易场所的证券交易乱局；1933 年美国参议院举行的皮科拉听证会，将一个多世纪以来市场操纵股价、内幕交易等行为暴露出来，催生 1933 年《格拉斯-斯蒂格尔法案》的出台，确立了银行分业经营原则，防止银行与证券公司勾结逐利。继而 1934 年《证券交易法》出台，不仅意味着信息披露制度逐渐成形，也留下美国证券交易委员会（SEC）专司证券监督和管理工作；即使在如今看来已经有些变味的金融衍生品领域，最初的芝加哥期货交易所能得以飞速发展，也离不开保证金交易和标准化合约两大制度作为其信用基石。既要保证金融创新撬动社会资源，又要提前预防金融系统性风险，这是适应时代的金融监管模式必须寻求的平衡。

另一方面，中美在金融市场政策上的分歧只是短暂的，但监管模式却是制度性的、系统性的。中美金融发展诚然有不少分歧，有的体现在政策周期上，例如在美国为了抵抗通胀不断加息的同时，中国却在降息，比如，中国人民银行在2023年6月、8月进行了降息。有的体现在业务模式上，例如美国不断炒作加密货币，中国法律则完全禁止加密货币，更鼓励资本为实体经济服务。有的体现在时运上，如面对2008年金融危机，中国拿出4万亿元救市，而美国选择无限量化宽松政策……但这些分歧或是周期性的选择，或是只涉及单个方面，真正施加全域性、长期性影响的还是监管模式。

不同于美国，中国的监管模式走的是一条复式化的道路。从经典的监管视角来看，中国金融市场在30年内快步走完西方300年的路。这里大致分为三个时期。

一是改革开放初期，只有"监督稽核"的概念，而没有"金融监管"的概念。此时，由于大一统的银行体系，银行体系的业务也基本局限于存贷款，相应机构只有稽核局。直到进入20世纪90年代，证券市场的建立与发展丰富了中国金融体系，银行专业分化逐步完成，使得现代意义上的"金融监管"理念正式落地。

二是分业监管形成时期。1993年，党的十四届三中全会指出，金融体制改革要对"银行业和证券业实行分业管理"，分业监管思路自此出现。分业经营的核心内容是限制商业银行的经营范围，禁止其进入证券、保险、信托、租赁等非银行业务领域。2003年中国银行业监督管理委员会成立，标志着分离式金融分业监管体系初步成形。

三是互联网金融时代监管阶段性趋严。伴随着互联网行业对金融行业横插一脚，金融业态变得更加复杂。信息技术放大了金融业务的影响力，一旦"爆雷"就会掀起狂潮，同时，金融投资也逐渐露出"脱实向虚"的一面。因此，金融监管阶段性收紧。从非典型的监管视角看，中国金融市场的穿透性监管正逐步走出一条和华尔街截然不同的道路。

在机构表外业务监管上，中国监管确立了"实质重于形式"原则和穿透原则。银行的表外业务，如委托投资、承销债券、代客理财、代理收付、财务顾问等，明面上按照现行企业会计准则不计入资产负债表内，属于不形成现实资产负债的业务，但这些业务实际上会引起损益变动。根据2022年底发布的《商业银行表外业务风险管理办法》，按照全覆盖原则，将把所有表外业务统一纳入监管。

在机构业务范围方面，金融衍生品业务将在银行业务体系中淡化。以"原油宝"事件①为导火索，招商银行、华夏银行、工商银行等银行近年来陆续暂停了具有衍生品性质的个人外汇业务与贵金属投资业务。金融衍生品的交易模式存在"对赌"色彩，即当客户做多时，银行则做空，反之亦然。这类模式并不符合当前商业银行回归服务实体经济和企业综合金融服务的政策导向，也不符合分业经营的监管要求。

在整体监管格局上，由分业监管变为相对集中监管。2017年以来，金融混业经营使得分业监管模式不具有穿透监管能力，容易产生监管的灰色地带，所以监管由分业变为相对集中是大势所趋。在中国金融监管体系的改制中，其倾向于根据金融市场的性质分别进行监管，以推动同一类业务不同行业资本监管标准的协调一致。在2023年新一轮改革后，金融监管架构也从"一行

---

① 2020年受新型冠状病毒感染疫情、地缘政治、短期经济冲击等综合因素影响，国际商品市场波动剧烈。美国时间2020年4月20日，WTI原油5月期货合约CME官方结算价跌至 -37.63美元/桶，为有效价格，"原油宝"客户和中国银行都蒙受损失，由此引发"原油宝"事件。

两会一局"转变为"一行一总局一会一局"（中国人民银行、国家金融监督管理总局、证监会、外汇管理局）的综合监管体系。其中，央行主要负责货币政策执行和宏观审慎监管；国家金融监督管理总局作为国务院直属机构，统一负责除证券业外的金融业监管，统筹负责微观审慎监管和消费者权益保护；证监会主要负责资本市场监管；外汇管理局则是对外汇收支、买卖、借贷、转移以及国际间的结算、外汇汇率和外汇市场等进行管理。

总之，中美在去金融化的结构调整过程中，因为监管模式的差异很可能将二者导向两种不一样的结局。那种对金融自由化的过度迷恋会消解美国的金融优势，最终也将演化成中美金融之争最大的"胜负手"。

先发与后发国家在痛苦中调整

先发国家与后发国家如今普遍进入各自发展的瓶颈期，在此情形之下这些国家也不可避免地要进行一系列结构性调整。先发国家以美国、欧洲国家、日本等为典型。

美国挣扎在通胀与"遏中"之中。按照常理，在高通胀的经济背景下，正确的做法应该是想方设法地降低生产成本，刺激商品供应能力。有了充足的商品供应，就能在一定程度上抑制通货膨胀，这是经济学的基本常识。此时，物美价廉的中国商品自然成了美国的首要选择。而且正如许多美国公司所言，"中国制造无可替代"，在美国经济的各个领域，从消费端到生产端几乎都离不开中国制造，即便是那些在美国本土生产成品的制造商，仍需依赖中国供应商。换言之，面对国内通胀，美国的理性决策应当是与中国进行深度友好的经贸合作，进而提升美国民众的生活质量。然而，这一做法与美国的"遏中"准则存在矛盾。21世纪以来，中国成为世界经济增长的"动力源"和"稳定器"，当疫情使中国加速成为"世界经济安全岛"时，中国对外输出的就不只是商品交换这一单一的市场经济功能，而是输出一整套与之配套的认知体系，包括产能、资本、生产方式、生活文化等。这就必然对以往美国主导的全球霸权及其对全球化的解释方式构成挑战，而这是美国绝对无法容忍的。因此，在"遏中"的准则下，通过关税壁垒遏制中国崛起势头，任由美国国内通胀坚挺成了首选。显然，美国陷入了通胀与"遏中"的两难境地——是认清通胀对美国普通民众生活带来的伤害，还是为了保持"美国第一"歇斯底里，继续高举"遏中"的政治旗帜。就此看来，如果说政治的本质是左平右衡，寻找均衡点，那么美国国策的离散度之大显而易见。

如果说全世界最大的冤种是欧洲，那么欧洲最惨的就是德国，从棋手沦为棋子，如今德国政治要脱钩，经济要出走。一方面，即便当前进退维谷，德国政坛不但拿不出帮助制造业应对危局的有效措施，反而捡回"价值观外交"的陈词滥调，鼓吹与其产业合作伙伴中国、能源供应商俄罗斯"脱钩"。另一方面，中国以稳健完善的供应链、产业链吸引了众多德企。得益于中国完整的产业体系、超大规模的市场、稳定的社会大局、长期向好的经济基本面等综合优势，德国企业在华投资遇上良好的环境。对于德国而言，其长期以来以制造业为国民经济支柱，也有着制造业出口大国及欧盟主要大国的底气，如今产业外迁加剧德国"去工业化"担忧，也将使其失去成为"欧洲发动机"和欧洲轴心的前提。因此，正如前美国总统经济顾问哈拉德·马尔姆格林所言，"德国将从欧元区经济的王座上跌落"，如果难以逆转制造业外移趋势，德国恐怕将面临全方位衰退。以此看德国，它正在政经分离中左右摇摆，游移不定。

日本国运在各种扰动因子缠绕下"挣扎着向下"。一方面，产业经济领头雁地位丧失。横向看，日本既无力在"广场协议"后应对欧美的产业打压，也无法与崛起的中国庞大工业与贸易体系相抗衡。纵向看，日本天然较小的市场空间束缚了日本产业，使之无法持续迭代。过小的市场容量使得日本的多元化产业布局受限，更多地表现为针对某一领域的豪赌，这也是无可奈何之举。企业运营模式创新停滞，随着时代演进，神话破灭。日本经营、日本制造的神话在近几年被相继戳破，企业财务造假、质量造假等丑闻层出不穷。关键是，日本较早步入少子化社会。少子化、老龄化不仅仅带来劳动力不足，更导致劳动力需求不足。另一方面，日本作为孤悬太平洋上的岛国，天然受到东亚与北美的双重加压。美国有意打压日本产业，在高端制造业上不愿与日本分享市场；同时，东亚一体化进展缓慢，中日韩理论上的产业互补一直无法变现。至此，别说是汽车、家电等行业被中国市场挤压，就算是船舶等高端制造业，日本也被韩国赶超。尽管如今日韩之间强行和好，却又掺和到美西方"小院高墙"的战略中，与中国市场渐行渐远。

后发国家，尤以中国、印度为代表，则面临着各种红利消失、经济下行、政策工具用尽却效果不佳的困境。

对于中国而言，近年来，不仅传统产业发展所依赖的人口、资源、环境、改革红利逐渐消失，互联网等新兴产业也面临流量红利殆尽的局面。同时，世界经济增速放缓叠加贸易保护主义盛行，加入WTO以来的全球化红利也在逐步消失，许多中企国际化进程显著受阻。政府债务规模增大，工业企业在发展过程中相当于一半多的利润靠赊账而来，坏账的可能性在上升。不只是行业利润下滑，就连托底经济的大基建和房地产都开始不稳。卖地收入缩减、地方债务高企让大基建后续增速乏力；房企债务难以化解，还不起房贷的人越来越多，法拍房越来越难变现。房地产正在进行历史性的下行寻底，商品房供过于求更为严峻。总之，宏观层面上，中国经济已全面切换至结构性调整阶段，进入"转型期""新常态"和"双循环"，发展结构呈现出不同以往的新趋势和新内涵，包括需求结构、供给结构、地区结构、产业结构等都发生了深刻调整。但经济结构转型往往是一个"进二退一"的过程，转型期间各类"剪刀差"如果偏离太大，比如煤价与电价、一手房与二手房、资源型价格与生活型价格、国企与民企等，都会让原有政策发生转变。

不可否认，纵向来看，近年来印度确实进步不小，仅是 GDP 就从十年前仅处于全球第十一位跃升到如今马上要超越英国而成全球第五大经济体，在西方看来多少有点当年中国崛起的样子。事实是，印度的赶超只是发挥了其大国效应而已，其内部积弊注定会将印度拖入新的窘境。一方面，印度产业发展断裂，跳跃式发展遭遇反噬。印度作为农业大国，长期靠补贴维持，一旦放开外部竞争很容易遭受冲击；而且，印度错过了最好的工业化时机，反倒在工业发展不足的情况下，直接发展金融、IT 等服务业。另一方面，印度自然条件得天独厚，却遭遇极端气候和水危机，直到 2020 年仍有超半数的印度人无法获得干净的饮用水，且每年有超过 20 万人死于缺水。而且，印度享受年轻化的人口红利，亦承受饥饿贫困的人口负担。尽管印度 8 亿人在 35 岁以下，但 14.17 亿人口中有 2.87 亿人是文盲，这决定了印度的人口红利很难转化成经济增长。此外，印度有 100 多个民族，1 652 种语言，联邦制下地方各自为政，看似表面统一，实则矛盾激化，社会分裂的隐患极大。加之，印度国家能力不足，改革一再"翻烧饼"，尤其对跨国公司的排挤，导致 2 000 多家外国公司集体出走。如此内外隔阂，叠加内部的离心力，从地方阶层到贫富悬殊等，都将导致印度社会极易耗散，进而发生动荡。

科技革命：真正的革命者、引领者

科技无孔不入，横扫一切，且不说让人们的衣食住行不断发生翻天覆地的变化，就连一些曾经流传千百年的经典"定律"也被粉碎了。过去，隔行如隔山深入人心，成为行业间的隐形壁垒，但如今同行竞争已不重要，隔行跨界才是更致命的。实际上，跨界颠覆早已有之，比如，被誉为神医的哥白尼跨界天文学，颠覆了托勒密理论的统治地位，比萨大学的数学教授伽利略跨界物理学，颠覆了亚里士多德理论的绝对真理地位，等等，但从未像今天这样，在产业层面以迅猛的势头，量大面广地向各行各业覆盖。这一变化将深刻地影响全世界的政经格局，而当下诸如搅得西方社会鸡犬不宁的民粹主义和让全球不得安宁的反全球化等矛盾，看似正把人类社会拉上倒退的轨道，其实这些不足以改变历史进程，真正的未来不在于这些"插曲"，而是从科技开始。

具体来看，五大科技突破将成为颠覆性的"杀手"。

第一，材料革命。材料是人类赖以生存和发展的物质基础，是现代科学领域的三大支柱之一，每一次新材料的发现应用都把人类发展进程推上一个新的台阶。上一轮材料革命的主角晶体硅，就是20世纪材料领域最伟大的发明之一，它的出现将整个电子行业推进到微电子时代，使得微型集成电路技术在计算机、手机等消费电子产品，以及汽车、工控、航天、医疗等领域的专业电子设备中得到广泛应用。而未来两大重点领域的突破将带来天翻地覆的变化。

一是复合材料。复合材料突破了自然界天然的限制，为人类经济社会发展不断创造越来越多的可能。就拿飞机来说，其性能一半取决于设计，另一半取决于材料，换言之，材料的优劣对速度、高度、航程、机动性、隐身性、服役寿命、安全可靠性、可维修性等性能有重大影响。全身主要由复合材料制成的波音787飞机，完成了大型民用飞机由传统的铝合金向碳纤维增强塑料加其他复合材料的转变，不仅减轻了飞机重量，还减轻了航空公司的维修负担，成就了制造业历史上一次革命性的跨越。根据统计，飞机减重的70%是由航空材料技术进步贡献的。据预测，增材制造和复合材料技术的成熟，将颠覆现有发动机设计和制造概念，甚至将导致主要采用增材制造和复合材料生产的发动机出现。同样，伴随着复合材料的发展，今后汽车冲压、焊接、涂装、总装四大传统制造工艺在某一天可能会消失，只需要用复合材料"粘"起来即可。未来的汽车可能将不再是钢铁猛兽，而是由纤维、塑料连接起来的"生物"。

二是超材料。超材料被科学家誉为"由材料组成的'材料'"，它不仅能够以特定的方式散射可见光，还可根据制作方式和材料的不同，散射微波、无线电波和不太为人所知的 T 射线。也就是说，由于具有新奇的人工结构、超常规的物理性质、采用逆向设计思路，能"按需定制"，超材料可以控制任何一种电磁频谱。这种突破某些表观自然规律的限制，获得超出自然界原有普通物理特性的超常材料的出现和发展，不但有朝一日让隐身从科幻变成现实，而且将颠覆某些认知和理论。正因为如此，美国国防部将其列为"六大颠覆性基础研究领域"之一。

复合材料、超材料等材料革命不仅将改变人们的生活和产业发展，更将成为军事革命的引领者，地缘格局的终结者。材料原本就是人类社会各大产业发展的根基，表现在军事领域，随着军事技术向高精尖化的发展，军事革命越发依赖材料革命，以材料革命为前提。正因为如此，当下军事竞争越来越呈现为材料竞争，比如，被世界主要大国倍加推崇的高超声速武器，就"卡"在耐高温材料上，谁能率先研制出适合高超声速飞行的新型耐高温材料，谁就将拔得头筹。而在电磁隐身、光学隐身、声隐身、触觉隐身等领域，超材料从理论到应用的突破也将让相关国家抢占军事革命的先机，掌握主动权。同样，诸如新型廉价储能材料、可持续生物燃料在内的清洁能源材料的突破，将终结石油时代，石油霸主的地位将由此迅速崩塌，石油地缘政治也将被釜底抽薪。

第二，芯片迭代。过去 50 多年，半导体行业遵循着每经过 2 年左右的时间微处理器芯片上的晶体管数量就会增加 1 倍的摩尔定律，持续为计算的进步提供动力。然而，当芯片难以通过变得更小来提升计算能力、削减功耗，摩尔定律便趋于失效，芯片迭代的方式面临改弦更张。借助碳材料、石墨烯等新材料不同的量子效应，甚至超导等不可思议的新技术，将让芯片迭代进入一个崭新的时代，更新更复杂的系统，更小更专用的芯片，更低的能耗，更快的速度……将计算工作分摊到大量微小的低功耗芯片上，像人脑一样运行，新的技术将不断扩展计算机半导体的边界。这将加快区块链技术的成熟和应用，让第四次工业革命或第二次互联网革命尽早兑现。毕竟，当下芯片的计算能力已经成为区块链发展的桎梏，远远不能满足区块链区块节点的不断增加、信息存储量急剧膨胀的需求。而一旦区块链全面登上历史舞台，其带来的变化或将比今天互联网横扫一切更令人震撼。

第三，量子突破。量子力学的建立催生了第一次量子革命，孕育出激光、半导体等革命性技术，直接催生了当代信息技术，给人类社会带来深刻的变革，改变人类文明进程。而以量子信息为代表的第二次量子革命更将使传感、通信、信息处理等领域获得前所未有的跨越式发展，进一步颠覆人们的物理世界观，改变产业发展路径乃至政经面貌。其中，量子通信和量子计算的发展，将带来新一轮通信革命。比如，量子计算机的突破，将使得过去经典计算机需要花费无数岁月才能完成的运算，不费吹灰之力就能完成。具体来说，分解300位和5 000位的数字，量子算法把所需时间分别从15万年减到不足1秒钟，从50亿年减到2分钟！这意味着全世界现有的密码体系都将被废了"武功"。未来国防、金融、政务、商业等领域信息的处理和传输速度、信息安全将彻底改头换面。

第四，人工智能颠覆各行各业。尽管人工智能充满争议，但其前进的步伐根本挡不住。目前，人工智能已经在工业生产、生活乃至金融领域崭露头角、小试锋芒，未来，人工智能将如同互联网，颠覆各行各业，无一幸免。诸如当下人工智能交易软件通过吸取大量数据来了解这个世界，获取书籍、社交媒体消息、新闻报道、金融数据、企业财报、国际货币政策，甚至是综艺节目的概况等来理解全球趋势，然后对股票、债券、商品和其他金融产品的行情进行预测，主导市场交易，将向各行各业全面覆盖。非但如此，由于人工智能的发展速度远远超越了人类自身的进化速度，人类自身也将被颠覆。这或许意味着，应用人工智能，人的生命也将可能被数字化、智能化，人不再只是有血有肉的人，还将是有芯片或软硬件的人。当然，也存在另一种可能，即人工智能在高度进化后，反身主导人类。也就是说，人工智能的发展实际上将开启两条相反的道路，一条道路是人工智能极尽嚣张，不但摧毁各行各业现有的发展逻辑和路径，还将取代人类；另一条路则是人工智能加速人类进化，把人类推向更高阶段。但不管是哪一种，人工智能的发展都将带来革命性的变化。

第五，生物经济与生命经济。生物经济与生命经济的革命性主要体现为：通过快速疾病诊断、新药物等延长及改善生命，通过对人类基因的"读写"来预测预防和诊断治疗疾病，或通过干细胞再生、基因修复、器官再造等诊疗疾病，改善、提升生命质量，延长寿命，从而打破人的生理生命极限，乃至在实验室、工厂创造出新的生命。鉴于此，目前基于全球人口平均寿命71岁的经济社会结构将因此被改写。

滚滚而来的科技浪潮让当下的纷纷扰扰俨然如浮云。试想，当新材料和新能源生产技术实现突破，新型能源替代化石燃料，低碳发电技术成为未来电子工业、海洋工业、空间工业的动力基础，关于能源和环保的纷争都将烟消云散；基因组科学、蛋白质科学、脑与认知科学的发展，基因重组技术、细胞融合技术、生物反应塔技术等的广泛应用，将掀起一场生命与健康的革命，人类食物、居住、疾病、健康、养老、环境等方面的问题或将迎刃而解。而一旦人类文明从修楼造塔、上天入地阶段进化到可以控制基因，直至可以编辑分子、原子、原子核、夸克和轻粒子，人类也将不再受限于形状、时间和空间。无论怎样，科技都在以越来越快的速度改变人及人周围的环境，改变人与人的交往范围、内涵和方式，改变整个国际经济、政治、社会的原有秩序。

第二篇

变量与拐点

第三章　科技脱钩与科技经济

一边是科技脱钩，一边是科技浪潮，科技的角逐已不仅是商业经济、行业层面的竞争，而是上升为国家战略和综合国力的博弈。如果说科技脱钩是一些国家基于"国家安全"所做的硬性割裂，那么从长期看，信息文明无远弗届，互联互通才是通往命运共同体的真命门。

科技经济引领新经济文明

毋庸置疑的是，世界正身处一个技术爆炸的时代。2020 年，全球专利申请量达到有史以来最高，共计 27.59 万件。虽然可能有一定水分，但是总数依然相当可观。如果再看专利的增长速度，则更为惊人。以世界上最难获取的美国专利为例，2003—2015 年，美国专利商标局批准了 300 万项专利，这个数量超过了美国专利商标局自 1802 年成立到 2002 年底共 200 年批准专利的总和。

纵观人类发展史，特定的历史阶段塑造特定的人类文明，并赋予人类文明丰富的历史内涵。采集狩猎文明诞生于 7 万年前，随着气候变暖，人类开始走出非洲。人类在迁徙的路上，通过采集和狩猎的方式获得食物，通过口语、手势、图案来实现信息交流，并留下相关遗迹，比如距今已有 18 500 年历史的阿尔塔米拉洞穴壁画。在加工工具的协助下，人类迎来了农业文明。农业文明使得人类走出原始和野蛮的自然状态，此时人类生产使用的能源主要是人力、畜力、风力和水力等可再生能源。作为重要生产力的人口受到土地资源等的制约，增长缓慢。但农业经济让人类活动有了更多的主动性和选择性，奠定了人类文明的根基，成为孕育新文明的基础。1776 年，瓦特在伯明翰宣布改良出世界上第一台有实用价值的蒸汽机。随后，工业革命带来大型机械、农药化肥、转基因种子，以及还在实验室中的"人造光合作用"，使人类拥有更为丰富的食物。可以说，工业文明开创了现代化的人类社会，"所创造的生产力，比过去一切世代创造的全部生产力还要多，还要大"，人类创造财富和解决发展难题的能力前所未有。

由此看来，文明的演进离不开生产方式的巨大飞跃。如果说文化相对于工具，文明相对于野蛮，那么经济文明的概念则更多的是相对于生产方式，技术不断发展进化并带动生产方式、生活方式、交换方式的探索和改造，这是经济文明主要的进化方向。基于此，如今一个复杂多元的新经济形态正崭露头角。

第一，任何单向的科技突破都将带来某类产业达到经济文明意义上的变革。第二次世界大战以来，以计算机、核能和航天技术为代表的技术革命，使世界经济长期持续发展，彼时发达国家约 60%—80%的经济增长是依靠科技进步取得的。而"科学技术是第一生产力"，向科技要经济效益，就意味着要它与经济密切结合。就拿互联网技术来说，最开始仅作为生产力水平提升的标志，如今化身为"渠道工"，以"互联网＋"嫁接一切，如同"毛细血管"般演化成各行各业的基础设施，与经济社会各个领域深度融合。随着一大批科技成果转化为现实生产力，从"科技经济化"到"经济科技化"再到"科学—技术—经济一体化"，科技成为经济发展的决定性力量。2020 年全球世界 100 强企业中的数字经济企业平均增速为 70%，较世界 100 强总体增速高近 40 个百分点，相比全球 GDP 增速更是一骑绝尘。

第二，任何单向的科技突破都能改变社会结构。"人类发展史，就是一部科技发展史"，在此过程中，科技与社会不断融合，于不知不觉中渗透生活的每一个细节。例如，无所不在的互联网已经解决了设备与设备、个体与个体乃至个体与设备之间的联结，从而创造了一个跨越空间距离的新体系。现在人们的需求大部分可以通过网络实现，虚拟社区的出现无疑对真实世界的家庭关系和社区生活产生重大影响，人们可以轻松地扮演多重角色，来回穿梭于不同的时空社会场景，从而形成自己独特的群体认同。未来学家雷·库兹韦尔激进地预言：生命科学和人工智能的高速发展可以使人类在 2045 年便实现数字化永生和不朽，这一天被称为"奇点来临"。如果库兹韦尔的预言能够成为现实，未来有一天，所有的人类都将以数字化程序的方式，运行在电脑和网络上，传统的社会关系、话语体系、权力关系乃至社会群体的构成都将被颠覆。

第三，当下科技突破正进入由点到面、交叉汇聚、立体集成的新阶段。人工智能、区块链、超级计算机等强强组合形成的以指数级速度迭代的技术革命，正在像多米诺骨牌般向数字生物学、药物研发、金融服务、制造和交通运输等各领域蔓延。例如，以往新药研发遵从"双 10 定律"——一款新药上市平均需要 10 年以上的研发时间和 10 亿美元以上的研发费用，即使如此，新药研发成功率仍仅仅只有 10% 左右。如今，制药公司正利用经由 GPU 加速的人工智能技术来大幅缩短新药研发周期并大幅提高成功率。华为联合西安一所医院，基于人工智能大模型研发出全新的广谱抗菌药物，将先导药的研发周期从几年缩短至一个月，大幅提升了新药研发效率。在交通运输行业，高性能计算为自动驾驶做出关键性的贡献。在制造业，工业元宇宙正在模拟一切。宝马等汽车制造商正在利用此类技术实现整个工厂的建模和模拟运行，建立"数字孪生"工厂。5分钟的电影数字特效，以前好莱坞用传统的技术制作，假设100人的团队，至少需要4—6个月，而现在只需要十几人7天就能做完，这样的技术进步速度也正是未来元宇宙里普及实时3D沉浸感图像的底气所在。

可见，当下正进入一个新的经济文明阶段——科技经济。正如凯文·凯利所说："未来一定有一个确定的方向，就像重力一样，这些趋势是相互交织、可以预测的：形成、知化、屏读、流动、重混、过滤、互动、使用、共享、开始和提问。或者，还有颠覆。"关于未来12个趋势都指向科技经济，而又没有某一项技术能全面概括经济趋势，能收敛当下多元综合性突破的只能是科技经济本身。科技经济作为最独特、最重要的人类成就，成为推动社会发展的原动力，并呈现出与以往经济文明截然不同的新特征。

从深度上看，以往具体的经济文明往往得益于某一领域的单点突破，而到了科技文明阶段，则能够获得叠加性进步的力量。因此，科技经济的发展是不断加速的。虽然总体上讲，文明是不断进步的，但是在很多方面，比如艺术、文学等，过去的成就虽然可以提供经验，但并不能给未来带来直接的叠加性进步。然而，今天任何一名三甲医院的主治医师都敢说他的医术超过了50年前世界上最好的名医。因为医学技术的进步是可以积累的，现在的医生不仅学到了50年前名医的医术精髓，而且掌握了过去名医不具备的治疗手段。今天，一个大学生学会微积分中的牛顿-莱布尼茨公式只需要2小时，但是当初牛顿与莱布尼茨花了十几年才确立了该定理。虚拟现实、人工智能、无人驾驶汽车、基因编辑、大数据医疗、区块链等，科技经济的发展过程，正是不断吸收新的视角、新的思潮、新的解释，进而产生新观念、新内容、新范式的过程。

从广度上看，以往的经济文明演化关键在于抓住主要矛盾及矛盾的主要方面。几千年农业文明，为什么每个王朝两三百年就崩溃了？因为土地产出粮食有限，人口裂变却无限，矛盾无法解决，吃不饱饭的人揭竿而起。战乱后总能"大治"，是因为人口大量削减，有足够的土地可以"休养生息"。历朝历代有无数明君贤相、仁人志士，没有人能解决这个问题，直到工业革命解决了生产力这一主要矛盾，经济文明才得以跃迁。无论是狩猎文明、游牧文明、农耕文明还是工业文明、信息文明，甚至生物文明，经济形态的迭代都有一个明确的主要方向。而如今，现存的主要矛盾及矛盾的主要方面很难收敛于某一个技术方向。不计其数的先进技术被发明创造出来并广泛地造福人类。例如以下"ABCDEFG"：人工智能（AI）、区块链（Block Chain）、云计算（Cloud Computing）、大数据技术（Data Technology）、边缘计算（Edge Computing）、第五代移动通信技术（Fifth Generation Mobile Communication Technology）、图形处理（Graphics Processing）……甚至可以按照字母表的顺序一直列下去。

　　一方面，不同技术的持续迭代和进化正在把人类社会从多个维度推向新的发展阶段。比如信息文明把人类活动延展到虚拟世界，以虚实结合的方式，使知识的创造、存储、应用实现了规模化、普及化和廉价化，"互联网＋"的生产方式、生活方式向经济、政治、文化、社会等各个领域渗透，共享平台、共享经济等新生事物一波又一波地冲击并推动了各个领域向信息文明时代转型，人类创造财富和改变世界的能力又跃升到一个新的台阶。生物文明在不断颠覆传统物竞天择的进化论。比如，利用基因诊断技术，给每一名新生婴儿制作一张本人独有的"基因身份证"，详细记录其优秀和不良基因的位置，以此预测潜在疾病；借助基因治疗技术，可治疗乙肝、血友病、白血病甚至癌症等治疗难度较大的疾病；可以根据人的健康需求，通过生物技术调节作物营养含量，"设计"出具有特定功效的食物，实现以食代疗的功效；更能够通过移植长寿基因等基因改良技术实现长寿梦。

　　另一方面，任何单向的科技突破都难以概括经济总貌，只能用科技经济来阐释。从信息技术、生物技术、能源技术到太空技术，都在不同维度上延展人类能力，推动新文明的出现，经济形态进入多点开花、多向突围的新阶段，它们背后其实拥有一个共同的名字——科技，科技已成为文明本身。

就此而言，科技经济已成为 21 世纪经济文明发展的本质。但科技经济的发展不是一蹴而就的。回顾人类文明发展史，新旧文明的更替往往存在一段很长的交叠时期和过渡阶段，就如在工业文明初期，农业文明仍然占主导地位，随着工业化水平的不断提高，工业文明逐渐取代农业文明，占据社会文明形态的主导地位。同理，现阶段全球正处于科技文明初期，按照经济基础决定上层建筑的逻辑，作为时代发展的新脉络，科技文明必将进一步重构人类的多维度文明，无论是政治、经济、文化还是社会的发展都将被深深打上科技的烙印。

科技破边界，国家"高筑墙"

从 2022 年末开始，基于神经网络的 ChatGPT 引领了人工智能热潮。这一现象被美国技术哲学家、《通过技术思考——工程与哲学之间的道路》的作者卡尔·米切姆看作"人工智能之夏"，并将这个"夏天"的重要性与火的发现和工业革命相提并论。无人不为人工智能疯狂。放眼全球，一众科技大佬纷纷亮出名言，比尔·盖茨公开强调，"像 ChatGPT 这样的人工智能，与个人电脑、互联网同等重要"；英伟达 CEO 黄仁勋也表示，ChatGPT 是人工智能产业发展的"iPhone 时刻"。再看中国，百度、阿里巴巴、网易、360、字节跳动等互联网大厂均表态将围绕 ChatGPT 做相关布局。似乎所有人都在赌 ChatGPT 能够撞开人类通往通用人工智能（AGI）的大门。

但火热总是与危险并存，2023 年 8 月初中国区 ChatGPT 惨遭"团灭"。苹果官方通知，中国区 APP 商店所有应用不允许提供 ChatGPT 相关服务，已提供相关服务的应用需要下架整改，整改完毕方可上架。被关停的上百款 APP 涉及对 ChatGPT 的使用，其中多是 AI 聊天工具、图片生成、语音生成、文字生成等辅助软件。

直观来看，涉 ChatGPT 应用被苹果平台下架，皆因此类应用在中国面临合规风险。一方面，境外生成内容难以满足境内监管要求。ChatGPT 的服务基于 OpenAI 对全球语料库的深度学习和训练，如果境内 AI 服务提供商只是简单地把 ChatGPT 接入境内，不对 ChatGPT 生成的内容进行审查，将很难满足中国政府对内容合法性、真实性的监管要求。另一方面，境外数据训练，难以保护境内权益。根据《中华人民共和国个人信息保护法》，个人信息处理者需取得个人信息主体的同意或其他合法理由，才可以处理其个人信息，并且遵循收集个人信息的"最小范围原则"。然而，OpenAI 公布的隐私政策，只描述了个人访问 OpenAI 及其关联公司的网站或使用其相关产品和服务时对个人信息的处理，并未提及其收集训练数据环节的个人信息保护政策。

诚如马克思所言，科学是历史的有力杠杆，是最高意义上的革命力量。人工智能系统能够通过大数据分析和学习理解人类的内在需求，作为创造性的伙伴参与人类改造世界的活动。它表现出能与人类理性思维方式相匹敌的思考能力，在一定程度上改变了人类与技术工具的关系。然而，从技术悖论的视角来看，尽管人工智能蕴含广泛的应用前景和高度的战略价值，但这一技术的应用与发展也不断突破种种边界，带来了诸多挑战。具体而言，有以下几点。

首先，科技滥用及其演进路径不确定存在诱发"技术恐怖"的可能，伦理道德的红线在人工智能野蛮生长中已然被跨越。虽说技术进步是好事，但这也意味着造假的成本进一步降低，而人们分辨真伪的成本被前所未有地抬高。从 AI 换脸术到 AI 合成声音技术，AI 为各行各业装上效率加速器的同时，也可能被不法之人用作诈骗工具。网络安全公司迈克菲调查指出，在美国、英国、法国、德国、日本、澳大利亚和印度，有10%的人曾被人工智能语音诈骗。AI专家阿列克谢·希特罗夫也曾向媒体表示，AI生成的虚假图像和声音已经被广泛用于商业欺诈。

其次，在造物与造神之间，人类与AI的社会红线岌岌可危。美国《大西洋》杂志主编德里克·汤普森写道："谷歌的市值达3 700亿美元，但只有大约55 000名员工，不到20世纪60年代鼎盛时期大企业员工人数的十分之一。"这就好像第一次工业革命使得城市无产阶级出现，科技的不断发展将催生一个新的阶层，即"无用阶层"，制造工人、司机、会计、律师、快递员、金融分析师等都将面临"失业"。社会学家因此判断，当大部分人失去经济价值后，随之而来的社会、政治、经济问题将是21世纪最大的风险。而事实上，更大的恐惧不是失业引发的"混乱"，而是人工智能不断进化的智力会不会走向"失控"。全球数百位顶尖科学家，耗费漫长时间，通过数学模型推演得出的结论显示：到2040年，人工智能将达到智力爆炸的"奇点"。根据他们的描述：一个人工智能系统花了几十年时间到达幼儿智力水平；在到达这个节点1小时后，系统立刻推导出了爱因斯坦的相对论；而在这之后1.5个小时，这个强人工智能变成了超人工智能，智能瞬间达到了普通人类的17万倍……

最后，在数字化时代，利用人工智能技术摧毁一个国家的安全网络正变得更加切实可行，科技在无形中突破了国家的边界。即使假设技术本身具有可能的中立性和工具性特点，但由于其产生离不开特定的民族国家，国家的政治与意识形态属性使得技术的两面性反复呈现——技术的主导国既可以将技术扩散与分享，作为增进人类福祉的工具，也可以将技术本身作为遏制他国的战略武器与工具。而后一种情况在今天大国博弈的环境下明显加剧。例如，2023年2月，美国中央情报局（CIA）人工智能主管拉克希米·拉曼表示，该机构正在探索使用聊天机器人和生成式人工智能功能协助其完成日常工作和总体情报任务；将 AI 整合到 CIA 行动和系统的很多工作正在进行，以确保 CIA 成为一个成熟的、人工智能驱动的组织，并扩大对于对手使用人工智能和机器学习能力的理解。

如此一来，科技的深度发展让 AI 的能力边界不断扩展，使其成为大国博弈的另一种战略武器，大国之间的竞争态势日益复杂，这也让诸多国家开始"筑起高墙"。毕竟，当下全球范围内，国家主义甚嚣尘上，无论是为了自身的国家安全，还是出于对 AI 时代话语权、竞争力的争夺，"高筑墙"成了诸多国家不约而同的选择。

第一，在科技领域，保护本国的战略利益和竞争优势仍然是各国的最高任务。从关键性基础架构的建设，到国防和情报架构中的先进技术集成，科技创新为政府提供的创新产品，仍然在提高和改善国家能力方面扮演关键角色。尤其是在全球政经格局调整的背景下，国家竞争已剑拔弩张，发展壮大本国的科技，并以此打压对手国，成为最好的"布局"。早期谷歌为了搭建和丰富安卓生态，卖力地拉拢和扶持全球开发者。尤其是为了吸引中国开发者，谷歌更是不遗余力，在诸如谷歌开发者大会这样的公开场合与中国开发者频繁互动，并且曾经专门派大量专家来华帮助开发者在安卓平台实现变现，催生了如 APUS、猎豹这样的成功案例。然而，这一切都在中美贸易摩擦苗头初显的情况下终止了，从 2018 年开始，谷歌加大了对开发者广告的相关审查力度，打压和收割开始了。

第二，技术对经济、军事、社会、网络、信息等领域的影响向政治领域传导，进而冲击国家安全，国家不得不出手"硬防御"。自 ChatGPT 发布以来，暗网论坛中充斥着大量使用 ChatGPT 生成恶意代码的教程和相关恶意软件。英国安全公司 DarkTrace 发布警告称："ChatGPT 助长了网络勒索和更高级的网络欺骗。"人工智能技术凭借其强大的模型能力，使网络攻击的自动化程度、隐蔽性、渗透能力等均得到不同程度提升，随着模型的不断改进，它将成为恶意行为者越来越强大的工具和帮手。国家安全和利益遭受挑战已有前车之鉴。2019年印巴局势紧张期间，外国媒体发布了不少关于该事件的深度伪造视频，极大地刺激了两国的民族主义情绪，导致事态进一步升级。种种风险让国家不得不加强警惕，2023年7月20日，联合国秘书长古特雷斯呼吁建立AI治理国际组织，禁止自动AI武器。

第三，如果说科学技术是技术治国的工具，从更长远的周期来看，它也将成为国际竞争力与话语权的基石。从政府层面看，国家政府能够通过使用人工智能来快速提高信息收集和决策效率，但这就要求政府为人工智能"投喂"相关文件和数据，使其能做出更符合实际发展的决策，而这无疑加剧了国家数据被盗取的风险。更别提，ChatGPT及类似的生成式人工智能通过关键词提醒等方式进行具有针对性的大范围数据收集与联想，为某些事件或计划"画像"。例如，一国政府可以借助该技术有针对性地收集部分国家的港口运输、重要资源转移等情况，"管中窥豹"地动态感知他国国内状况，从而提前预警可能的战争行为，这将大幅降低政府行为的机密性和安全性。若无特定反制措施，科技弱国将对科技强国单方面透明，科技强国将持有策略和战略主动性，国家之间的权力结构将变得更加不平衡，形成国际权力领域的"马太效应"。

由此可见，科技特性与国家发展一边因长期的利益捆绑无法彼此分离，一边又因边界与安全的顾虑彼此渐行渐远，这两股力量的撕扯构成了科技和国家之间博弈、较量的底色。

决定科技竞争力的十大变量

1957年，苏联人造卫星"斯普特尼克1号"发射成功。这震惊了美国，意味着"美国已失去了第二次世界大战以来奠定其国际霸主地位的科学和技术上的优势"。在被超越的生存恐惧下，美国奋起直追，全力推进科技发展，美苏科技竞赛白热化，并由此带来美国半个多世纪的科技繁荣。因而，美国人称之为"斯普特尼克时刻"。历史不会简单重复，却总会押着相同的韵脚。以华为在 5G 通信领域一举超越美国在该领域的长期独占优势为标志，美国确认了与中国的"斯普特尼克时刻"，也随之与中国科技强行脱钩，同时主动发起"科技战"。

究其根源，对科技领导地位的争夺与捍卫成为当下国家科技竞争的本质。纵观人类社会发展史，每一次科技创新及其引发的科技革命和产业变革，通过生产方式更新，导致国家实力消长、力量对比改变和规则调整，最终引发国际格局重塑。而今，世界正处于新科技革命和产业革命的交汇点上，在 AI、芯片等关键前沿科技领域，主要国家都试图抢占话语权。只不过，从《世界竞争力年鉴》（WCY）到"全球创新指数"（GII），现有的国家科技竞争力研究，更多关注因果关系中的"果"，而非因果关系中的"因"。

尽管国家科技竞争力尚无统一定义，但其本质是考察一国在科技领域相对于其他竞争对手的竞争优势。与工业时代不同，当今变局时代的科技经济是一种多元化、综合性的新经济文明，科技经济的发展不仅取决于技术水平，还与产业基础、制造能力、市场规模等要素的协同发展有关。这也天然决定了，国家科技竞争注定是综合性的科技全要素竞争。因此，至少有十大基本变量共同影响着国家科技竞争力。

第一，资源禀赋，即一国所拥有的各类要素的富集程度，包括人力、知识、信息等通用资源，以及能源、矿产等开展科技创新的基础性资源。一方面，美日韩等国的科技追赶经验表明，在科技竞争和博弈中，高端技术人才成为引领竞争的前沿阵地，是决定核心竞争力的关键因素。另一方面，一辆新能源汽车所需矿产是传统汽车的 6 倍，一座太阳能发电厂所需矿产是同等规模火电厂的 3 倍，风能发电厂所需矿产则达到同等规模天然气发电厂的

13倍……关键矿产资源因与科技革命紧密纠缠而成为大国博弈的"新战场"。这边，西方国家出台"关键矿产清单"；那边，关键资源国因扼守战略性新兴产业发展的咽喉而迎来产业升级契机。亚洲的印度尼西亚、马来西亚，出产铜和锂的南美洲国家，开始禁止稀土出口、推进资源国产化等。

第二，国家意志和国家战略力量。1957年，美国曾争论"政府到底在推动科技发展上扮演什么角色"，但后来艾森豪威尔政府果断地中断了这个争论。因为他知道，这种争论就是浪费时间。总体上讲，世界科技竞争，比拼的是国家意志和国家战略力量。而国家相争，各有优势和短板。比如中美，在工业产能与尖端科技中各占其一：中国拥有强大的工业体系和产能，但基础科学研究软肋凸显；美国拥有全球最强大的科技支撑，但陷入高度金融化、制造业萎缩的境地。因而，国家战略集中体现在巩固各自优势、补齐各自短板。谁的既有优势保留更多，短板补得更快，谁就能占据上风，取得博弈的战略主动权。于是，从去工业化到再工业化，美国将"再工业化"作为重塑竞争优势的国家战略；中国则聚焦产业结构转型升级战略，加速迈向中高端。

第三，经济制度安排。科技革命只是赋予了后发国家赶超发达国家的可能性。要将这种可能性变成现实，还需政府形成有助于协调和促进科技发展、扩散与应用科研成果的经济制度安排，包括人才引进制度、知识产权制度、反垄断制度、投融资制度等，给企业更多支持和空间去科技冒险。日韩高技术产业成功的原因恰恰就在于此。从20世纪70—80年代的日本到90年代以后的韩国，日韩先后形成了有利于先进半导体技术转移和改进的制度架构，既能提升企业"吸收"新技术及相关知识的能力，又能促进技术专家和工程师对新技术的消化、适应和扩散，进而提升原有技术改进的能力。最终，在这种"高技术撬动"的竞争制度带动下，日韩半导体产业得以成功赶超。

第四，科学基础。首创性、颠覆性、带动性是原始创新的基本特征。它不仅是整条创新链的起始端，更是国家间科技竞争成败的分水岭，成为国际产业分工的一个基础条件。一方面，随着技术研究向超宏观、超微观等方向发展，重大理论发现和科技突破越发依赖大数据、大算力、强算法等先进的科技基础设施的支撑，但更需要人才。另一方面，大模型、GPT 和 AIGC（生成式 AI）的爆发说明重构科学基础底层逻辑，需要"软硬"科技虚实结合、交融协同。既注重以航空航天、生物技术、光电芯片等为代表的"硬科技"攻关，又重视以数据、信息等为依托的"软科技"创新，软硬科技协同发展从而实现突破性创新。

第五，科研转化能力。研究显示，90%的科研成果还没走向市场，就被埋没在从基础研究到商品化的过程中，形成科技创新过程中的"死亡之谷"。显然，技术垄断只是一国获取科技竞争主导权的前提和基础，国家更需强化科技成果转化能力，跨越从基础研究、应用研究到产业化之间的巨大缺口。对此，无利不起早，美国推出《拜杜法案》，将知识产权收益"一分为三"（三分之一归学校或公司，三分之一归研发团队，三分之一归负责转化成果的中小创新企业），短短十年间，科研转化率从 5%飙升至 80%。这一法案是美国科研转化史上的分水岭。发展至今，美国科技成果转移转化体系根植于"政府—产业—大学"创新三螺旋模型理论，拥有全球顶尖技术，在世界主要27 个工业科技大项中，美国有 21 项是世界第一。

第六，科创文化。从支持科创思想碰撞到形成包容失败的创新文化，从"资金扶持"到"招投联动"，一手抓实验室，一手推市场化，形成从实验室到生产工厂的整个科创环境，大量科创文化集聚之后，便会发生"化学反应"。因此，要建设科技强国，就要从以下方面塑造科创文化：教育方面，基础教育培养开放式思维，高等教育培养创新创业能力；创业环境方面，搭建强大的创业生态系统，包括孵化器、风险投资公司和创业加速器；对风险的态度方面，认可冒险精神，容忍科研失败。

第七，资本杠杆。智能时代，科技创新呈指数级增长，"高风险、超长期"的科技创新离不开大量资本的长期"兜底"。对此，从荷兰（用资本打败王权的"海上马车夫"）到英国（由金融革命成就的"日不落帝国"）再到美国（建立在金融霸权之上的超级大国），历次科技革命与大国崛起相伴而生，都是以金融创新为基点，率先建立并完善最为适配的金融体系，最大化撬动科技创新和产业发展前进势能。例如，20世纪80年代，美国通过风险投资与科技产业的协同共生，利用风险投资的资金平滑了科技进步的风险，撬动了科技的研发和应用。只不过，资本炒作与科技突破存在1∶10的周期差，导致金融炒作无休止地重演。而且，支撑一国金融能力最重要的是经济的生产性，否则就没有持续性。荷兰、法国、德国等国都因从生产性到非生产性的发展道路而难逃由盛而衰的宿命。

第八，工业制造体系。具备大而全的完整工业体系，意味着有更为全面的零部件和子系统来预防"卡脖子"风险，实现系统级创新。反之，创新从来不是单点的，几个单点的大幅领先并不一定能保证整体系统性能领先，因为科技建立在强大的工业体系和产能基础上。系统设计需要和零部件（或子系统）高度配合，零部件大一点、重一点、性能差一点，都可能导致系统设计的变更。正如美国国家安全委员会中国事务主任杜如松所说，尽管美国相对于中国拥有优越的创新能力，但在许多行业（特别是半导体行业）缺乏由专业工程能力、隐性知识和专业网络等物质和人力资本构成的生态系统的强大支持，美国无法形成制造能力，从而使其技术优势无法转化为竞争优势。

第九，科技产品的市场空间。巨大的市场空间一方面可以帮助本国跨国公司在构建全球价值链的过程中以母国市场吸引更多外国供应商加入；另一方面，母国也可利用其巨大的市场规模作为谈判筹码，帮助本国企业加强对全球价值链的控制。正因如此，在过去日美半导体争端以及当前中美半导体争端中，美国半导体产业协会（SIA）以两种完全相反的态度与政府形成互动和合谋：20世纪80年代，日美半导体争端由美国硅谷的企业家策动，主要通过游说美国国防部，压制了美国商贸行政系统的商业市场考量和日本的游说，从而对日本采取了最严厉的半导体贸易限制措施；而今中美芯片战由美国政治战略界策动，美国半导体行业协会则呼吁拜登政府"不要进一步限制"对华芯片销售，并敦促允许"该行业继续进入中国市场，中国是全球最大的商业半导体市场"。

第十，情报力量的运用。20 世纪 60 年代，根据一张王进喜的表彰照，日本情报机构推算出大庆炼油厂的位置、规模和生产能力；法国阿尔斯通、金普斯相继因美国中情局提交的证据而惨遭肢解收购……在当下信息化深化、变局丛生的高科技竞争背景下，情报实力日益成为决胜性对抗因素。而且，随着开源情报正在改变传统的情报概念，情报机构被赋予了新的定义：一方面，情报收集开源化、整体化。"情报的 95% 来自公开资料，4% 来自半公开资料，仅 1% 或更少来自机密资料。"另一方面，开源情报从国家主导走向全民参与，"一个人就是一支情报队伍"。通过情报运作生态化、交互化，提高"信息—情报"的转化能力，成为商业与国家竞争的新时代利器。

综上，十大基本变量在盘根错节、纵横交织中决定了一国的科技竞争力。但这并不意味着每个国家都能实现这十大变量的"十位一体"。第一，自给自足的制造（工业）体系是现代强国有别于其他国家的一个重要标志。第二，在地广人稀，产业纵深不够、资源禀赋有限等先天束缚下，相应国家只能聚焦某一产业或行业的完整产业链。以色列不仅缺油少矿，连水资源都成问题，还要面对从三个不同方向虎视眈眈的阿拉伯国家，因而不得不做出科技立国的战略选择，也得以实现从强敌环伺到第二硅谷的迭代升级。日本则通过技术赶超和制造能力提升实现了半导体、汽车等专业化产业的崛起，但市场权力的缺乏使其无法形成对该产业的体系性控制，以致在面对美国霸权胁迫时无力掌控自己的命运。

说到底，国家科技竞争力主要源于"四个逻辑"。前三大变量（资源禀赋、国家意志和国家战略力量、经济制度安排）源自国家科技发展的"底蕴逻辑"，第四到第六变量（科学基础、科研转化能力、科创文化）则是科技创新的"演进逻辑"，第七到第九变量（资本杠杆、工业制造体系、科技产品的市场空间）属于科技应用的"现实逻辑"，第十变量（情报力量的运用）则是极具偶然性的"外部逻辑"。而且，这四个逻辑如同平行四边形的四条边，最终决定国家科技竞争力的现在和未来。如此一来，只有处在国运上升期的中国，对于科技发展既有条件支撑，又能够提供良好环境，将有大概率会在美国衰微之后成为美国科研力量的主要承接国。

对中国而言，一方面，科学基础和科创文化本就需要阶段性的沉默，而中国科技创新到今天也不过短短 20 年，"起步晚、基础薄、积累短"是中国科技创新发展的底色，还需经历科学基础理论从量变到质变的积累过程。但另一方面，中国已拥有工业制造能力、科技市场空间的优势，未来突破点将集中体现在国家战略、资本杠杆、经济制度安排、科研转化能力等关键变量的战略先行上。总之，在大国竞争时代，科技发展往往遵循"挑战—应战"的模式向前推进。美国掀起的对华科技战，将成为中国科技发展的一次"斯普特尼克契机"①，真正实现国家科技发展的自立自强！

互联互通才是通往命运共同体的真命门

在百年未有之大变局的不确定时代，为保障国家安全，对科技巨头进行规范、制裁，让科技与互联网呈现区块化割裂态势避无可避。当互联互通碰

---

① 比尔·盖茨首先提出了"斯普特尼克契机"这一概念。他认为，在大国竞争时代，科技发展往往遵循"挑战—应战"的模式向前推进。苏联的"斯普特尼克 1 号"卫星，给予其竞争对手美国以深深的刺激，并最终带来美国半个多世纪的科技繁荣，实际上是美国科技史上的一次契机，是意外震撼带来的机会。但反过来想，美国打压华为何尝不是让中国也非常震撼？因此，可以把中兴与华为事件看作中国科技发展的一次"斯普特尼克契机"。

上主权边界、科技"铁幕"时，对科技巨头而言，当下更可能直面的是"以退为进"的现实与无奈，为规避风险，适时放弃部分急剧动荡冲突的市场，也是为了未来更好地前进。毕竟，正如悖论最大的特点就在于既是矛盾的，同时又是关联的。科技发展到一定阶段也会突破"铁幕"，而且互联网的本质与真谛就是突破各种边界，包括传统政治的边界。

一方面，科技行业自身的复杂性就决定了产业各个环节和专利技术等很难局限于一国，必然是全球化分工合作。一来，波音飞机的零部件由70多个国家的545家供应商生产，仅是芯片产业早已形成了全球化供应链：芯片设计在美国，全球前十芯片设计企业中，美国占六家，高通、英伟达等市场占比78%；晶圆代工在中韩，其中台积电一家就占了半壁江山；封装大多在中国工厂完成，靠近消费地——中国是最大芯片消费国，每年进口超3 000亿美元。二来，美国的芯片制造能力已从1990年占全球总量的37%下降到如今的12%，2021年全球最先进的小于10纳米的逻辑半导体更是100%在美国以外生产。三来，科技生态与创新之间的彼此联系，让供需市场很难分割。仅是中国芯片市场占亚洲近六成、占全球34.6%的份额就让美国尴尬，脱钩中国等于放弃市场，无异于"商业自杀"。美国对华芯片战是"杀敌一千，自损八百"，就算集一国之力的芯片封锁，最终也没把中国打趴下，反倒让中国芯片自给率从2018年的5%上升到2022年的17%。

另一方面，外部因素也在促成"网络空间命运共同体"。首先，从地缘危机到生态危机，一个变乱交织的时代，倒逼着全球治理的升级，呼唤着世界观念的转变。其次，互联网交互式、非线性、全向度的结构决定了任何一个节点都可能成为整个网络安全防护的弱点，全球风险"互嵌"，任何国家既不可能独善其身，也不可能独力御敌。北美空中防务指挥系统主机遭黑客入侵、特大跨境网络诈骗、极端组织利用网络传播暴恐音视频等，无不倒逼各国通力协作。再次，数字货币Libra、比特币等交易可匿名、可跨境，可用于资金非法流动和投机交易，对全球货币体系构成挑战，亟须全球共同应对。最后，跨国互联网企业利用不同国家税法的差异避税，如"双层爱尔兰夹荷兰三明治"① 避税模式等，需要各国结成神圣同盟。网络空间结成发展共同体、安全共同体、利益共同体是大势所趋。

综上，信息文明无远弗届，互联网将打通人类命运共同体的真命门。当下，国家间仍处于割据状态，不过，随着割裂的负面效应逐渐展现，各国将被迫反省，并做出反向调整。毕竟，政治家、企业家都身陷万物互联的大潮之中，谁也绕不开互联网。在中长期内，互联网将催生思维、观念的伟大变革，国家对抗、商业搏斗将向连接、协同、共赢的方向腾挪，具体表现在以下层面。

国家层面，各国合作的势头将大一些，脱钩将少一些，包括共同建设国际网络空间的行为准则和治理规则，共建全球经济新秩序等。

企业层面，那些选择城墙高筑，试图把流量留在自家"田地"里的超级APP们，将走向"拆墙"、嵌入，使用户可在一个应用软件内直接享受全场景多元服务；科技企业的算法、深度学习、自动驾驶平台等，将进一步开源开放，与联盟伙伴共建生态；数据控制权掌握在用户自己手中的小社区将替代中间商集成平台，加速互联网行业的去中心化；格局逐渐打开，像华为这

---

① 双层爱尔兰夹荷兰三明治（Double Irish with Dutch Sandwich）是一种避税手法。以某跨国公司为例，A公司是第一层，是一家爱尔兰公司；第二层荷兰的B公司是一个壳公司；第三层是爱尔兰的C公司。如果能把C公司的收入低成本转移到A公司，再由A公司转移到加勒比群岛，则能节省大部分税费。但是直接转移是不可行的，因为会产生爱尔兰所得税，此时需要在A公司和C公司之间设立一个特殊的通道，即荷兰的B公司。荷兰税法规定了公司注册地所在国行使居民税收管辖权，因此荷兰把这三家公司都认定为欧盟公司，这两个国家都规定了属于欧盟成员国的企业互相交易不缴纳所得税。因此通过荷兰的B公司这一"夹心"，C公司的收入可以低成本地转移至A公司。并且，爱尔兰还与许多国家签订了双边或多边税收协定，该跨国公司还能通过B公司，低成本将在爱尔兰获得的收入分散转移到其他国家或地区。

样背靠国家利益与瞄准广大人民需求，把高科技做成普惠产品的企业将崛起，让全民分享技术红利，新的生产关系必将推动社会生产力发生结构性变革。

从这个意义上来讲，互联互通绝不是国家和企业争端留下一地鸡毛之后收拾残局，而是在信息科技红利中重开一局，它将抬高国际关系及整个行业的天花板，打开新的增长空间。长远来看，它也将逐渐填补原有价值观坍陷之后的空白，早日开创人类命运共同体的美好未来。

探寻中国科技筑"根"之路

近年来，中国的科技实力形成了多数领域"跟跑"，少数领域"并跑"，极少数领域"领跑"的基本态势。

一方面，中国在 5G、人工智能、新能源等部分应用科技领域有所赶超。中国的阿里巴巴、百度和腾讯建立了完整的 AI 商业生态体系，拥有快速应用的海量数据。同时，中国在量子信息领域也遥遥领先。2021 年 11 月美国商务部工业与安全局发布的"实体清单"对中国 12 个机构进行了贸易禁运，理由是量子科技威胁美国的国家安全，例如反隐形应用和破解密码的能力，说明美国对中国量子技术的发展十分警惕。

另一方面，核心技术一直是中国的短板，差距是多方位的，体现在知识创造、资金投入、人才培养、专利数量、标准制定等。中国科技行业不仅规模及占比偏低，比如中国信息技术行业增加值约为美国的 31%，而且中国在芯片、材料、医药等领域的不足较为明显，如何保障产业链自主可控成为中国企业亟须解决的问题。由于关键装备、核心零部件和基础软件依赖进口和跨国企业，中国制造容易被掌握高端环节的发达国家"卡脖子"。

说到底，制约中国科技长远发展的致命因素就是缺少"根"力量。在显性层面，中国发展迅速，高楼挺立；在应用层面，学习能力超强，世界级产品琳琅满目，但在科技方面原生态技术稀少。在和平发展年代，这些"根"尚可埋藏于全球化表象下，但面对中美对立、科技脱钩，中国基础研究能力的不足就会导致被人"卡脖子"，难以攻克技术关。基础研究填补的是一口井，这口井正是所有实用知识的来源。

在历史的长河中，每一次文明中心的变换都伴随着基础理论研究中心的更替。以基础数学为例，1854年以前，欧洲引领世界，数学家灿若星辰：笛卡尔、拉格朗日、贝叶斯、柯西、傅立叶……无一不是顶尖人物。1854—1935年德国取代英法成为数学中心，高斯、黎曼等人在数学界领袖群伦。1935年之后希特勒给美国送上"数学礼包"：哥德尔、冯·诺依曼、冯·卡门……数学大本营从德国转向美国，美国成为世界的数学中心。而在中国，基础数学是极薄弱的坏节。虽然在奥数竞赛上中国披金斩银，但是国际上知名的中国数学家依旧屈指可数。

理论是行业的明灯，中国科技企业扎"根"，不仅是基础理论研究的突破，还包括基础材料、新型能源等底层科学研究的创新。"寒武纪"芯片并非横空出世，而是基于中国科学院多年相关基础研究。苹果公司也不断更新芯片，因为不想在"根"上受制于人。而能源和材料等应用科学更是国民经济的关键产业，材料是高新技术的基石，能源为全行业提供动力，它们的进步无疑将推动科学创新。

因此，中国作为一个大国，无论是出于自身安全，还是对人类的贡献，仅有GDP的光鲜远远不够，更需要根植于底层基础，拥有中国的"微软"、中国的"高通"、中国的"英特尔"这样的"根"企业。毕竟，"根"是科技和产业链最顶尖的部分，也是中国科技突破最核心的方向，只有培育好中国科技的"根"，才能使其一步步扎根、发芽、枝繁叶茂。参天大树之下盘根错节，"根"的培育离不开系统的解决方案，具体而言，应注意以下几点。

第一，以长期主义为理念，重视时间和资本的长期投入，而不仅仅追求商业变现和"炫技表现"。中国的基础研发投入和底层科研团队建设日益加强，中美差距不断缩小。根据科技部数据，2012—2021 年，中国科技经费投入继续保持增长，并且科研人员数量、发明专利申请和授权数量上均已超过美国；同时，中国目前在国产 CPU 芯片、国产操作系统等数字基础技术领域已经有了规模化应用。

第二，科技文明对人才提出更高要求，基础研究创新人才选拔不再有固定标准。过去工业时代，崇尚标准化、大规模生产，人才的培养模式也基于应试，选拔基础扎实、全面发展的学生。可以说，工业时代同质化的人才输出为社会提供了丰富的工程师、工人。但在科技文明时代，基础研究领域需要有创造力和定力的专业人才，人才的培养模式势必发生转变，以此实现不同层次创新人才的培养，完成顶尖人才和前沿技术的双向突破。

第三，科技发展进入深水区、无人区，应鼓励企业突破思想桎梏，大胆创新。作为信息时代的"圣经"，香农公式①将全球企业锁死在它的112 bits②里。但华为不墨守成规，不仅重新思考冯·诺依曼架构③，还勇于突破行业的"金科玉律"，重新搭建自己的技术逻辑。面对香农极限，华为不再局限在这个理论层面，而是选择其他理论来突破牢笼，寻找其他的"根技术"来补充现有理论，成为企业底层理论突破的典范。

---

① 香农公式，通信工程学术语，是香农（Shannon）提出并严格证明的"在被高斯白噪声干扰的信道中，计算最大信息传送速率 C 的公式"：$C = B \times \log_2(1 + S \div N)$。式中：$B$ 是信道带宽（单位：赫兹），S 是信道内所传信号的平均功率（单位：瓦），N 是信道内部的高斯噪声功率（单位：瓦）。

② bit：网络字节的长度，1 字节＝8 位（1byte＝8bits）。比特是香农自创用来测量信息的单位，现已同米、千克、秒等单位一样，成为日常生活中最常见的计量单位之一，是最小的计算机数据单位。

③ 冯·诺依曼体系架构由冯·诺依曼于 1945 年提出，其设计思想在现代计算机系统中得到广泛的应用。几乎所有的计算机都采用了这种体系结构，包括个人计算机、服务器、超级计算机等。

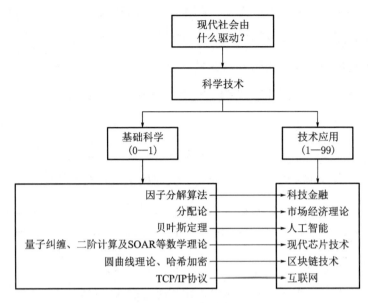

图 3-1 中国需要"从 0 到 1"的"根科技"

由此,中国科技的未来需要一个完整、根深叶茂的科技生态体系,实现创新链、产业链、资本链、服务链深度融合。在中国科技寻"根"、筑"根"的同时,积极打造国际交流平台,在产学研服务平台,打造连接技术与市场的桥梁,把前沿科技研究与市场化应用研究结合起来,实现科研成果产业化。在这一过程中,美国科技人才过剩、溢出,将引导全球技术人才来中国发展。未来,伴随着中国科技寻"根"、筑"根",全球科技格局将进入深度调整变化期。

第四章　脱钩断链与产业重构

从中美博弈到全球混战，全世界忙着重构产业链，纷纷表现出政府深度干预产业链竞争的倾向；中国则迎来内移中西部与外迁东南亚的产业转移争夺战。究其根源，全球正迎来第五次产业转移，这并非简单的搬迁，而是以中美为主导，根据先进生产力以及生产关系要素进行结构性调整，国力洗牌随之而来。其中，利用产业转移进行产业升级，中国更有能力、有条件探索出产业重构的创新机制。

全世界加速重构产业链

数十年来，经济全球化促使产业链、价值链、供应链不断延伸拓展，消费国（发达国家）与生产国（发展中国家）在全球化秩序下共赢，前者获得了廉价的产品，后者获得了经济增长，最终体现为全球经贸的高度繁荣。过去50年，世界贸易额与世界GDP的比值增加了1.72倍，其中80%的增长发生在1986—2008年（被称为"超全球化时期"）。然而，近年来，以美国对华为的极限制裁为标志，美国不断脱钩断链，重塑全球产业链。一方面，在脱钩断链上，为降低对华依赖，美国推出包括限制美企在华投资、打压中国高科技企业、威逼利诱盟友对华脱钩等政策。另一方面，在产业重构上，美国通过"友岸外包"另起炉灶，一端瞄准芯片等高科技产业，联合日韩及中国台湾地区组建排华联盟；另一端锚定中低端产业群，试图用区域性的制造中心，来代替中国制造的世界工厂地位，包括在亚太扶持东盟、在南亚扶持印度、在北美扶持墨西哥、在南美扶持巴西、在中东扶持土耳其等。

发展至今，从中美博弈到全球混战，主要经济体都忙着重构产业链，表现出政府深度干预产业链竞争的倾向。资源、低碳、科技均成为国际产业谈判桌上的重要筹码，以至于产业链频繁出现断点、卡点、堵点。汽车、能源、粮食、航运、基建等诸多产业链条都被搅动；半导体、智能制造、生物医药等率先脱钩断链的领域亦是重构重组的主要对象。在此背景下，全球产业格局发生深度调整。

第一，中美对外贸易均出现结构性调整。美国方面，中国从美国的第一贸易伙伴降为美国第四大贸易伙伴：在相当长的时间里，中国一直是美国的最大贸易伙伴；到2021年，中国成了美国的第二大贸易伙伴；而今，根据美国商务部的贸易数据，截至2023年10月，中国成为美国的第四大贸易伙伴，前三位分别是欧盟、加拿大以及墨西哥，这是自2001年中国加入WTO后，中美贸易份额排名最低的一年。中国方面，东盟出口份额超过美欧，成为中国第一大出口伙伴。过去中国出口欧美日韩等发达经济体比重在50%以上。但随着东盟经济和制造业的不断发展，中国对东盟出口的比重稳步上升，现在基本上已与美国或欧盟的体量相当，占比15%以上。从主要经济体对中国出口增长的贡献来看，东盟已经成为拉动中国出口增长的绝对主力。2022年东盟占中国外贸出口比重达15.5%，继续保持中国第一大贸易伙伴地位。

第二，全球产业结构日益服务化，但近期制造业比重稳定甚至出现上升趋势。美国、日本、德国等主要发达国家更加重视本国的产业"空心化"问题，纷纷提出"再工业化"和"制造业回归"国家战略。欧盟提出"再工业化"的新战略性定位;美国出台《芯片和科学法案》,并提出建设有韧性的供应链;日本强调供应链的分散化和韧性,前有经济产业省负责日本产业回流,后有日本国际贸易促进协会负责产业向东南亚转移。同时发展中国家也积极承接国际产业转移,大力发展制造业。世界主要经济体的制造业产出占比有所上升。其中,美国不仅制造业增加值占比有所回升(截至 2022 年,制造业增加值占 GDP 比重回升至 11.0%),而且制造业就业也有所回升(截至 2023 年 6 月,制造业就业人数较疫情前高出 20 多万人)。

第三,全球产业技术结构日益高级化,各国竞相涌入知识垄断与科技博弈的竞争中。领先国家在国际贸易协定中越来越强调科技脱钩和知识产权监管,新兴国家则持续强化原始创新,以突破发达国家的科技围剿和知识垄断。高技术制造业成为全球各国战略布局的焦点和大国博弈的主战场。美国、日本、德国和韩国等世界主要发达国家的高技术制造业增加值占制造业总增加值的比重已经超过三分之一,尤其是德国和韩国,甚至达到 40% 以上。中国的高技术制造业发展较晚,而且较为依赖国外的材料和零部件,因此高技术制造业增加值占比低于世界主要发达国家,但其水平也接近 30%。

第四,在矿产、粮食等战略资源上,技术变革与产业链安全化的紧密纠缠,催生了不同国家的资源战略选择。一方面,关键国家驱动战略资源安全化。由于担忧供应中断风险,以美国为首的西方国家纷纷出台"关键矿产清单",通过国内政策和国家间联盟来确保战略资源供应。另一方面,掌握关键资源的国家开始考虑利用自身的资源禀赋实现产业升级,摆脱单纯依赖初级产品出口的不利地位。例如,智利推动锂矿产业国有化,成立了国家控制的锂矿公司;印度尼西亚将更多的镍矿用于促进本国电池制造业的发展,从而使全球电池供应链中的高附加值部分留在境内,并通过禁止原镍矿出口来吸引更多的外国投资者,旨在推动来自中国或者韩国的技术转让。

不过,全球产业链的巨大沉没成本和黏性延缓了全球价值链的快速重组,阻滞了逆全球化的快速演变。由于企业在制定全球采购策略时产生了巨大的沉没成本，它们在短期内重新选址和迁移产业的难度较大。经济全球化进程中形成特定关系的有形资产是不容易出售或重新部署的，若完全放弃特定关系资产或"脱钩"，关系资本和搜索成本自然会沉没。因而，世界经济从"快速全球化"进入"慢全球化"阶段。当前全球经济增长的步伐缓慢，远低于新型冠状病毒感染疫情前20年3.8%的平均水平，中期增长前景也已进一步减弱。对此，国际货币基金组织警告，如果陷入严重的贸易碎片化，其长期成本将占全球产出的7%；如果加上技术脱钩，一些国家的损失可能高达国内生产总值的12%。

东南业VS中西部：产业转移争夺战？

对中国来说，产业转移态势已成。一方面，中国的人力成本正不断攀升，那些低附加值行业公司的利润越来越少，重新布局是迟早的事。另一方面，制造业集中的东部地区正大力向高附加值的高端产业进军，已有的低端制造业占地多且能耗大，制造业需要腾笼换鸟。从空间上看，中国产业转移方向无非是外移与内迁两种。

一是在国家战略下内迁中西部。早在2012年，国家就发布全国产业转移指导目录，湘南湘西、重庆沿江、湖北荆州等十余个国家级承接产业转移示范区相继成立。国家"十四五"规划提出："优化区域产业链布局，引导产业链关键环节留在国内，强化中西部和东北地区承接产业转移能力建设。"不管是从国家要求，还是从现实实践来看，加快引导东部沿海产业向中西部地区转移，既能加快中西部地区新型工业化和城镇化进程，又能缩小东中西部经济发展差距，还能把产业链留在国内，加强国防大后方建设，为备战、备荒做预理。不过，尽管各级政府不断探索跨省合作、飞地经济、上下游对接合作等产业转移路径，但预想的沿海地区产业大规模向中西部地区转移现象没有如期出现，或者说，产业转移规模明显低于预期。

二是在市场引导下外移东南亚。在市场机制作用下，众多终端厂商不断向东南亚迁徙：先是服装、家具、箱包和鞋等劳动密集型产业，随后是互联网相关产业（游戏、电商、物流服务等），再是手机等电子产业。其中，越南是制造业从中国外迁的最大受益国，不仅拥有三星全球最大的生产基地，而且聚集了全球主要的六大电子代工厂（富士康、和硕、仁宝、英业达、纬创、广达）。对比之下，重庆的几个主打产业，如笔记本、手机、打印机（尤其是打印机）的产量都出现了"跳水"现象。

如此一来，东南亚与中西部两者都被产业转移顶在杠头上：一边坐拥绵长的海岸线和世界十字路口的交通便利、丰富的自然资源，以及欧美有意识的产业扶植和转移；另一边背靠全球最大的劳动力市场、高效而审慎的地方政府和数十年积累的重工业基建能力。那么，为何产业转移大多在市场引导下去往东南亚？究其原因，尽管全球产业链处于持续重构中，但在全球追寻价值洼地和利润高地的市场优化配置逻辑仍在，最终会依照生产要素的比较优势，形成区域集群。考虑到与中西部地区竞争的是东南亚，所以应关注的成本要素主要是以下五点。

第一，劳动力成本。根据调查公司的分析数据，中国制造业人工成本已经超过每小时 8 美元，而东南亚和印度仅为每小时 2—3 美元。

第二，原材料成本。以纺织业为例，橡胶和棉花是两大基础原材料，东南亚盛产橡胶不产棉花，而中国西部地区则盛产棉花不产橡胶。东南亚的工厂来中国西部买棉花，虽然借助的是更便宜的海运，但要叠加进口关税成本，而中国西部的工厂从云南、海南、广西等地买橡胶，虽然不用叠加关税但陆运成本高昂，这一方面双方勉强算是打了个平手。

第三，建厂用地及其用水用电。越南等东南亚国家税收减免等一系列政策综合下来，优惠力度要比我国西部大。很多低端制造业企业是高能耗、高污染企业，东南亚环保政策较为宽松，而中国有 2060 年前"碳中和"这个远大目标，这类企业不但没有优惠，还存在碳排放额压力，建厂成本不是一般的高。

第四，关税税收成本。中美贸易摩擦发生后，产业转移被染上了浓重的地缘政治色彩。东南亚税收较为优惠，对美国出口不存在征收关税的问题。因此，为规避贸易壁垒，大量中国企业绕道东南亚，将部分产业迁往越南等国，而不是去往中国中西部。

第五，从生产到运往销售市场的运输成本。东南亚海岸线绵长、港口众多，去大洋洲、美洲、南亚、非洲、欧洲都非常方便，而中国西部偏居欧亚大陆内陆，不论是走铁路直达欧洲，抑或先坐火车到东部再转海运，运输成本均比东南亚高。

可见，无论是去中西部还是东南亚，背后都有考量的因素。在此尴尬境地下，关于中国"产业转移""订单流失""东南亚替代""丢失世界工厂地位"的争论尤为激烈。不可否认，当前东南亚在人力和物料成本方面较中国具有一定竞争力，但从长远看，薄弱的根基与早期的战略失误暴露了东南亚各国发展的上限，使其很难成为产业经济的主导。

第一，脆弱的工业体系与有限的国内市场撑不起"世界工厂"的野心。一方面，东南亚各国工业有很强的对外依附性。当地企业生产的商品，附加值并不高，而且工业产品中有大量原材料需要从国外采购。综合来说，东南亚产业转移是有限行业、有限环节、相对有限比例的迁移，且带有转口贸易特点。另一方面，东南亚各国撑不起内循环，只能押注外循环。东南亚各国缺乏一个较大规模的内部市场以支撑国内品牌从无到有并走向成熟，更遑论带动自主产业升级，只能被动地依附外部市场，长久处在国际价值链相对低端的位置。一旦全球经济出现一点风吹草动，东南亚各国经济将缺乏缓冲的余地。

第二，东南亚各要素成本看似较低，却附加了很多隐性成本。东南亚各国的人力、土地、原材料低成本常常被当作外资青睐的理由，殊不知当地基建薄弱，企业往往额外付出隐性成本。以用电成本为例，2023 年 6 月 6 日，《外交政策》杂志报道，由于整个东南亚陷入电力资源短缺的境地，苹果、三星等大牌国际厂商位于当地的工厂进入"无限期停工状态"，若想自救，只能去租发电机。在越南，租一台私人发电机的价格是一天 60 美元。这个数字已经相当于普通越南工人一个月的收入了。又比如运输成本，据越南海事局统计，2022 年越南全国的港口吞吐量为 2 509 万标准箱，而中国仅深圳一城，同期完成的吞吐量就达 3 003 万标准箱。在出口份额上涨时，港口运载能力上的缺口只能靠企业付出更高的海运费来弥补。

第三，在根基薄弱的基础上，东南亚诸国在工业化初期选错道路，过早实行贸易和金融自由化。一方面，要想弥补与先发工业国的差距，政府需要对本土工业实行一定的保护，同时倒逼企业去参与国际竞争。能率先实现工业化的国家往往在初期既给企业提供支持，又强制企业参与国际竞争，并利用市场机制淘汰没有竞争力的企业。一旦企业出口没有达标，政府将立刻停掉贷款、补贴，甚至强制破产，这也被称作"管理竞争"。另一方面，政府应当牢牢控制住本国的金融系统，让金融系统服务于国家的整体发展战略。可惜的是，东南亚各国一开始的战略就与以上两点背道而驰。一些国家虽然给予当地工业一定的保护，但那些企业家只在国内跑马圈地，成为把持石油、电力、通信、采矿等上游业务的寡头。而金融自由化，更是让东南亚经济体成了西方金融大鳄的"提款机"。1997 年亚洲金融危机后，东南亚各国至今都没有恢复元气。

第五次产业转移与结构性调整

回顾过往，从第一次工业革命至今，全球完成了四次大规模的以制造业为核心的产业转移。其中，制造业转移的普遍规律有以下几条。

第一，世界产业转移的最初动因都是从成本高地转移到成本洼地。制造业会自动寻找原材料、流通、人力等综合成本更低的地区，这是全球法则。从成本上讲，当一国用20年左右时间完成工业化后，必然会发生城市化及中产化的社会结构性改变，工资水平也会大幅提高。企业出于利润最大化的考量，自然会将生产经营布局到成本更低的地区。

第二，领先经济体希望开拓新市场，后发经济体致力于走出全球经济的"边缘地带"，从先发国家到后发国家的产业转移也成为各国共识。在具备分工合作的技术基础条件情况下，合作意愿就很关键。例如，第二次世界大战结束后，美国制造业在全球拥有绝对的霸主地位，美国也第一个迈入"大众消费时代"。但在这个过程中，劳动力成本上升不可避免，产能过剩问题时有发生，美国企业有进一步开拓新市场的强烈意愿。与此同时，一些东亚及南美洲经济体希望通过快速工业化实现赶超，为此做好了政治、社会、经济等多方面的准备，并较为充分地发挥了低劳动力成本等比较优势。

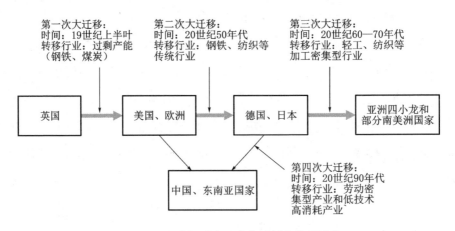

图4-1　19世纪以来四次全球制造业大迁移

显然，前四次制造业产业转移基本呈现单向度转移的特征，从成本高地到成本洼地，从先发国家到后发国家。如今，不同于以往的成本决定论、市场决定论，全球高通胀压力、中美关系的挑战、持续的贸易摩擦、气候变化的压力、地缘政治与地缘战争的冲击等，主导全球制造业发展的因素正变得越来越复杂，也让正在发生的第五次产业转移打破了以往的诸多规律，呈现出前所未有的结构性调整。

第一，转移动力的结构性调整——从生产要素成本驱动转向安全、韧性、成本并举。在过去几十年的时间里，产业链的全球化布局以效率提升和成本降低为基本逻辑，在全世界范围寻找最优生产方案。然而，产业分工越长、越细致，受到外部冲击的可能性就越大。为避免链条过长、分工过度的全球化所带来的断链风险，产业链朝"变短、变粗"的方向发展。

首先，始自日资企业的"中国＋1"战略逐渐被欧美跨国公司纷纷仿效，试图寻找可以替代中国供应链地位的另一个世界工厂。东南亚的越南、柬埔寨、泰国和印度尼西亚，南美洲的墨西哥，均成为"＋1"的热土。

其次，从供应链开放模式向垂直整合模式转变。典型如特斯拉，目前从电池生产到电机制造，从自动驾驶算法到中心控制系统等都由特斯拉自己完成。这一模式颠覆了传统汽车行业跨国公司汽车生产的供应商模式。

再次，链条式、综合体式、共建式转移成为主要方式。即不同于以往单一项目、单一环节、单一企业的转移，而是以龙头企业和大企业为核心，带动研发、采购、销售等上中下游各个环节进行组团式转移，以形成产业群体和网络。例如，中国纺织服装行业向东南亚转移就是典型的链条式转移。先是下游服装代工企业向东南亚转移，然后是中上游技术型配套企业跟进，呈现出从单个厂商迁移逐步演变成产业链整体迁移的态势。

第二，转移路径的结构性调整。首先，相较过去由发达国家向新兴发展中国家的单向产能转移，当下则是双向转移路径：既有产业低端链条向成本更低的越南、印度等发展中国家转移，又有发达国家推动制造业"回岸""再工业化"，部分高端产业向欧美回流。其次，过去产业转移均由西方国家发起、主导并推动，当下则因有中国的深度参与而出现历史上首次不完全受西方国家主导的产业转移。而且，中国还面临着从单纯的产能承接国向具备产能承接与输出双重作用的枢纽国身份转变：一方面，中国自身的工业化进程和产业转型尚未完成，仍需继续承接输入产能；另一方面，中国技术迭代速度加快、工业自动化发展推动了产能扩张，"走出去"需求明显增强，因而也具备了较强的产能输出能力。

第三，转移格局的结构性调整：国际经贸规则重构推动区域化布局，"地球村"被切割为一个个"盟友圈"。当前，经济全球化进入速度放缓、格局分化、规则重构的调整期。随着《区域全面经济伙伴关系协定》（RCEP）、《全面与进步跨太平洋伙伴关系协定》（CPTPP）、《美国—墨西哥—加拿大协定》（USMCA）等大型区域自贸协定的签署和实施，不同区域内的经济贸易合作正在增强，各自的产业链、供应链网络也变得更加紧密。全球产业链日益区域化、本土化，形成亚洲、北美和欧洲三大"盟友圈"。

一方面，每个"盟友圈"区域内的国家将其产业链大量布局到区域内其他国家，区域内各国的相互依赖程度远高于对区域外国家的依赖程度。例如，在北美"盟友圈"，加拿大和墨西哥的产业链布局在美国的比重甚至达到了40.3%和40.8%，而美国产业链布局在加拿大的比重为10.9%，在墨西哥的比重为4.8%，远高于中国以外的其他国家。

另一方面，每一个"盟友圈"内部都有一个清晰的"中心—外围"辐射模式，中国、美国和德国分别为三大区域的中心。这可以从各个区域性"盟友圈"内产业链布局的不对称性中明显看出。例如，韩国产业链中有17.8%布局在中国，中国产业链布局在韩国的比重仅为4.9%。在欧洲"盟友圈"内，各国产业链布局在德国的比重高于德国产业链布局在这些国家的比重。

第四，转移战略的结构性调整：以科技创新引领产业结构战略性转变。

一方面，第四次科技革命席卷之下，数字化和智能化开始代替商品贸易和金融活动成为全球化的主要驱动力。其最大特征是，对中低技能劳动力存在明显替代，同时，资源要素投入更注重数据、算力和算法。生产要素相对重要性的变化，毫无疑问会导致经济体之间要素禀赋优劣势发生变化，这将从根本上影响跨国公司的投资决策，驱使产业链、供应链布局向发达经济体或具有数字技术优势的发展中国家倾斜。最终，国家产业的实力对比规则被重新定义：拥有廉价劳动力因素的国家的比较优势被釜底抽薪，而那些拥有数据、算力、算法优势的国家和产业一跃而起，占据先发优势。

另一方面，能源与气候挑战相互交织，倒逼产业绿色化、低碳博弈化，重置全球产业链结构。每一次能源革命都代表着全球利益重新分配：煤炭时代成就了英国，油气时代成就了美国。如今，碳减排被顶在杠头上，倒逼能源结构转型。煤炭、石油等化石能源的消费量逐步减少，相关国家和地区的经济发展模式、潜力及相应的国际地位随之发生微妙变化。而那些自然资源相对匮乏但具备低碳科技创新能力的国家，则获得了比以往更为有利的发展条件，国际经济竞争力随之增强。

说到底，这一次的全球产业链重构，并非简单的搬迁，而是根据先进生产力发展的需要，以及全球各地的基础设施、自然资源等生产要素，进行结构性调整，国力洗牌随之而来。短期来看，与全球产业链关系越紧密的国家，受到的冲击就越强。与之相对应的，则是谁能融入大国经济圈的内核，与大国进行深度绑定，谁的发展前景就越广阔。比如，越南、墨西哥等国因美国政策引导而迅猛发展，在美国产业链去中国化的过程中赚得盆满钵满。其中，新加坡占据中国金融资本和私人财富外移的红利，东南亚、印度、墨西哥和加拿大，则瓜分了从中国外迁的产业链和订单。最终，各国在全球产业链中的相对位置也将因变局而破局——过去，在市场经济充分作用的背景下，发达国家一般处于价值链的中高端，而后发国家处于价值链的中低端，前者获得利润和经济增长，后者获得就业和发展。

中美成为关键主导者

全世界忙着重构产业链，实则是为了重新争夺产业链主导权。究其根源，百年未有之大变局时代，全球迎来从发达国家转向新兴经济体的"世界力量之变"，以至于地缘政治与市场逻辑激烈碰撞。如果说过去世界主导力量仅在发达国家内转移，如从英国到美国，那么如今则是从发达国家转向新兴经济体，过去几十年来，发达国家整体处于历史性衰退。第二次世界大战结束时，以美国为首的工业七国占世界GDP总量的70%以上，而今发展中国家加上新兴经济体整体占世界GDP总量的60%左右。全球南北关系由北强南弱转向南北势均力敌。对此，美国抛出"吃亏论"，认为"接触"是问题根源所在，中国受益最多，因而要关上其敞开的大门。于是，美国等发达国家为维持在全球产业链中的位置而打压、遏制后发国家；中国等后发国家则为了活下去，不得不冲击全球产业链中高端，甚至是顶端的位置，做大自己在全球存量经济中的份额。

如此一来，中美分别作为各自区域产业链的枢纽国，对区域产业链主导权的争夺也日趋激烈。中国提出"一带一路"倡议，美国则联合G7成员国发布名为"重返更好世界倡议"的全球基建计划；美国筹组芯片四方联盟，搞"印太经济框架""四方机制"遏制围堵中国，而中国主导的区域组织有上合组织、金砖国家合作机制等，并在南美洲、非洲、南太平洋积极寻求突围。这也就注定了，中美分别代表全球的南方与北方，成为全球产业链重构的两大关键主导者。

第一，在产业政策竞争上：中美竞相推出产业政策，采用各项产业政策工具，提高产业政策效率。虽说中美产业政策没有本质区别，目标却有所不同。中国产业政策的目标是从劳动密集型产业向资本密集型产业转型，进而发展技术密集型产业。美国的产业目标则是重新恢复劳动密集型产业，继续维持资本密集型产业，绝对控制技术密集型产业。因此，中美两国的结构性矛盾绝对不是简单的科技之战，而是美国要重新夺回对全产业链的主导权。这是因为劳动密集型产业能够最有效地解决就业问题，资本密集型产业可以促进技术商业化，而技术密集型产业则能引领未来发展。

第二，在产业升级竞争上：中美两国都在竞争，看谁能率先完成产业升级。美国的策略有两个方面：一是在中国产业升级之前引领下一轮科技革命；二是扶持墨西哥和东南亚等地替代中国的低端产业。只要实现这两个目标中的一个，美国就能保住其霸主地位。而中国的策略也有两个方面：一是等待美国因债务和金融危机导致美元霸权加速瓦解；二是在本国低端产业被替代之前完成产业升级。

第三，在科技竞争上：相比美国聚焦关键领域、锚定单点创新，中国凭借全产业链进行的系统创新更具韧性。盖因全产业链意味着有更为全面的零部件和子系统来预防"卡脖子"风险、实现系统级创新。当单点技术遭遇"天花板"，这场以全产业链创新对抗单点大幅领先式创新的博弈，胜利的天平正越发倾向前者。比如，如果特斯拉在其处于领先的单点技术遭遇了技术发展的极限，无法保持大幅度领先的话，则会被其竞争对手迫近，这就会导致危机。例如某个核心单点技术和中国的对比，优势从 100 分对 60 分变成了 100 分对 80 分，则可能导致整体性能落后于中国。

第四，在产业链比较上：中美能够主导的产业链变局各有侧重——美国保持领先的都是其上百年积累的先发产业，在军工、航空航天、人工智能、生物医学、信息技术、半导体、石油化学等先进科技领域位列全球第一。不过，从太阳能光伏到新能源汽车，从锂电池到 5G 基站，在这些中美同时发展的产业领域，中国打造出不亚于美国的超强竞争力，还延伸出更多的高科技、高附加值绿色产业。比如在新能源汽车领域，从采矿到冶炼，再到零部件制造，中国在生产链上的每一个环节都占绝对统治地位。此外，随着力量接近，中美在各个领域的数字权力竞争都有所加剧，其中数字跨国企业的竞争最为激烈，其次是在网络安全和数字主权货币方面的竞争，而在数字媒体领域爆发冲突的风险相对较低。

第五，在各自阵营上：一方面，美国侧重政治操弄，拉拢盟友对华脱钩断链并重构产业链，实则"死道友不死贫道"。原因很简单，全球产业链的分工和布局，背后是基本的经济规律在起作用。美国虽然具备掌控全球关键节点、高科技等先发优势，但长期来看，咄咄逼人的政治操弄效果有限，尤其是在自身难保的背景下，美国无法拿出真金白银来帮助其他国家，只想让其他国家配合美国。典型如日韩被美国绑上"战车"，其汽车、芯片、造船等支柱产业正被美国掏空，面临国力衰退的窘境。另一方面，中国则以市场为导向，凭借经济互通、产业捆绑等全球化思维，以及"和而不同"的政治智慧，具备强大的辐射吸引力。例如在太平洋经济地区，通过产业链在亚太国家的再布局，国家间可以实现产业的联动，既能实现国家的经济增长，提高区域经济效率，也有利于这一地区经济的稳定，发挥区域经济一体化的作用。从驼铃声声的古代丝绸之路，到如今的"一带一路"，中国与东南亚、南亚国家的合作已遍及贸易、投资、基础设施、服务等领域，双边经贸合作保持旺盛的发展势头。

只不过，由于现实条件制约，中美产业链既脱钩断链又藕断丝连。

首先，国家产业链面临安全与效率的二元悖论。即各国越是具有国际竞争力的产业，对进口中间品贸易越依赖，其脆弱性越显著。例如，日本、韩国、美国的半导体产业的竞争力都很强，但其脆弱度排在前列的产业正是电机、电气、音像设备及其零附件产业；英国、法国、德国、意大利的机械制造业的竞争力比较强，但其脆弱度排在前列的产业正是核反应堆、锅炉、机械器具及零件；法国是空客飞机的生产国，但其航空器、航天器及其零件产品的脆弱度排在第三位。

其次，科技创新需要全球一盘棋发力打造具有全球影响力的开放创新合作生态。第四次科技革命下的科技创新，实际是在全球范围内变革人类的生产方式、生活方式、生存方式乃至生命存在方式的过程；而基础研究、资本金融、科研人才等资源的全球化自由流动既是科技创新发展的土壤，也让创新得以持续。反之，若政治压力过大，会导致连锁反应，致使创新无法延续。

正因如此，在本次产业链重构的过程中，中美的产业链转移纵横各有重叠、互有交叉，是非线性的产业转移，产业链的内移、外迁以及国际区域重组同步进行。正如欧洲基于自身的政治经济利益而"脚踏两条船"，一边与美国做生意，一边与中国共同重构产业链。伴随国家产业链边界模糊化，全球将呈现中美分别领头、"脱钩"与重构交织的产业生态。一是由美国领头的全球北方产业生态，主要由五眼联盟成员国构筑。二是由中国领头的全球南方产业生态，与其他发展中国家共同重构产业链的另一主场。国际货币基金组织估计，美国阵营和中国阵营的形成，长期来看可能会使全球产出减少2%。作为世界上最大的经济体，美国将在产出损失里占据很大比重。总之，以往的"领头羊"美国越来越有心无力；"后来者"中国虽强势崛起，但远未能成为新一代引领者，仍待积蓄实力。这场改写世界秩序的产业转移过程必将旷日持久。

利用产业转移进行产业升级

回顾过往，在全球前四次制造业转移过程中，美国模式、日本模式是其中的两种典型代表，各自具备不同的特点。

首先，一个代表着发达经济体产能转移模式——基于"产品生命周期理论"的"优势产业转移"模式。从 20 世纪 50 年代以来，美国产业转移出现了"垄断—仿制—竞争替代—进口"四个阶段的演进。另一个代表着新兴经济体产能转移模式——"比较劣势"产业转移模式。日本 20 世纪 80 年代以后开始加大对东盟国家和中国制造业的投资，转出门类从消费资料产业向资本资料产业、轻纺工业向重化工工业、原材料工业向加工组装工业不断演进。

其次，从产业转移主体来看，"日本式"产业转移的主体主要是中小型企业，而"美国式"产业转移的主体一般是大型跨国公司。这是因为对日本而言，与大型企业相比，中小型企业竞争力较弱，更容易成为"边际产业"，为了生存，只能向海外进行投资以利用国外廉价资源来降低成本。而美国的大型跨国公司规模大、实力强，拥有更多的垄断资源，即所有权优势，同时，大型跨国公司所有权优势内部化的能力强，因此也成为美国对外直接投资的主力军。

最后，二者的经营方式也截然不同。市场型投资分为两类：一类是因东道国贸易壁垒和摩擦引致的对外直接投资，另一类是寡头垄断的对外直接投资。日本的直接投资属于前一类投资，美国的直接投资则属于后者。日本产业转移多采用合资的方式进行，而美国大型跨国公司为了维持垄断优势、防止泄密，往往采取独资的方式。

美国、日本两国的产业转移模式为中国未来在国际产业转移中的发展战略选择提供了重要启发。但对中国来说，仅靠模仿并不能建立起自身的产业竞争力。毕竟，单一的美国模式或日本模式都还停留在过去传统的分析框架中，而当下，无论是产业链全球布局的复杂程度还是国际竞争的广度和深度，都已今非昔比，"旧地图已寻不到新大陆"。更为重要的是，中国的禀赋条件与美国、日本不同。

第一，作为"世界工厂"，中国供应链凭借完整与高效的优势迅速占领全球"三链"中心，让世界短期内难以"去中国化"。这是因为，中国不仅是全世界唯一拥有联合国产业分类中全部工业门类的国家，还是全球工业体系和行业门类最完整、产业链条最长的国家。按照国民经济统计分类，中国制造业有 31 个大类、179 个中类和 609 个小类，产业链配套能力全球领先，产业集约化优势无人能及。在全球高出口中心度的产品中，中国在其中八成产品的出口上具有优势，供应链呈现较强韧性。近来世界地缘政治局面越发严峻，而全球供应链也出现各种问题，但在这种情况下，中国仍然是全球制造业大国。

第二，强大的国民禀赋是中国无可比拟的竞争优势。中国拥有 14 亿人口、4 亿中等收入群体，是全球最具潜力的大市场，也是中国维护产业链、供应链稳定的重要保障。一方面，超大规模内需市场、良好的消费环境、巨大的消费潜力、超强的品牌意识，能够给予企业生存发展更广阔的空间和更具包容性的环境，创新方式将逐步转变为以自主创新、协同创新、融合创新为代表的内源式创新。另一方面，新一代信息基础设施使得数据生成、存储和传输的成本显著下降，数据开始成为经济系统中新的关键要素。在产业数字化模式下，数据可复制、可共享、无限增长和供给的禀赋克服了传统生产要素的资源总量限制，形成了规模报酬递增的经济发展新模式、新产业，这也为中国传统产业转型升级、新兴产业"弯道超车"提供了机遇。

第三，经过多年的技术积累，中国产业链的某些领域已有能力实现从技术引进者、技术模仿者到技术输出者的华丽转身。中国一些战略新兴产业的关键技术已处于领先地位，如 5G 高速无线互联网设备和服务；在人工智能、量子计算和其他新技术方面具有很强的竞争力；在新能源开发、新能源汽车、智能电网、轨道交通等领域，无论是技术还是产能都处于领先地位。

就此看来，无论是产能外销的客观需求，还是技术及成本的双重优势，都意味着中国更有能力、更有条件探索出复式化的"第三条道路"。说到底，产业链的结构调整对于每个经济体而言，都是一次深入变革的机会。对中国而言，产业转移的另一面是产业升级——凭借中国产业升级和统一大市场的时代机缘，通过错位和合作，探索出产业重构的创新机制。无论是早期的"雁行"分工模式①还是21世纪以来的东亚生产网络，本质上都是基于供给视角的分析，而最终产品的需求端则在美国。这种失衡的国际分工模式使得东亚经济高度依赖美国市场，具有高度脆弱性。过去，中国一度作为"雁尾"而存在，如今随着先进制造业崛起，正在变身为新的"领头雁"，而越南、印度等国则成了新的"雁尾"。通过对东南亚的直接投资，原料供应和产业链配套，完成升级后的"链主"国家，反而能从产业转移的过程中分一杯羹，并加强彼此的市场融合。

总之，随着以中美关系为核心的国际政治形势发生变化，中国人工成本的升高，自动化、智能化在某些产业和环节上无法全面应用，一定会有部分产业转移到国外，但只要中国的产业升级在持续进行（如汽车等内陆地区原有产业通过产业升级实现出口增长），产业链集聚而完整，基础设施持续完善（内陆和沿海地区的信息、物流传递速度更快），还是可以通过国内转移，以及原有产业出口增长的形式把制造业继续留在本土，而且还极大促进了国内地区间的发展平衡。

不过，不得不承认的是，即便方向清晰，过程也并非一路坦途。中国经济转型期产业链升级爬坡尚未完成，前有美国的围堵，中有法国、德国、日本、韩国等国的"贴身肉搏"，后有越南、印度等发展中国家的追赶。在此不利局面下，中国的产业链重组注定需要一个循序渐进的过程，仍需考虑"效率—安全"的偏态问题与"市场化—高技术化"的迭代悖论。

一方面，在逆全球化背景下，中国产业链重组考虑的因素不只是成本效益等经济因素，同时还得考虑安全、稳定等非经济因素。比如，2022年初，

---

① "雁行模式"是一种以垂直分工为主的国际分工体系，其建立在东亚各国、各地区经济发展水平存在差异的基础上。

小米驻印度公司被印度政府以追缴税款为由没收了 65.3 亿卢比。2022 年 5 月，印度政府以支付版权费和涉嫌"非法"向境外机构汇款为由，扣押了小米驻印度公司 555 亿卢比存款。这也为中国企业敲响了警钟，未来，如何应对市场竞争和政策风险都将成为重大课题。

另一方面，在重构的过程中要注意避免走入闭门造车的技术陷阱。比如，日本半导体产业链也有一个很明显的特征：不仅肉要自己吃，汤也不能给外人喝。直到今天，日本的很多芯片公司都是设计、制造、封测一把抓的 IDM 模式（即由一个厂商独立完成芯片设计、制造和封测三大环节）。20 世纪 80 年代日本半导体如日中天时，日本公司不仅自己设计、制造芯片，就连芯片的原料硅片，造芯片的光刻机，甚至是生产硅片的坩埚，都必须是"血统"纯正的 Made in Japan。然而，这种闭门造车的做法，最后反而变成了日本电子产业体系的最大软肋，后来美国人用摩尔定律的残酷性和全球大分工，完成了对日本半导体产业的"肢解"。

第五章　货币乱世与人民币突围

全球货币乱象横生，国际货币结算进入本币化时代，美元的基础正在被"挖墙脚"。其中，伴随世界经济结构的演化，人民币国际化进入指数增长时代，但当下，"弃美元"与"人民币国际化"尚未进入强相关时期。而且，伴随世界经济结构的演化，人民币走出去"欲戴王冠，必承其重"，既要利用其中蕴藏的机缘，更要建立机制规避风险。

全球货币抛锚：乱象横生

在过去的50年里，美国在其货币政策方面坚定不移地贯彻着前国务卿基辛格博士的著名论断："谁掌握货币，谁就控制了全世界。"毋庸置疑，美元已经是世界上最重要的储备货币，也是世界上交易量最多的货币。正如其"前辈"英镑曾经承载起一个四海殖民的"日不落帝国"，美元也成为美国肆意收割各国经济、巩固其全球金融霸权的基石。而今，面对步步紧逼的通胀压力和美国经济乏善可陈的应对成果，美联储主席鲍威尔已经化身为"草原猎手"满天放鹰。2022年怎样激情放水，2023年就如何铁腕加息，使其盟友也叫苦不迭。无论是欧洲创纪录的通胀水平，还是日本爆炸性的贸易赤字，都使人不由想起美国前财政部长康纳利的那句名言："美元是我们的货币，却是你们的问题。"不断积聚的系统性风险已使得各国不得不主动寻求美元之外的替代资产。如今，中国、印度、日本等国正在抛售美元、美债，甚至美国的铁杆盟友以色列也在此行列。

马克思指出，一切商品都是暂时的货币，货币是永久的商品。即一切商品都可与之交换的媒介——货币意味着经济领域内通行无阻的绝对权力。数十年来，在国际市场中独掌这一权柄的是美元。而如今，"一手遮天"的情况似乎正在松动，全球货币呈现乱象横生之态。

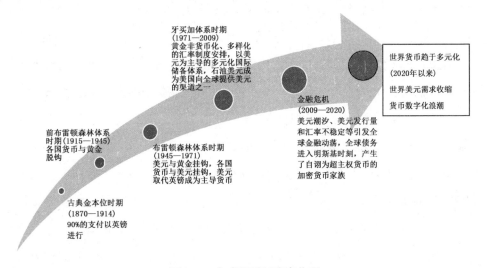

图5-1 全球货币制度变化图

第一，美元一边频繁加息，导致全球货币市场发生大规模的资本流动，引发全球范围内的汇率压力，收割全球货币市场；另一边美国又在疯狂印钞，美元大放水透支美国信用。北京时间 2023 年 11 月 2 日凌晨，美联储公布 2023 年 11 月利率决议，宣布当月暂停加息。此前，美联储自 2022 年 3 月开始的加息周期中，已进行 11 次加息。这一轮美元加息从 0%—0.25% 已经大幅度提高到 5.25%—5.50% 的水平；这种加息速度和幅度是史无前例的，已经严重影响了美国经济增长，市场预期 2024 年美国经济大概率进入衰退。与此同时，美联储在政策声明中仍为进一步加息留下空间，并未表明加息周期已经结束。

美元泛滥成灾，消耗的恰恰是美国的信用。2023 年 6 月，美媒《纽约时报》就有报道，美国政府的国债债务已经高达 32 万亿美元，已经远远超过美国 2022 年的 GDP 总量。换句话说，美国正将这些庞大的债务货币化，或加剧长期去美元中心化，以至于美元逐渐掉下世界货币之锚的神坛。桥水创始人达里奥曾悲观预言，美债 40 年的牛市可能要结束了，就连索罗斯都发出警告，美国市场可能会走进大萧条雷区，未来会有高达 26 万亿美元的资金陆续从美国市场撤离。"去美元化正在以'惊人'的速度进行。"彭博社援引数据分析称，如今美元在全球各国政府外汇储备中所占比例大约为 58%，这比 2001 年的 73% 有了明显下降，而 20 世纪 70 年代末，美元在全球外汇储备中的占比还高达 85%。

第二，美元对全球跨境结算的主导力长期走低。IMF 数据显示，2023 年第一季度美元在全球外汇储备资产中的占比为 59.02%，而 2001 年美元占比曾一度高达 72.7%。有舆论认为，在这样的大趋势下，中东国家同美元加速"解绑"对美元地位的冲击尤为明显。原因在于，维护美元霸权的重要基石"石油美元"体系被撼动。但根据国际货币金融机构官方论坛的研究，美元衰落趋势大概率是缓慢的，2033 年美元占全球外汇储备比重仍将保持 54% 的份额；然而，短期内美元兑人民币汇率却异常强势。美元指数自 2023 年 5 月大幅走强，至 6 月 26 日登峰造极，美元兑在岸、离岸人民币汇率双双跌破 7.23 关口，随后才迎来反弹。一强一弱之间，浮现的正是货币多元化趋势下的双生关系。

第三，越来越多的经济体自发选择货币多元化。代表"过去"的大宗商品，是资源强国脱钩美元的有利基础。大宗商品可谓是美元控制最牢固的基本盘，而在这个板块，也已经出现了俄罗斯和南美洲两个"刺头"。根据美国期货业协会数据，2020 年全球大宗商品中能源占比约四成，农产品占比约三成，基础金属占比约两成。在能源和粮食板块，俄罗斯已经推行一系列政策将资源强行挂钩卢布；而在基础金属板块，南美洲国家也开始筹备仿效欧佩克的"锂佩克"。而且，东盟达成"加强本地货币使用"的共识；沙特阿拉伯财长表态，对非美元货币贸易结算持"开放"态度。另外，根据伊朗《德黑兰时报》2023 年 5 月 24 日报道，亚洲清算联盟峰会上，伊朗央行行长与俄罗斯、巴基斯坦、白俄罗斯等国的央行负责人密集讨论了在双边贸易中使用本币结算的话题，亚洲清算联盟成员国还计划推出可与 SWIFT 系统相媲美的系统，命名为"亚洲清算网络"（ACN），称其可满足成员国之间清算货币交易的一切需求。

其中，尤以人民币国际化颇受瞩目。根据中国发展改革报社提供的数据，2023 年 2 月、6 月、7 月，中国人民银行先后与埃及中央银行、阿根廷中央银行、老挝银行、蒙古银行续签规模分别为 180 亿元人民币/807 亿埃及镑、1 300 亿元人民币/4.5 万亿阿根廷比索、60 亿元人民币/15.8 万亿老挝基普、150 亿元人民币/7.25 万亿蒙古图格里克的双边本币互换协议；5 月 8 日，北京、广东、深圳开展试点，优化升级跨国公司本外币跨境资金集中运营管理政策，增大企业跨境资金运营自由度；5 月 15 日，内地与香港利率互换市场互联互通合作正式上线运行；9 月 28 日，粤港澳大湾区"跨境理财通"业务试点进一步优化……

此外，国际货币基金组织数据显示，截至 2022 年末，全球央行的人民币储备规模为 2 984 亿美元，占比 2.69%，较 2016 年人民币刚加入 SDR（特别提款权）时提升 1.62 个百分点，在主要储备货币中排名第五。据不完全统计，至少有 80 多个境外央行或货币当局将人民币纳入外汇储备。

第四，在资产储备方面，越来越多新兴经济体和发展中国家持续推动储备多元化。黄金似乎成为全球金融市场的防御之选，世界黄金协会发布的季度《全球黄金需求趋势报告》显示，2023年第三季度，全球黄金总需求为1 147吨，比近五年平均水平高出8%；全球央行净购黄金337吨，为有史以来第三高的季度净购金量；全球央行购金需求同比增长14%，达到创纪录的800吨。

但从客观层面看，全球经济已不存在回归金本位的条件。宏观经济学模型指出，一旦货币供给偏离货币需求，将直接作用于实际利率，进而向投资传导，并最终造成全社会产出下降。由此，采取金本位必然导致全球性的货币贬值和通货膨胀，产能有限的黄金已不能满足工业社会的货币需求。从主观层面看，各国也没有回归金本位的意愿。一方面，一旦将货币供给让渡给黄金产量，全球央行通过货币政策调控来稳定经济的空间就会受到限制。另一方面，金本位会导致各国货币之间形成一个固定汇率系统，造成单一国家的货币风险向全球传递。实际上，各国央行购入黄金并非为了贸易结算，而是把它当作对冲美元风险的工具。从资产属性来看，黄金可以被抽象为一种零息债券，因而其持有收益与美联储利率走势相反；同时，黄金的价值不依赖某一国家的主权信用，而是受到各国普遍承认，因而黄金是一种对冲美元风险的绝佳资产。当前美联储的激烈加息已使得多国货币面临贬值，美元处于相对高位，这无疑大幅扩张了各国持有美元的风险敞口。因此，不仅仅是中国，全球各国都在紧急抛售美债，转向持有黄金这一避险资产。但是，无论从客观层面还是资产属性来看，当前各国央行购买黄金只是美元风险不断积累之下，"治标不治本"的结构性举措。

综上来看，当下的国际货币体系已陷入失锚旋涡，虽暂时仍由美元支撑着，但是，美国与非美国因素都在不断侵蚀着这一支撑，美元地位不断受到冲击。欧元的诞生其实就有对抗美元的意味，至少欧元区内部的贸易结算已经完全不需要美元。欧元在全球储备货币中的占比已达20%左右，现在又多了人民币。随着国际货币体系的不确定性增强，全球将进入"货币战国时代"。

国际货币进入本币结算时代

本币互换的核心逻辑就是，贸易权重越大的国家，货币结算国际化程度越高。当下推动本币互换的国家，一是以俄罗斯、中东产油国为代表的能源型国家，如 2023 年 2 月 22 日伊拉克中央银行首次宣布将允许与中国的贸易直接以人民币结算，以改善对外贸易融资，稳定汇率。另据今日俄罗斯电视台网站 2023 年 8 月 15 日报道，根据所谓的本币结算机制，印度和阿联酋已经开始用卢比和迪拉姆结算能源交易，首笔购买石油的交易 8 月 14 日进行。二是以印度、东盟、南美洲国家为代表的新兴经济体。如东盟十国官员于 2023 年 3 月 30 日在印度尼西亚召开会议，首要议程就是讨论如何减少对美元、欧元、日元和英镑等主要货币的依赖，转而使用本地货币来进行贸易结算。

对于前者，石油资源本身就是美元的锚定物，掌握大量能源的国家将本国货币（如俄罗斯卢布、阿联酋迪拉姆）与油气挂钩，本质上是将能源贸易领域的话语权变现。对于后者，新兴经济体贸易体量逐步有赶超美西方发达国家之势，根据彭博社对 IMF 数据的整理，从 2020 年开始，金砖国家与 G7 国家对世界经济的贡献度持平。2023 年，金砖五国将提供 32.1% 的世界经济增长，而 G7 国家仅能贡献 29.9%。IMF 预计，到 2028 年，金砖国家对世界经济增长的贡献度将达到 33.6%，G7 国家的贡献度将降至 27.8%。

但是本币结算在条件不成熟的背景下，也会给全球经济预埋风险。自从 2022 年俄乌冲突爆发后，俄罗斯能源被美西方拒之门外，俄罗斯便转向东方开辟新客户。印度也没放过这个便宜，开启扫货模式。根据印度商业和工业部的数据，在 2022—2023 财年的前 11 个月，印度对俄进口增长了近 5 倍，达到 415.6 亿美元。并且作为对美元霸权的回击，两国交易另选了其他货币，其中就有不少印度卢比。结果，印度欢天喜地地领着大量能源回家，俄罗斯看着账户里多出来的巨额卢比却高兴不起来。2023年5月5日，俄罗斯外长拉夫罗夫表示，俄罗斯已经在印度的银行里积累了数以十亿计的印度卢比，但是没法花出去。如果拿这笔钱向第三方国家购买产品，这些卢比就必须换成另一种货币，毕竟国际贸易中印度卢比的流通有限；如果去买印度的出口商品，印度商品本来就不以物美价廉为卖点，而在原材料领域，俄罗斯与印度同为产粮大国，更不缺能源；想来想去，拿卢比去买印度国债或者去印度市场扩大企业投资，兴许能把钱花出去，这下印度经济更加受益，只不过俄罗斯大概会觉得亏得慌！

某种意义上说，此次砸在俄罗斯手里的印度卢比，是未来本币结算风险的预演，南美洲、中东、非洲等地区的国家大多社会动荡且物资匮乏（除了海湾国家），这些经济体的货币先天不足。

一方面，经济结构的偏态决定了这些国家的货币难以买到有用之物。以金砖国家中的俄罗斯、巴西、南非为例，虽然各自在一些工业制造领域有突出表现，例如南非的汽车生产和零部件制造，巴西的支线飞机制造和生物燃料产业，以及俄罗斯冶金和国防产业，但总体来看这三个国家的支柱产业依然是资源出口，俄罗斯主打石油、天然气，巴西也有南美洲第二的石油储量和储量位居世界前列的铌、铁矿场，南非更是重要的铂金、黄金以及煤炭等矿产出口国。可以想象的是，如果以上三国各自拿着彼此货币交易，刨去资源部分，会陷入尴尬的境地：我要的东西你生产不了，你卖的东西我自己也有。当然，这三国已经算得上是新兴经济体中的佼佼者了，其余国家多是工业成品缺乏亮点，亦无资源禀赋可倚仗的"底层玩家"。

另一方面，汇率风险让这些国家的货币随时变为烫手山芋。以伊朗货币里亚尔为例，据央视新闻报道，2023年2月26日，伊朗公开市场上里亚尔兑美元汇率跌至60.15万里亚尔兑换1美元，而其两天前的汇率是54万里亚尔可以兑换1美元，再往前一年，41 667里亚尔兑换1美元。西方制裁、本国央行管理不善、通货膨胀以及普通民众私下购买美元等硬通货都是造成里亚尔急速贬值的原因。无独有偶，2023 年阿根廷货币汇率也岌岌可危。阿根廷官方数据显示，截至 2023 年 4 月，阿根廷的通货膨胀率达到 8.4%，而近 12 个月来的累计通胀率已达 108.8%，这是自 1991 年以来的最高水平。同时，阿根廷本币比索 2023 年以来累计贬值已超过 23%。通货膨胀与货币贬值的双重打击下，比索现钞的购买力变得越来越弱，以至于阿根廷政府宣布将发行面值达 2 000 比索的现钞。试想，其他国家手中拿着这些随时价值急贬的货币，汇率风险不言而喻。

除此之外，一种规则向另一种规则转变的过程中必然要经历痛苦与混乱，美元霸权向本币结算转变的过程也概莫能外。追溯上一次世界范围内货币权力的更迭，是美元与英镑对垒。20 世纪 30 年代前后，以英美各自为中心，形成了国际经贸上的两大对立阵营：一边是以美国为中心的美元区和对应的多边贸易互惠体系，另一边是以英国为中心的英镑区和对应的大英帝国"帝国特惠制"贸易体系。英镑区和美元区之间的对立，引发了接连不断的货币战，货币竞相贬值并进行外汇管制。在各自货币区内，英镑和美元分别为各自的中心货币。货币区内部的贸易支付清算、资金流动、外汇交易完全自由，但是各货币区之间却有着严格的外汇管制和贸易壁垒，通常以黄金进行结算支付。换句话说，当时的世界贸易事实上回归到黄金交易模式。如今参战的不是两方，而是近乎战国时代的百家乱战，各方都有自己的利益诉求，局面比起 20 世纪 30 年代只怕更加复杂，其中盘根错节的关系只会为世界贸易埋下更深的隐患。

美元基础正在被"挖墙脚"

全球货币乱象丛生，货币多元化背后其实是对美元霸权的反噬，虽然消耗殆尽的过渡期会很漫长，但是其根基正在松动。本轮"去美元化"浪潮汹涌而起，主要源自两方面的合力。

一方面是美元自身的因素，美联储加息稳币值的意图受银行业危机与债务上限风波的牵制。

其一，美联储连续加息使得全球资金纷纷涌入美国银行，寻求较高的利息收益。然而，银行作为利差的获利来源，却因此面临资产缩水的风险。目前美国银行的债券等资产已经出现了巨额亏损，美国银行业财报显示，仅2022年底，债券账面损失就高达6 200亿美元，2023年前10个月的损失预计已高达7 000亿美元。如果美联储继续维持高利率，银行每个季度将损失约2 000亿美元的资产，这使得银行面临资本充足率的压力。而且，美国银行业的危机又会进一步加剧美元资产前景的不确定性。

其二，在债务货币化的财政政策下，美国总想再去收割全球资产。而两党围绕债务上限谈判的僵持，使欧洲评级机构Scope Ratings将美国部分债务信用评级置于"可降级审查"列表，加重了美元下行压力。关键是，美国内部金融原罪矛盾积累，逐步失去"金融安全岛"的地位。自硅谷银行"爆雷"以来，美国银行业的动荡远远没有结束，第一共和银行于2023年5月1日被摩根大通收购，其他美国地区性银行股价也接连暴跌。归根结底，美国金融在混业经营中长期游离于监管之外，且因长期低利率大量积累了久期错配、杠杆过高等问题。以往大量资金可以在美国的金融系统中"避险"，如今这种"资本伊甸园"成色渐褪，于美元辐射力而言可谓釜底抽薪。

另一方面是外部市场因素，各国已形成降低对美元依赖的共识。

其一，俄乌冲突中，美元要承受对俄罗斯金融制裁的反噬。美国财长耶伦公开表示，美国对俄罗斯及其他国家的制裁可能会破坏美元的主导地位。因为被制裁国家正在寻找替代方案。作为反制，俄罗斯先后出台了一系列措施，例如用卢布偿还那些制裁俄罗斯的国家的债务，要求欧美国家必须用卢布向俄购买天然气、石油等能源，启动新的结算系统 SPFS 以取代西方的 SWIFT 系统。

其二，贸易碎片化的国际趋势。当前，以美国为首的发达国家不愿再高举多边贸易大旗，甚至反其道而行，主推区域贸易协定来制约多边贸易体制，造成国际贸易网络与规则碎片化。2023 年初 IMF 就警告，世界即将走向"地缘经济分裂失控"的危险滑坡。涌动的碎片化因素不仅有贸易限制和技术传播壁垒，还包括跨境移民限制、资本流动性急剧下降，由此才使友好国家间点对点的本币互换蔚然成风。

更进一步而言，美元霸权、货币多元化与人民币国际化已然结成三角关系。就货币多元化进程而言，不啻美元霸权自作自受的"反噬"，人民币国际化也必将在对冲美元、适应多元货币环境的过程中推进。从美元霸权的自我埋葬来看，美元单边主义，使各国萌生"去美元化"的念头。美元汇率向来以"任性而为"著称，美联储的货币政策也全然不顾各国央行的"死活"。先是十几年如一日地维持超宽松货币政策，以"大水漫灌"将其国内通胀、动荡、资产泡沫等一系列压力向外输出，后又急剧转向激进的加息政策，推动美元升值、虹吸全球资本。从 1982 年南美债务危机到 1994 年墨西哥金融危机，再到 1997 年东南亚金融危机，无不拜美联储加息所赐……而各国因担心资产价格崩盘诱发经济金融危机，不得不强撑本币，与之"陪跑"。

再看"美元—美债"模式的难以为继，已然从"联合收割"变为"一起倒霉"。一方面，石油美元体系正在瓦解。原本美元就靠着与石油挂钩取得强势地位，而随着世界秩序从单极转向多极，再加上美国自身的页岩气革命，与产油国之间的蜜月关系也逐渐终结，美元汇率背后的价值支撑越发单薄。另一方面，债务货币化把美元、美债拴在一根绳上。由于美债占 GDP 比重不断上升，各国央行对美国财政清偿能力的疑虑与日俱增，而这与美元作为储备货币的功能产生冲突。因此，美联储的加息步伐如履薄冰，一旦将利率抬升至经济增速之上，美国作为国际安全资产提供者和保险人的角色就岌岌可危，很可能引发美债抛售潮，形成美元贬值压力。

货币多元化是"去美元化"发展到高级的表现，其核心反映到对美元霸权的制衡思路上，就是从降低美元使用权重，变为绕开美元霸权的负面影响。货币多元化突出"战略上迂回，战术上共存"的特点，将美元视为"多元货币篮子"的一员。毕竟，美元是众所周知的"糖衣炮弹"，其极强的网络效应，使各国宁愿忍受美国臭不可闻的财政问题，"捏着鼻子"也还是要美元，造就了加息政策下美元的强势表现。但吃美元投资"糖衣"的同时，不妨碍降低其储值避险、交易结算的出场率，将"炮弹"拒之门外。

锚定人民币"山高路远"？

追溯历史，主权国家的国际声望与其货币辐射力往往互为表里，中国要迈向世界舞台的中央，提高人民币的辐射力是题中应有之义。中国政府于2009 年提出"人民币国际化"的战略目标，2016 年人民币被纳入 IMF 特别提款权（SDR）货币篮子，近来，人民币"朋友圈"又不断扩大，尤其在贸易结算领域取得积极进展。而人民币国际化的程度加深，客观上将挤占美元的份额。毕竟，当下美元仍在全球贸易中占据极大比重。国际清算银行的数据显示，全球贸易中约有一半是以美元计价，远远高于美国在国际贸易中所占的份额。要想让人民币真正实现国际化，绕不开对美元辐射力的挑战。因此，人民币与美元的一涨一落，在市场掀起"人民币替代美元成为新国际货币"的预期。

更何况，过去被寄予厚望的欧元、日元，均有内在缺陷。一是欧元区货币政策与财政政策尚不统一，酿成了以希腊为代表的欧洲债务危机。二是日元的国际化地位依附于美元本位制，且日本的经济体量只相当于美国的四分之一，外贸规模也只有美国的 40%。

根据贸易的权重，理论上人民币国际化拥有最大的潜力，尤其是伴随着世界货币体系由美元一家独大转向本币结算时代，人民币国际化将来到由算术增长转向指数增长的新起点。货币多元化是对人民币国际化的考验，而对冲美元无疑将成为人民币的策略性职能。综合来看，人民币国际化有以下几方面优势。

第一，从支付工具的职能来看，中国拥有独一无二的贸易体量。中国是全球最大的贸易国，2022 年中国货物贸易进出口总值 42.07 万亿元人民币，比 2021 年增长 7.7%，连续 6 年保持货物贸易第一大国地位。同时借助数字货币技术，更方便快捷的贸易支付体系也在建立中。《货币桥项目：央行数字货币助力经济体融合互通》报告显示，2022 年 8 月 15 日至 9 月 23 日的试点期间，共发行数字港元、数字人民币、数字阿联酋迪拉姆、数字泰铢 4 种央行数字货币，总额折合人民币 8 000 余万元，跨境支付和外汇兑换同步交收业务逾 160 笔。毕马威的相关报告指出，多边央行数字货币桥真正广泛应用至少要 10 年以上的时间，但随着各国中央银行不断发行数字货币，该系统将发生质变。

第二，从资产计价职能来看，中国在贸易链的话语权不断提升。一般来说，一国若在国际产业链分工中占据一定优势，该国企业则在国际贸易中掌握谈判主动权，那么在经贸往来中，为规避汇率波动风险，自然而然地可以提出以本国货币为计价货币。例如当下美元之锚试图由石油转向芯片，拜登政府希望通过构建全球芯片产业链，打造以芯片为核心的高科技贸易支撑的美元金融体系，最终巩固美元世界货币的地位。相应地，中国将在未来发掘自身在产业链上的优势，寻找人民币锚定物，最终在贸易领域实现以人民币计价。

第三，从价值储备职能看，核心要求就是保障持有人民币的安全性。这一方面要求中国经济基本面稳定向好。一国经济实力越强，其货币避险功能越强。《中国经济2023：基本盘与新动力》已经提到，支撑中国经济未来的动力源已经升级为"6＋1"，"6"是大基建、后工业、新能源、新三农、数字化、绿色化六大领域，"1"是世界经济安全岛的地位，这种转换至少可以让中国经济"再飞"30年①。另一方面，要求金融市场健康发展。自从中国在金融领域定调"不走华尔街式道路"后，中国建立起复式金融监管机制，以避免自身陷入金融空转的陷阱。未来中国将继续完善金融基础设施建设并构建良性健康的金融市场，比如向外国机构投资者提供高质量本币计价金融资产，建设国际金融中心体系，在岸和离岸金融市场错位发展、有效协作，双轮驱动人民币国际化进程。

第四，综合产出是货币信用的坚实基础，人民币信用的锚是兑现实物的能力。过去美元与黄金挂钩，凭的是第二次世界大战后的"世界工厂"身份，以输出实物的能力给美元"镀金"，而当布雷顿森林体系因国际收支长期逆差而崩溃后，美元又强行与石油挂钩，从外部嫁接能源信用作背书。对人民币而言，这些都是中国内部生成且能长期保有的优势，如齐全的产业链体系、工程师红利、市场容量与能源革命成果，人民币持有者几乎能买到所需的一切，这也是沙伊和解、人民币清算范围不断扩大的重要原因。

第五，一些后知后觉的国家意识到，寻找美元之外相对更有韧性的货币也是一个方法，人民币因此备受青睐。相对于其他新兴经济体，中国有强劲的外贸实力为支撑，尤其是手机、汽车、家电之类的工业成品正逐步占据世界市场更大的份额，且人民币兑美元汇率相对稳定，大起大落的状况几乎不曾出现。本币结算的核心就在于贸易。中国在世界贸易格局中的特殊地位决定了人民币国际化的底气。

---

① 王德培：《中国经济2023：基本盘与新动力》，上海远东出版社，2023年4月第1版，第15页。

然而，人民币国际化进程仍旧颇为朦胧。与老牌货币相比，人民币国际化在多个领域始终处于"横盘"。在外汇储备功能上，国际货币基金组织的数据显示，截至 2022 年第四季度，人民币在全球外汇储备中占 2.69%。相比之下，美元、欧元、日元、英镑在同期分别占 58.36%、20.47%、5.51%、4.95%。不仅人民币在占比上有数值上的差距，且地位不稳，相较于 2021 年第四季度 2.79% 的占比，还稍有下滑；在支付货币功能上，环球银行金融通信协会（SWIFT）的数据显示，2023 年 3 月人民币国际支付份额约为 2.26%。美元、欧元、英镑和日元则分别以 41.74%、32.64%、6.19% 和 4.78% 的占比位居前四。与外汇储备功能相似，人民币的国际支付份额也大致处于横盘波动中。在投融资功能上，人民币与资本市场"老牌玩家"差距更为明显，国际清算银行数据显示，新型冠状病毒感染疫情期间国际债券增加了 2.8 万亿美元，全球离岸人民币债券仅增长 107 亿美元，增量占比仅为 0.38%。具体来说，当下，"弃美元"与"人民币国际化"尚未进入强相关时期，锚定人民币仍旧是山高路远，具体来说有以下几点原因。

一是因为中国 GDP 较美国 GDP 仍有差距。人民币国际化主要的变量还是在中美，即中国经济发展主动挤压与美国经济自我萎缩。中国 GDP 最终要超过美国 GDP，并非一朝一夕之功。中美作为全球经济的引擎，此消彼长、差距缩小是大势所趋，但这种你追我赶的道路并非线性，波折和起伏在所难免。例如 2022 年，中国 GDP 与美国 GDP 的比值为 0.70，相较 2021 年的 0.76 有所下降，2016 年、2019 年都曾出现过类似的回调。未来一段时间里，中美 GDP 比例将在一定区间内重复拉锯。

二是即使中国 GDP 超过了美国，世界货币的位置也不会立刻交接。

一方面，世界货币自带"惯性"。货币的惯性一部分来自心理，当一种货币成为"品牌"，自然有国家和企业追捧，如今英国、日本虽然经济下行压力极大，但其货币仍总体上保持第三、第四世界货币的地位，很大程度上受益于此。还有一部分惯性源自基础设施，当下整个世界的金融系统、交易系统、定价系统都是以美元为根基塑造的，要想快速替换掉如此庞大的系统几乎是不可能的，只能是慢慢渗透替代。

另一方面，国际货币至少要承担支付工具、资产计价、价值储备三重职能，人民币需要充分实现这些职能，才能真正实现国际化。具体而言，支付、计价职能通过建立庞大的交易网络，能够将本国实体经济的影响力在国际分工中进一步拓展，增强他国对本国货币的依赖度。价值储备处于国际货币职能的后端，以美元为例，以往美国采取借短贷长的做法，来满足其他国家对安全资产的需求。当经济危机发生时，这些安全资产（典型如美国国债）能帮助这些国家对冲风险。三大职能相互交织，互为补充，少了任何一面，货币国际化只能停滞不前。

三是欧元向人民币主动让渡的时机已过。事实上，美元与欧元之间也存在长期的博弈。作为向王座发起进攻的后起之秀，欧元与人民币天然是"盟友"。欧元早有拉拢人民币对抗美元的心思。例如2013年10月，中国人民银行与欧洲央行签署规模为3 500亿元人民币/450亿欧元的中欧双边本币互换协议；2016年9月，双方决定将协议有效期再延长3年，互换规模不变。当下美国极力拉拢欧盟，欧盟内部也很矛盾，有马克龙那样寻求欧洲独立自主的本土派，也有冯德莱恩那样铁杆的亲美派，但始终缺乏有魄力的大政治家打破僵局。未来，这种局面不仅会耗散欧元的影响力，也使得人民币难再有以往西方阵营主动让渡的助力。

人民币贬值：被"队友"坑

随着人民币国际化不断加深，大量人民币不断输出到国外，使得人民币汇率的起伏进入一个极为复杂的阶段，全球经济的不同环节和各个主权国家的一举一动，都将牵动人民币价值的变化。中国已经与数十个国家和地区签订了人民币本币互换条约，根据《中国货币政策执行报告》，2023 年第一季度，全球境外货币当局动用人民币余额 1 090.85 亿元，刷新人民币本币互换额度的新纪录！表面上看，这个数字和超过 3 万亿美元的中国外汇储备相差甚远，但架不住某些"队友"的投机行为，以及有心人暗中推波助澜，造成人民币在 2023 年持续贬值，究其原因，有以下几方面。

一方面，货币互换国在外汇市场上的投机行为带来汇率波动。人民币在外价格是浮动的，但架不住有些投机者以"市场行为"作为掩护，趁机抛售人民币、做空人民币，甚至有些国家借助本币互换协议，拿到人民币后立即兑换成美元、欧元等外汇。人民币作为国际货币市场的"新玩家"，本身在市场上是很敏感的，如果这种套利频繁存在，即便互换国持有的人民币还不足以达到"灌水"的效果，但是足以影响金融市场的预期和信心，从而传导到货币汇率上。

另一方面，美西方放大互换国经济运行上的弱势，间接打压人民币国际化。对于美元霸权而言，打压人民币国际化是一种天然的政治正确。网上有消息称，阿根廷大幅拿人民币换美元，从而导致人民币贬值。但事实是，2023 年 6 月 30 日，阿根廷已经使用国际货币基金组织特别提款权和人民币结算的方式，向国际货币基金组织偿还了于当天到期的 27 亿美元外债。阿根廷经济部发表声明说，这笔款项中约 17 亿美元使用特别提款权支付，其余部分使用人民币支付。不难看出，用人民币去还美元债务与拿人民币换美元本质上是两码事，前者恰恰有利于打击美元霸权，拓展人民币的国际辐射力，是人民币国际化的必由之路。但别有用心者试图混淆二者概念，营造出一种其他国家更愿意支持美元的假象，无法直接针对人民币本身，就从人民币的"队友"身上找破绽，最终通过舆论和资本双重炒作的夹击影响汇率。

从长期视角看，人民币互换国货币不保值反映出对方经济不稳定，签约国违约的风险最终将传导到汇率上。当前人民币互换缺乏合适的对象，导致"接盘"的货币不够坚挺，更有像卢布这种，主权国自身处于政经风浪中，导致货币时而急贬。路透社2023年7月4日报道，卢布兑美元汇率在2023年6月短短一个月的时间里，贬值超过9%，2023年以来则下跌约20%。当然，货币互换协议会事先锚定一个固定汇率，从协议本身看不出毛病。但对手方真实汇率的大起大落、现实经济的一地鸡毛有可能造成对方违约赖账，毕竟货币互换本身还是建在现实贸易之上。有舆论想当然地认为对方"跑得了和尚跑不了庙"，即便互换协议违约，还有资源可以抵数。且不说这种说法忽略了货物贸易品类的复杂度，更是将双方贸易实质上拉回"以物易物"的方式，人民币承担风险，但全球流动性并未实实在在地得到拓展。

不难看出，人民币的贬值很大程度上不是因为内部问题，更在于"队友"的主观操作，以及其客观弱点被利用。某种意义上，这是人民币国际化带来的一个前所未有的新问题，也是必经的一道关卡。

人民币"欲戴王冠，必承其重"

如今，不仅卢比、卢布、比索等一系列新兴经济体货币的窘境更加彰显出人民币国际化的新机缘，众多"队友"以及人民币的客观弱点也造成了人民币的外在威胁。这也意味着，未来人民币国际化"欲戴王冠，必承其重"，随着人民币国际化程度日益发展，至少有两个问题很容易陷入美西方金融体系一贯的论调中，还将直接面临四大风险。

一是人民币自由兑换问题。在当下有关人民币国际化的论述中，很容易找到加速人民币自由兑换改革的论调。这意味着不但允许别人用美元自由兑换人民币，还要允许境外个人、机构无障碍地用人民币兑换美元，且允许自

由流通。但问题是，就像当初汇改中放开资本管制一样，人民币准备好自由
兑换了吗？至少从"货币不可能三角"这一理论来说，资本自由流动、固定
汇率和货币政策独立性三者不可兼得。那么届时人民币真的自由兑换，其汇
率将面临前所未有的波动。

二是中国人手中突然多了许多难以流通的货币，该怎么把它们花出去？
自 2008 年以来，中国人民银行已经与约 40 个国家和地区签署过双边本币互
换协议，以促进人民币的国际使用。过去两年，此类互换活动加速。据路透
社 2023 年 5 月 24 日报道，阿根廷央行正在推进续签与中国的货币互换协议，
并就扩大货币互换额度与中国进行谈判。只不过，阿根廷方面固然乐意不用
美元就能买到中国商品，但中国花掉阿根廷比索的机会却很少。因为对方的
出口商自己更希望中国以美元或者人民币付款，比索的大幅贬值实在让它靠
不住。

三是等货币互换协议到期，对方从哪里找人民币来还款，这又是另一个
问题。外国人手中多了很多人民币，中国能卖什么？这不仅需要考虑特里芬
悖论①降临中国的可能性，固然，当下的中国外贸根基深厚，但发生在美元
身上的特里芬悖论已经揭示出，一旦成为国际货币，一国在外贸领域必将承
担相应代价。具体来说，为了让全球经济继续蓬勃发展，美国就必须注入大
量货币获得流动性，这样做的后果就是推高国内通胀。因为与其他货币相比，
储备货币更受欢迎，因此其汇率会升高，最终导致国内出口行业的竞争力降
低。更要警惕倘若人民币完全可自由兑换带来的冲击。当前中国的社会经济
基本面与金融市场还不能完全满足货币自由兑换的要求，如果货币完全可自

---

① 任何一个国家的货币如果充当国际货币，则必然在货币的币值稳定方面处于两难境
地。一方面，随着世界经济的发展，各国持有的国际货币增加，这往往通过该国的国际收支
逆差来实现，因此必然导致该货币贬值；另一方面，作为国际货币，其币值又必须比较稳
定，因此不能处于持续的逆差状态。这就使该国际货币所属国处于左右为难的困境，这就是
特里芬悖论。

由兑换会造成很多负面冲击，比如美元及其他货币就能够在中国的金融市场大进大出并大肆炒卖，由此造成中国金融市场的大幅动荡，还会导致中国居民财富受损。

四是人民币国际化后可能伴生的空心化。一定意义上，美元成为国际货币后，美国产业空心化自有其缘由。美国取得美元霸权至今，国内的制造业规模严重萎缩。货币充分国际化后相伴的结果是国际化的金融资本市场，试想，一旦全世界的热钱涌入一国金融市场，谁还会赚辛苦钱？天性逐利的资本一窝蜂地去"金融创新"，实业将慢慢没落，那么金融必须为实体经济服务这条准则届时还能守住吗？这些问题是国际化过程中绕不开的，如果继续秉持西方放松管制、自由流动的那套论调，将使得"人民币国际化"被异化，重蹈西方覆辙。

面对以上风险，首先，中国将留意"队友"在外汇市场的操作，掌握对汇率变化的话语权。一些"队友"利用人民币套利，提醒中国要密切关注国际金融市场的复杂变化，一旦对类似的事情有所察觉，就要主动掌握话语权。在舆论上，要第一时间讲清楚人民币汇率变化的前因后果，坚挺使用者对人民币的信心，不能放任这些"队友"的胡乱操作带歪人民币的预期前景。

其次，未来人民币国际化将更多地走"基于自身实力"的路线，即通过外贸形成的自然结算乃至储备等功能，而非通过政治上的双边安排。双边互换很大程度上是"一事一办"，不具备普遍性。当下，人民币国际化更多基于国际贸易中的交易功能。在此基础上，中国金融系统将"扎紧篱笆"，组建专门应对国际汇率市场变化的专业平台，储备外汇市场风控的相关人才，打造完善的风险应对体系，最终才能水到渠成地推向下一步。

更关键的是，人民币国际化的过程不能照抄西方，要有战略定力。中国本身的货币政策始终坚持审慎的态度，在过去的数年里，并未像美西方一样搞大水漫灌。在这个前提下，未来即便要推动人民币国际化，也将会对舆论鼓吹的"全面货币兑换自由""完全放开金融管制"等观点慎之又慎。中国一方面可以通过划定特殊的关口，基于外贸和投资的目的放松外汇管制；另一方面，也可以完善数字人民币体系，借助数字人民币可追踪、可溯源的特性来检测资本流动。总之，人民币国际化的节奏最终还是要掌握在自己手上！

第六章　气候危机重构政经新格局

气候问题已成为当今世界的最大公约数，面对气候危机，谁也无法独善其身。气候问题不仅以危机的方式开始清算，如粮食危机，还带来世界经贸版图的重新划分，搅动全球"双碳"博弈。频繁的极端气候灾害不过是气候治理困境的冰山一角，也揭开了该领域的"不可能三角"——自由市场经济发展、社会公正、生态和谐难兼有之。未来，世界各国只有结成彼此依存、相互支撑的命运共同体，才有可能走出气候危机。

气候灾害席卷全球

2023年，全球各地气候灾害多发：2月，美国东北部地区强寒潮天气使多地刷新最低气温纪录；4月，东南亚、地中海和北美洲西海岸等多地气温突破40摄氏度，接连刷新历史同期最高气温纪录；5月，刚果（金）共和国遭强降雨侵袭，热带气旋"穆查"袭击孟加拉国和缅甸，意大利持续暴雨；6月，加拿大山火蔓延面积达到过去10年平均值的12倍，烟尘甚至波及美国东海岸；7月，台风"杜苏芮"影响下的京津冀地区遭遇了史无前例的打击，河北洪涝灾害导致的直接经济损失达到958.11亿元。然而，当气候战略被提及的时候，更多的是讨论如何减缓气候变化，对于如何提升城市的气候变化适应性却并没有得到同等重视。自然灾害对城市建设和规划而言是巨大的挑战，越来越多的城市在极端灾害之下暴露其脆弱性。8月，威尼斯被联合国教科文组织建议列入"濒危世界遗产名录"，因为气候变化等因素，导致"建筑结构和城市地区的恶化与破坏"。事实上，威尼斯近年一直洪灾频发，在过去百年中它已经下沉了约28厘米。全球变暖，冰川融化导致海平面上升，威尼斯可能在数十年内面临灭顶之灾，到2050年将不再适合人类居住。

气候灾害横扫全球，来势汹汹，并非十年一遇的"黑天鹅"事件，更像是未来的提前预演，表现出不同于以往的新特征、新趋势。

第一，厄尔尼诺①造成热浪与暴雨交织、"水火不容"的气候偏态现象。厄尔尼诺成为造成全球破坏性天气的无形推手。一方面，欧美部分地区高温直逼历史纪录；另一方面，2023年7月，韩国、日本、印度以及中国的部分地区没于洪泽之下，并引发次生灾害，打乱了数百万人的生活。表面上看，各国的强降雨事件相对独立，但大气科学家认为，这些强降雨事件都有一个共同点——风暴都在温暖的大气中形成。在气候变化的影响下，原本可能只是温暖的一天，如今变成致命的热浪，曾经一场夏季的典型雷雨，现在却引发了一场灾难性的山洪。2024年被不少气候中心预警，可能成为史上最热的一年，将可能超过强厄尔尼诺年——"2016最热的一年"。

第二，全球极端气候灾害地区分布和灾情影响严重不均衡。在全球与气候有关的自然灾害中，亚洲就占了将近三分之一，且极端天气和气候变化对亚洲的影响正在增强。根据世界气象组织《2022年亚洲气候状况》报告，亚洲地

---

①　厄尔尼诺现象又叫圣婴现象，是指全球性的气候反向反常现象，通常可以概括为"该热不热、该冷不冷、该雨不雨、该旱不旱"。正常情况下，太平洋的水温是西热东冷，但每隔几年，厄尔尼诺现象发生时，东部水温异常升高，导致太平洋中东部暴雨连降，洪水泛滥；西边却出现严重干旱。它导致中国出现"南涝北旱"，1998年的大洪水就是厄尔尼诺现象导致的。

区气候变暖的速度高于全球平均水平，1991—2022 年，亚洲的变暖速度几乎是 1961—1990 年的 2 倍。2022 年，亚洲共发生 81 起气候灾害，其中洪水和风暴占 83% 以上，5 000 多万人受到直接影响，经济损失超过 360 亿美元。2022 年，亚洲许多地区都经历了比常年更严重的干旱和洪水。例如，中国遭遇了长期干旱，对水电供应造成严重影响，而巴基斯坦则遭遇了灾害性洪水。

第三，气候灾害之间通过蝴蝶效应加速传导，全球气候稳定性正逼近临界点。全球气候是一个密不可分的整体生态系统，而在今天，自然灾害内部的关联性和传导性越发明显。气候变化引起的某种或几种直接风险首先触发危机，然后通过内生关联形成传导途径，导致危机"级联"恶化。根据联合国防灾减灾署 2020 年发布的报告，相对于上一个 20 年，21 世纪前 20 年各种灾害的发生频率大幅度增加，其中高温事件增加 232%，暴雨增加 134%，各种风暴增加 97%。更大的问题是，气候、经济、社会是一个系统，危机一环扣一环往下传导。

第四，异常气象事件正从分散走向扎堆出现。根据紧急灾难数据库 EM-DAT 统计，2023 年洪水、干旱、极端温度、野火等极端气象灾害明显增多。根据官方数据，南极海冰面积正处于历史低位，北大西洋的海面温度正在以非常大的幅度"爆表"，美国南佛罗里达州海岸的水温已经达到难以理解的水平，令美国大陆唯一的活珊瑚礁屏障陷入灭绝的风险。

大自然"灾变"的清算

越来越多的科学家已开始接受这样一种理论：地球已经进入"人类纪"发展时期，在这一时期，人类对环境的影响并不亚于大自然本身的活动，考验着地球生态系统的承受能力。

首先是"碳达峰"危机。相较农业社会人与自然的和谐相处，工业社会下，自然生态系统的自我调整，远远慢于人类工业型、消费型社会活动的冲击，这个冲击以碳排放为主。自 20 世纪 70 年代开始，全世界就进入了一种生态超载的状态。如今人类消耗的资源是地球能够再生资源的 1.75 倍。若继续大量依赖化石能源来满足人口增长所带来的能源需求，那么在 2080 年到 2100 年之间，世界人口将突破百亿，大量的碳排放将导致全球气温升高超过 3 摄氏度。全球温度上升带来的后果有以下几方面。一是冰川融化进而造成海平面上升。根据美国国家海洋和大气管理局发布的数据，预计到 2050 年，美国海岸线沿线的海平面将再上升 25—30 厘米，相当于过去 100 年上升的幅度。二是将冲击经济发展。如果忽视气候变化问题而不对温室气体排放加以控制，全世界经济都会受到严重影响，到 2100 年，全球人均 GDP 将受气候变化影响而降低 7.22%。三是将加速极端天气严重化。

其次是土地、粮食、能源等大面积的资源短缺危机。要满足 100 亿人的基本粮食需求，到 2050 年全世界农产品收成需要增加 50%。因为全世界只有 1% 的水资源是可以使用的淡水，届时会有 45 亿人缺水。此外，人类需要更多的衣物、住所、医疗以及基础设施、就业岗位等，这些都是令人生畏的挑战。

确立"人类纪"这一新的地质时代的意义，与其说是要强调人类之于地球的重要性，不如说是提醒人们注意：人类活动真正改变的不是地球，而是自己的命运。毕竟，人类的命运与地球历史息息相关不假，但地球的恢复性与适应性，远远强于人类；人类影响的，最终是自身的生存——打破自然平衡就必然遭到来自自然再平衡的反噬。

回顾过往，随着人类科学技术的进步，尤其是近代工业革命之后，人类创造物质财富的能力极大地提升，全球主要国家相继摆脱马尔萨斯陷阱①。这意

---

① 马尔萨斯陷阱理论，又被称为马尔萨斯灾难、马尔萨斯停滞。该理论认为，人口增长是按照几何级数增长的，而生存资源仅仅是按照算术级数增长的，多增加的人口总是要以某种方式被消灭掉，人口不能超出相应的农业发展水平。

味着，人类选择何种行为模式将决定地球能否承载人类之重，即地球能养活多少人取决于人类自身，发展范式的转变是根本性的转变——对地球资源的过度消耗，对人作为消费者或需求创造者的重新定义，显然成为百年未有之大变局的核心变量。但悖论在于，德尔菲神庙前石碑上镌刻着的"认识你自己"的箴言，依然是横亘在当代人类面前的斯芬克斯之谜①——人类可以借助现代科技九天揽月，五洋捉鳖，探析微观，概览宏观，却未必能够深刻认识自身。

第一，贫富差距的结构性制约。无论人口是增还是减，只要"贫者贫、富者富"的贫富分化、阶层固化格局不变，地球依然会不堪重负。世界资源研究所全球经济主任佩雷斯-西雷拉指出，目前全球拥有养活80亿人口所必需的资源，并且还可以再承载数十亿人口，但是能否可持续发展取决于能否在地缘政治冲突和全球资源分配中作出合理配置。据统计，即使目前全球粮食产量足以喂饱80亿人，仍会有8亿人口长期营养不良。

第二，生态保护让位于经济发展。尽管遏制森林减少的必要性在企业和决策者之间形成了广泛共识，但美国马里兰大学与世界资源研究所（WRI）全球森林观察在线监控系统发布的联合报告显示，2022年，原生热带雨林的消失速度达到每分钟11个足球场的面积；全世界损失的林木面积总计已经与瑞士国土面积相当，雨林快速消失的大趋势与2021年全球145个国家签署的"到2030年前遏制森林面积减少"的宣言背道而驰。典型如巴西，为发展本国经济而毁坏热带雨林：2019年1月，巴西第44任总统上任，开始推行"发展先于保护"的一系列政策；同年7月，亚马逊雨林被砍伐面积达到2 254平方千米，同比上升278%。

---

①　斯芬克斯是西方神话中一个长着狮子躯干、女人头面的有翼怪兽。坐在忒拜城附近的悬崖上，向过路人出一个谜语："什么东西早晨用四条腿走路，中午用两条腿走路，晚上用三条腿走路？"如果路人猜错，就会被害死。俄狄浦斯猜中了谜底是人，斯芬克斯羞愧跳崖而死。斯芬克斯之谜后来被用来比喻谜一样的人和谜题。

第三，困囿于"生存空间、资源分配之争"。围绕碳排放权、环保等全球性话题，发达国家与发展中国家之间正陷入旷日持久和日益尖锐的争论中。最典型的是美国，在美国看来，让中国人的生活水平和西方并驾齐驱，就是对美国优先发展权的挑战。美国前总统奥巴马说："中国人要是都过上美国人一样的好日子，那会是地球的灾难，地球的资源都不够中国人使用。"

"起初，没有人在意这一场灾难，这不过是一场山火、一次旱灾、一个物种的灭绝、一座城市的消失，直到这场灾难和每个人息息相关……"电影《流浪地球》开篇的这句话不只是背景铺垫，更像是预言。伴随全球人口宏观上的"超级过剩"，人类来到了变革生产方式、生活方式的时代路口。地球46亿年历史，无所谓极端或灾害——害怕的，只有我们自己而已。"人类是在拯救自己，而不是拯救地球。"

极端气候重构世界经贸版图

全球自然灾害同步朝极端发展的证据链条已日益充分，且重大灾害源分布于世界各地。澳大利亚气候学家威尔·斯特芬指出，如今全球至少有9个气候临界点已被激活，包括亚马逊雨林干旱、北极海冰大量减少、大西洋洋流变慢、北美地区针叶林正在被火灾和虫灾改变、大洋洲珊瑚礁大规模死亡、格陵兰冰盖融化、南极西部冰盖融化、西伯利亚永久冻土解冻、南极东部威尔克斯盆地融化，使得地球气候系统的恶化正处于失控状态，从缓慢转为激烈。当全球逐步进入自然灾害频发阶段，不确定因素的上升将使得世界原有的经贸格局重新洗牌。

其一，全球贸易往来、交通网络、资源格局等或因气候变化而重塑。一方面，在非碳和可再生能源开发技术取得进一步突破后，目前十分富裕的产油国如不能及时调整产业结构，也许会变得贫穷，可再生与非碳能源资源丰富的国家将迎来重要的发展机遇，这些将深刻影响国际贸易的格局。另一方面，气候变暖有利于高寒地区的农业生产，气候过热和明显干旱化地区的农业将萎缩，将影响国际农产品贸易格局。低纬度发展中国家的粮食有可能变得更加紧缺，目前还十分荒芜的俄罗斯东部和加拿大北部，未来有可能成为新的世界粮仓。如俄罗斯已由20世纪90年代的主要粮食进口国之一跃居世界最大小麦出口国。过去由于严寒难以勘探的高纬度陆地与北冰洋海底矿产资源或将得到开发利用。海温和洋流的变化也会导致海洋渔业资源分布和水产品贸易格局的改变。

其二，区域机制将在一定程度上替代全球分工，以对冲极端灾害造成的资源国、生产国、消费国、贸易链、产业链之间的阻隔。全球虽已形成了分工精细的产业链以及复杂的相互依赖关系，但精细化分工造成了产业链、贸易链的脆弱性，链条冗长且细分环节的寡头效应明显，一旦出现"意外"，就会造成整条产业链的停摆，这就必然导致各国"战线收缩"与区域合作机制的巩固。尤其当极端自然灾害、疫情等常态化以后，人类将不可避免地迎来一个多中心的全球化分工格局。

其三，随着《巴黎协定》落地，世界主要国家围绕环境、气候问题展开的政治经济博弈将更为激烈。随着美国重返《巴黎协定》，强势推行气候外交，世界主要国家围绕环境、气候问题的政治博弈越发成为影响各国资源分配权和经济发展权的决定性因素。未来几十年内，基于国家利益，世界各国将在以联合国气候变化公约组织为主的机制平台上就减缓与适应气候变化、资金与技术等议题展开激烈交锋，不同利益主张也将更加复杂。

其四，全球气候变暖也将一定程度上影响国家之间的政治关系格局。比如，全球变暖使得北冰洋的海冰不断融化，加速了俄罗斯"北极航道"的形成，从东亚往返欧美的货运船只通过位于北冰洋西伯利亚沿岸的"北极航道"东北支线进行航行成为可能。与经马六甲海峡、苏伊士运河、直布罗陀海峡到达欧洲的传统欧亚航道相比，"北极航道"耗时可减少 9—10 天，运费可减少 30%，具备不受战乱或海盗影响的安全优势，而俄罗斯作为"北极航道"东北支线上最重要的国家，自然"近水楼台先得月"，会获得更多的贸易机会。而农业的繁荣和贸易通道的兴盛，从来都是人口增长和移民涌入的重要原因，俄罗斯人口复兴有望！与此同时，伴随着"北极航道"东北支线的形成，俄罗斯将有可能在东北支线沿岸，形成一连串家门口的终年不冻港，让俄罗斯自伊凡雷帝以来对于暖水出海口的梦想终得实现。

极端气候让宏观层面的政治经济博弈日趋复杂，同时也将触发中微观层面的一系列变革，最先受影响的便是保险、通信、能源、制造、农业，相关领域有必要未雨绸缪。

第一，保险类企业将构建常态化的预案机制与巨灾评估模型。极端灾害频发让保险公司的赔付额显著上升，例如瑞士再保险研究所发布的一份报告显示，2021 年上半年，全球因自然灾害造成的保险损失已达到 420 亿美元，主要是受冬季寒潮、冰雹和野火等灾害的影响。这一损失额超过了过去 10 年每年 330 亿美元的平均水平，在史上仅次于 2011 年上半年因日本和新西兰大地震导致的 1 040 亿美元巨额损失。鉴于此，保险业需要构建预案机制与巨灾评估模型，综合分析气候变化的未来情景，以评估极端气候灾害带来的风险，有效适应低频高损灾害风险敞口的变化。例如为应对台风"烟花"，人保财险公司第一时间启动了四级大灾理赔应急预案。

第二，通信企业将致力于发展无人机、空基基站等应急通信业务。在断路、断网的情况下，无人机和空基基站将成为恢复通信的主要手段，例如 2021 年河南洪涝灾害中，中国移动的"翼龙"长航时固定翼无人机从贵州安顺起飞，4.5 个小时后抵达河南米河镇通信中断区，持续为居民提供了 5 小时稳定信号。这是中国首次使用固定翼无人机用于灾后通信恢复，比起汶川地震期间需要派空降兵携带海事卫星电话冒险恢复通信，这无疑体现了通信技术迭代的巨大价值。

第三，能源类企业将着力谋求低碳转型、开发新型能源。能源类企业将积极寻求绿色溢价、创新清洁能源技术，例如中石化公司正积极推进炼化的转型升级，加快炼油结构调整，提升炼化一体化水平，同时与新能源汽车产业融合发展，将加油站转变为"油气电氢"综合能源补给站。此外，能源类企业在低碳转型过程中，风电、光伏、生物质能等新能源发电产业将成为其重要发展路径和战略蓝海。

第四，制造型企业将把环境气候因素纳入发展战略，包括产能分配、原料采购、增长替代等方面。例如格力、美的等家电制造企业，未来将制定气候评估机制，以防范全球气温升高导致的制冷产品需求增加和取暖产品需求减少。此外，环境因素也将要求制造业积极寻求原料替代。典型如贵金属材料的回收和循环利用，珠宝制造商潘多拉71%的金银来自回收材料，预计2025年将达到100%；服装、皮包等日用品制造企业也将放弃使用动物毛皮，如奢侈品品牌香奈儿宣布其新系列产品将不使用珍稀动物皮革，普拉达转向再生尼龙；而食品制造企业也将寻求制造人造食品，以减少食物浪费和森林砍伐。

第五，农业发展将与不断变化的气候环境和生态系统相协调，在整个价值链中大规模引入新的具有气候韧性的生产方法和技术。例如种业公司、农产品企业将不断通过改善作物栽培和养植管理措施，调整作物品种和种植结构，培育开发抗旱、抗涝、抗高温等适应性强的优良品种；粮食生产企业将根据各地区水热条件变化向北扩展冬小麦和热带作物的种植边界，调整干旱地区作物种植结构，减少高耗水作物的种植。

气候危机引爆粮食危机

不管是地缘危机引发的粮食武器化，还是粮食出口禁令引发粮食贸易断链，背后都离不开粮食"靠天吃饭"的宿命。

印度多次限制粮食出口，就为保障本国粮食够吃，因为印度 2023 年遭遇极端天气导致农产品减产。2023 年 4 月印度 38 个城市气温超过 40℃，6 月极端高温至 47℃，7 月北部地区则遭遇强降雨与洪水。本来，印度 80% 的降水就集中在 6—10 月，"旱死与涝死"的偏态尤甚，导致农产品无法正常开花结果，供应短缺引发价格飙升。西红柿作为印度餐桌上的主食，短短一个月内价格暴涨 7 倍（2023 年 7 月 16 日新德里的西红柿价格高达 178 卢比/千克，约合人民币 16 元），印度老百姓基本吃不起，却又缺不了，以致社会民怨四起。尤其是大米的生长，从温度到降水，都高度依赖气候条件，可偏偏极端气候破坏水稻正常生长。专家预判，2023 年印度、越南和泰国的大米产量降幅分别为 1.5%、1.0% 和 6.0%。国际评级机构惠誉警告全球大米产量可能在 2023 年创下 20 年来的新低。

另外，英国皇家国际事务研究所在《全球粮食贸易的阻点和脆弱性》中指出，气候变化是阻碍粮食运输的重要因素，途经巴拿马运河、土耳其海峡、苏伊士运河、马六甲海峡和多佛海峡的粮食贸易都经受过气候危机的冲击。2002—2017 年全球 8 个粮食海运关键节点除直布罗陀海峡外都至少发生过一次中断，土耳其海峡、苏伊士运河和巴拿马运河甚至平均每 3 年就要中断一次。

显然，从农作物生产到全球粮食贸易，都依赖地理条件和气候环境。可问题就在于，全球来到了气候灾难常态化的临界点。2023 年 7 月 27 日联合国秘书长古特雷斯以"全球进入沸腾时代"警告全球变暖正在质变。当天，世界气象组织宣告 2023 年 7 月"极有可能"成为自 1940 年有记录以来全球最热月份。科学家曾警告一旦突破《巴黎协定》设定的全球变暖关键阈值，地球生态将面临毁灭性的损害。异常热浪不仅导致南欧国家野火肆虐，致命的极端高温在全球蔓延，还将严重影响粮食生产。因为世界多个"粮仓"都位于中纬度温带气候区，天气模式易受喷射气流（环绕地球的高速气流带）

控制，比如 2022 年北半球夏季剧烈蜿蜒的射流导致美国、欧洲和中国同时出现极端天气，这种复合型气候灾难（如热浪和干旱并存或在多地出现）将导致多个"粮仓"同时歉收。近几年的干旱就导致美国春小麦种植面积降至 1972 年以来最低。联合国预测，全球平均气温每升高 1℃，会导致主要粮食作物减产 19.7%，到 2040 年，高温将使全球粮食减产 30%—40%。

表 6-1　历史上厄尔尼诺与拉尼娜现象发生时间与强度

厄尔尼诺起止时间	ONI峰值出现时间	ONI峰值	ONI均值	强度等级	拉尼娜起止时间	ONI谷值出现时间	ONI谷值	ONI均值	强度等级
1982.3—1983.7	1982.12	2.1	1.3	强	1983.9—1984.1	1983.11	−1	−0.76	弱
					1984.9—1985.7	1984.12	−1.1	−0.77	弱
1986.8—1988.3	1987.8	1.6	1.09	中	1988.4—1989.6	1988.12	−1.8	−1.23	中
1991.5—1992.7	1992.1	1.7	1.01	中					
1994.9—1995.4	1994.12	1.3	1.01	中	1995.8—1996.4	1995.11	−1	−0.83	弱
1997.4—1998.6	1997.12	2.4	1.56	强	1998.7—2001.4	1999.12	−1.7	−0.99	中
2002.5—2003.3	2002.11	1.3	0.94	中					
2004.7—2005.3	2004.11	0.7	0.64	弱	2005.11—2006.3	2006.1	−0.8	−0.68	弱
2006.8—2007.2	2006.12	0.9	0.78	弱	2007.7—2008.7	2007.12	−1.6	−0.99	中
2009.6—2010.4	2009.12	1.6	0.9	中	2008.11—2009.3	2009.1	−0.8	−0.66	弱
2014.10—2016.6	2015.12	2.6	1.42	超强	2010.6—2012.4	2010.11	−1.7	−0.83	中
					2016.8—2017.1	2016.10	−0.7	−0.66	弱
2018.10—2019.7	2018.11	0.9	0.73	弱	2017.10—2018.4	2017.12	−1	−0.82	弱
2019.11—2020.4	2020.2	0.6	0.52	弱	2020.8—2021.4	2020.11	−1.3	−0.97	中

表 6-2 厄尔尼诺、拉尼娜时段中农产品价格涨跌幅

厄尔尼诺期间农产品价格涨跌幅

	开始时间	结束时间	小麦	大麦	玉米	大米	棉花	糖
厄尔尼诺	1982-03	1983-07	-2.06%	-4.80%	20.61%	-43.04%	5.32%	29.84%
	1986-08	1988-03	9.30%	28.89%	38.55%	68.00%	29.49%	58.07%
	1991-05	1992-07	3.46%	8.55%	2.59%	4.78%	-22.13%	2.09%
	1994-09	1995-04	-0.89%	6.55%	4.08%	7.55%	53.27%	6.64%
	1997-04	1998-06	-20.42%	3.55%	9.62%	2.41%	-14.38%	-29.14%
	2002-05	2003-03	2.56%	0.50%	5.45%	1.33%	0.64%	5.35%
	2004-07	2005-03	5.47%	7.29%	3.92%	6.81%	5.17%	2.89%
	2006-08	2007-02	3.93%	0.57%	24.69%	2.07%	1.52%	8.15%
	2009-06	2010-04	-2.66%	24.04%	3.44%	-2.85%	7.07%	-22.26%
	2014-10	2016-06	-33.28%	4.55%	0.67%	2.42%	8.49%	28.98%
	2018-10	2019-07	9.74%	21.58%	17.78%	1.31%	-12.95%	5.19%
	2019-11	2020-04	8.77%	-12.07%	-12.00%	-6.73%	-46.22%	-24.62%

拉尼娜期间农产品价格涨跌幅

	开始时间	结束时间	小麦	大麦	玉米	大米	棉花	糖
拉尼娜	1983-09	1984-01	1.44%	3.76%	7.45%	-2.76%	-0.76%	-1.58%
	1984-09	1985-07	-7.83%	-84.62%	-3.09%	7.89%	-25.42%	6.89%
	1988-04	1989-06	2.50%	-4.99%	5.57%	23.05%	4.66%	9.30%
	1995-08	1996-04	23.67%	26.58%	44.84%	-9.44%	8.89%	2.51%
	1998-07	2001-04	8.83%	3.49%	3.00%	-45.17%	-19.97%	2.76%
	2005-11	2006-03	5.15%	0.86%	5.10%	7.66%	1.15%	25.39%
	2007-07	2008-07	24.41%	56.28%	76.88%	141.04%	6.02%	7.39%
	2008-11	2009-03	6.38%	2.75%	6.22%	4.81%	2.35%	8.99%
	2010-06	2012-04	-20.99%	4.81%	-1.63%	1.50%	-12.27%	-22.16%
	2016-08	2017-01	1.28%	4.78%	7.74%	2.98%	5.74%	3.82%
	2017-10	2018-04	30.66%	4.18%	18.02%	7.01%	4.71%	-21.00%
	2020-08	2021-04	37.75%	50.33%	79.81%	2.92%	29.61%	26.71%

资料来源：美国国家海洋和大气管理局、兴业研究

由此，极端气候本是"黑天鹅"，如今却摇身变成粮价的决定性因素。2023年7月4日世界气象组织宣布，热带太平洋7年来首次形成厄尔尼诺条件①，未来全球出现破坏性天气和气候模式基本已成定局，并预测大洋洲、南亚、东南亚将遭遇严重干旱。从周期看，厄尔尼诺与拉尼娜现象②会交替出现。对于中国来说，厄尔尼诺易导致暖冬、南方暴雨洪涝、北方高温干旱、东北易现冷夏，气候偏差足以影响粮食生产。不过，专家回顾历史上这两种气候现象对粮价的影响发现，相比1982—1983年、1997—1998年、2014—2016年的厄尔尼诺气候，其实1988—1989年、1998—2000年、2007—2008年、2020—2021年的拉尼娜现象对粮价的推高作用更大些（当然也存在不同时期特殊因素的叠加作用，比如货币宽松、粮食金融化等因素）。

尽管不同气候灾害的威胁程度和农业系统不同领域面对灾害的脆弱性不尽相同，但任何一种气候灾害的发生都至少给农业系统两个领域造成强大破坏，尤其是干旱的冲击力最为强烈。2006—2016年干旱给农业系统带来的损失占所有气候灾害总损失的83%。全球中低收入国家中有46个国家的农作物产量与降水、温度等气候因素高度关联，21个国家的极端缺水和严重干旱预警与粮食不足发生率的变化点相吻合。水源补给成为判断粮食收成的晴雨表，但恰恰，极端天气正成为新常态，严重打乱"粮仓"正常收成，加剧粮食结构性偏态。

---

①　厄尔尼诺现象的主要特征是东太平洋赤道附近海洋表面温度异常升高。这种异常升温可以持续数个月甚至数年之久。一般来说，厄尔尼诺现象的出现将大大增加打破气温纪录的可能性。当赤道东太平洋海域的表面温度比正常情况下高出0.5℃时，就可以称之为厄尔尼诺条件。

②　拉尼娜现象又叫圣女现象，是一种全球性的气候"加剧反常"现象，通常可以概括为"该热更热、该冷更冷、该雨更雨、该旱更旱"。正常情况下，太平洋的水温是西热东冷，但当拉尼娜现象发生时，西边的水温会特别高，东边的水温会特别低。水温过高会发生台风，水温过低导致沿岸干旱。也就是"旱的旱死，涝的涝死"。它导致中国冬天更冷，夏天更热，出现"南旱北涝"的现象。

这也就不难推断，长期受制于气候极端化、灾害化，粮价斜率将上升，短期则被俄乌冲突等地缘危机拉大离散度。伴随着逆全球化与国家主义盛行，各国无不优先解决国内温饱问题，从粮食出口禁令到粮食通道卡点，都将加剧粮价上涨，进而引爆全球最底层大面积的饥饿危机。世界粮食计划署预计，2023 年全球超过 3.45 亿人将处于危机级别的粮食不安全状况，其中 4 300 万人将深陷严重饥荒。联合国粮农组织预测，到 2030 年全世界将有 6 亿人长期食物不足，远不足以实现"零饥饿"目标。当下非洲大陆每 5 人中就有 1 人食不果腹，饥饿人口比例是全球平均水平的 2 倍多。联合国秘书长古特雷斯警告，全球粮食体系"已崩溃"，弱势群体将承受主要影响，必须改变粮食生产和消费方式。仅在农作物生产体系上，各国就必须加大科研投入，研究适应力更强的种子，培育出更适应极端气候的作物。在这样严峻的气候危机现实下，仅靠节约粮食、打通粮食通道是不够的，未来生物经济浪潮将掀起一场食品革命，人造肉、3D 打印食物乃至"超级营养包"（胶囊样式的营养代餐）将"飞入寻常百姓家"以解决粮食问题。这将是一场人类科技和气候危机的赛跑，现在已开始倒计时了。

气候直接扰动碳博弈

碳排放及其衍生出的"碳达峰""碳中和"等概念已成为全球媒体与各类官方文件中的高频词汇。人与气候的"双向奔赴"俨然牢不可破，由"天数"所推动的碳博弈成为最有可能逆转气候危机的抓手，也是各国博弈最激烈的场域。目前，全球围绕碳博弈呈现出三种形态。

第一层：三足鼎立的大国竞合。一国碳排放额度的高低，意味着该国的现代化发展空间，而分配额度的话语权，目前主要由欧洲、美国、中国三方分掌。欧洲与民主党执政时期的美国是碳排放限额的两大主要推手，中国则因碳排放总量第一，常年成为欧美攻讦的主要对象。不过，虽然在过去 20 年里，中国处于相对被动的局面，但这样的情况也正孕育着转机。一来碳排放全球治理离不开中国，统战价值摆在那里；二来中国也积极践行《巴黎协定》和"双碳"目标，行动表率令人称道。同时，欧美渐生嫌隙。欧洲长期以来大力推进的气候交易市场与气候金融，不乏以"欧元—碳排放"取"美元—石油"而代之的意味。美国方面，实际在气候议题上有着自己的考量，到具体落实处阳奉阴违，不过为避免与欧洲发生碳关税大战，只能违心地附和。由此可见，三方博弈正向均势格局演化。

第二层：纵横交织的党派、政府博弈。纵向来看，中央与地方之间存在"上行下效"的角力。在美国这类联邦制国家，中央对州政府缺乏绝对权威，导致政策执行力不足。拜登就曾因吊销输油管道许可证，招来得克萨斯与蒙大拿为首的 21 个州联盟诉讼。而在中央掌控力较强的国家，碳减排也考验中央的制度统筹能力，如设计的动态性、系统性，碳排放监管体系的成本，还有地方政府的艰难取舍，如以节能为名的拉闸限电，势必削弱能源供给的稳定性，阻碍本地经济发展。横向来看，各地、各党派之间展开"拉扯"。在美西方国家，碳减排已成左右翼政治交锋的核心议题，呈现高度对立的"你进我退"。如 2019 年特朗普政府退出《巴黎协定》，放弃了 3 年前民主党政府做出的庄严承诺。等到拜登政府上台，虽立马寻求再度"加群"，却已无法挽回"反复横跳"所造成的信誉损害。而在中国，碳减排背景下的"清洁能源争夺战"持续火热。如苏州，在《2023 胡润中国新能源产业集聚度城市榜》中，从第七名一跃成为第三。这种竞相追捧导致招商优惠不断加码。

第三层：政府与企业、个人的相互制衡。在企业与政府之间，是虚与实的博弈。政府一旦颁布利好节能减排的产业政策，如新能源补贴或环保电价等，总能吸引企业资本向其靠拢。但就光伏产业发展历程来看，骗补贴、"爆雷"等现象屡见不鲜。同时，减排的真伪往往也难以识别，不少企业"明修栈道", 表面上购入废气处理设备, 但常年闲置不用, 在废气管道上开设大型偷排口, 借以逃避环保责任。在个人与政府之间, 是作用力与反作用力的对抗。有些国家制定了严格的个人节能减排义务, 如瑞士的"空调限制"法令, 日内瓦州要求在安装空调设备时出示医疗证明, 以证明这一生活需要的真实性。但此类做法无疑会降低普通人的生活质量, 引发社会冲突。如 2018 年 11 月开始的"黄马甲"运动, 起因是法国为实现碳排放指标而加征燃油税, 引发 50 年来巴黎街头最盛大的抗议示威活动。

进一步来看, 碳排放博弈之所以会在多个层级展开, 归根结底在于全球治理现状的紊乱、失调。一方面, 当下发展与未来目标存在冲突。控制碳排放属长远之计, 涉及国家如何兼顾当下的民生百业, 以及气候合作框架如何协调当下发展中国家的现代化宏愿, 这些都是回避不了的难题。尤其忌讳脱离时下能力的宏大目标, 如拜登政府计划投资 2 万亿美元用于清洁能源等重点领域, 这些许诺远超本国财政能力, 只能以债务货币化勉强支撑, 且"步子迈大了", 难免降低民众当下的生活水平, 将他们推向反对党, 导致"朝令夕改"周期性上演。

另一方面, 整体与局部的利害脱节。"绿水青山"固然是人们共同的追求, 但就国与国、地区与地区之间发展程度与清洁能源技术的差异来看, 各主体开展碳减排所背负的成本大相径庭, 而在"净受损方"与"净收益方"之间缺乏必要的代偿机制。哪怕同处一国的企业, 彼此的减排成本也往往天差地别。到国家层面上, 更有将碳排放议题"武器化"的倾向。尽管全球环保、绿色发展的前置条件是秉承守望相助的大义, 理应推动减排、清洁能源技术的分享, 而非以邻为壑的"绿色贸易壁垒"。

就此来看, 围绕碳排放的多重博弈不失为一股自发修正、再平衡的力量, 通过多层级、反复地动态博弈, 各方渐进式调整、磨合, 进而收敛到长期向好的气候治理格局。这一趋势也体现在中国参与全球气候治理合作的历程中。

1997年签署《京都议定书》是第一阶段。受制于当时的发展水平，中国控制碳排放"弊远大于利"，只好闷声做事，而彼时掌握话语权的发达国家也乐见物美价廉的中国商品，促使双方在气候议题上保持默契。

第二阶段起自2009年《哥本哈根协议》，其中分配给发达国家的人均碳排放权是发展中国家的2.3—5.4倍，这对尚处工业化冲顶阶段的发展中国家很不利。此时中国政府不疾不徐，做两手应对。一面紧抓经济建设，一面发布碳补偿标识，为碳排放交易市场做准备。

第三阶段始于2016年《巴黎协定》，旨在将发展中国家纳入气候变化合作框架，其条款较以往合理许多。而此时，中国也步入发展轨道切换的节点，因而积极承担大国的减排责任，并借此倒逼国内转变发展模式。

基于上述分析，从各国之间的碳博弈来看，普遍存在两大误区。

其一，碳减排被误会成纯粹的负担，忽略了其中推动变革的积极因素。诚然，碳排放合作向各国施加了发展约束，但并不意味着没有迂回、摇摆的空间。殊不知"穷则变，变则通"，沿着低碳、环保的路线去寻找，也能找到经济增长点，如光伏、锂电产业，甚至在国际分工格局中"弯道超车"，如各类新能源交通载具。外部环境趋紧，固然让一部分企业"被出清"、被淘汰，但真正具有生命力的企业都纷纷改革转型。从这个意义上讲，碳减排反而是倒逼国内从粗放型发展转向集约型、精细型发展的有利因素。

其二，为规避减排，而选择"放飞自我"。许多发展中国家一方面不具备与西方发达国家"讨价还价"的能力，另一方面也确实"戒不掉"高污染、高排放的发展道路，于是索性自暴自弃、"躺平"到底。截至目前，越南、印度尼西亚、伊朗、土耳其等发展中大国仍在观望。但随着时间推移，将无可避免地遭遇"碳中和联盟"的各种挤压，投资、经贸、关税、禁运、技术等方面被全方位施压，到头来，处境反而更难堪。

综上，若想依靠能源转型来消化气候危机，可能比想象的更复杂且更具挑战性，若处置不当，反而会推高全球能源危机、经济衰退、社会动荡等外溢风险。

气候治理的"不可能三角"

1972 年罗马俱乐部发表了《增长的极限》，提出地球有限的承载能力与人口、经济不断增长之间的矛盾，工业生产、人口增长导致对自然的掠夺将在百年内逼近自然承载力的极限。时至今日，人类面临的气候问题、生态危机大有愈演愈烈之势，已然形成气候治理的"不可能三角"——自由市场经济发展、社会公正、生态和谐难兼有之。

具体而言，自由市场经济发展至今，已构成史诗级的债务大潮和金融泡沫景观。国际货币基金组织的报告显示，以美元计算，2022 年全球债务总额为 235 万亿美元，比 2021 年高出 2 000 亿美元。2022 年，全球债务总额与全球 GDP 的比值为 2.38。同时金融脱离实体经济严重膨胀，以美股为例，赫斯曼投资信托的总裁、市场专家约翰·赫斯曼表示，美国股市正处于历史性泡沫中，可能会暴跌 60% 以上。市场经济的过度发展一方面指向社会两极分化。任由市场经济肆意发展会出现"市场失灵"的情况，在公平的问题上，形成强者愈强、赢家通吃的马太效应。当下全球经济的 K 形复苏、"富人通胀，穷人通缩"等现象不过是该极化现象的新表现。市场经济的过度发展，另一方面必然导致生态危机。最近 300 年来，市场经济导向的工业文明，"用 0.01% 的时间创造了 99.9% 的物质文明，也用 0.01% 的时间消耗了地球用 99.9% 的时间形成的资源"。无论是债务狂潮带来的对未来资源的过度消费和投资，还是泡沫刚性导致的持续经济过热和资源分配扭曲，到最后都是对自然生态资源的过度攫取和消耗。

气候治理的"不可能三角"也意味着市场经济危机、社会危机和生态危机，三大危机不可能同时规避。若以政策干预为经济续命，以债务保持泡沫刚性（典型如当下美国大规模经济刺激，美联储和美国财政部实质上拥抱现代货币理论，大肆举债并通过印钱来还债），必然导致经济持续过热消耗生态资源，同时金融泡沫加剧社会两极分化；若为治理生态而限制市场经济扩张，则易刺破泡沫引发金融危机，直接激化"99%对1%"的矛盾，进而造成社会动荡。三大危机甚至可能强强联动，形成危机闭环：以生态危机开篇，继而引发经济危机与社会危机，三大危机相互深化、联动。

追根溯源，气候治理的"不可能三角"与三大危机的不可规避性、联动性皆是经典市场经济发展的必然。

第一，经典市场经济生产方式使自然资源成为资本运作的重要物质前提。经典市场经济把追求利润增长作为首要目的，所以不惜任何代价追求经济增长。在经典市场体系下，所有元素都被赋予了"资本"概念。受此驱使，"纯粹的自然"逐渐变为"人化的自然"，自然环境被纳入经济生产的基本环节，转变为生产资料的一部分。确实如马克思说的那样，在资本的驱使下，人类热衷于对自然界的开发，而这种开发的实质就是"采用新的方式（人工的）加工自然物，以便赋予它们以新的使用价值""从一切方面去探索地球，以便发现新的有用物体和原有物体的新的使用属性"。

第二，经典市场经济的价值增值规律与自然界自身有限性形成的总体性矛盾。资本追求无限增值，把获取更多的利润、剩余价值作为生产的根本出发点，这就决定了以资本为中心的经典市场经济生产具有无限扩大的趋势，而这种增值恰恰建立在无止境地利用自然资源的基础之上，但自然界的许多资源是不可再生的，这样就必然带来经典市场经济生产和消费无限扩大与自然界承载能力之间的矛盾，且这一矛盾随着工业文明的发展而越发尖锐。更何况在经典市场经济的价值体系里，与其追求美好生态、社会公正，不如追求经济价值。自然也不会为了"无经济价值"的自然生态、社会公正调整经典市场经济生产、生活方式。

第三，与工业文明相匹配的人性理论（人类中心论及理性经济人假设）是形成"不可能三角"的人性根源。若说此前人在行动和思想上匍匐于神的脚下，那么近代以来，在宗教改革、文艺复兴等影响下，人开始将自身确立为世界的中心，并认为人是一切价值的起源与目的。至此，人类把自己从生态系统中划分出来，大自然被视为与人迥然相异的"沉默无声的惰性存在"。康德的"人为自然立法"论便是最佳注解，他认为拥有理性的人应该实现理性从人向自然扩展，从而肩负着"再造自然"的使命。而亚当·斯密将人类中心论自觉地运用到人的经济活动中，催生了理性经济人假设，将经济动机视为理性人制定决策时的合理根据。人类中心论及理性经济人假设导致了人对自然的控制，人类为了利益最大化对自然竭泽而渔的掠夺只顾及眼前的利益，而忽视了社会公正、可持续发展和长远利益。

综上，在经典市场经济体系之下，资本逻辑成为社会的主要组织原则，把一切要素资源都纳入利润增值体系加以考量，实质是与自然承载极限展开一场资源配置效率的边际赛跑，而一旦生态危机有爆发之相，经典手段莫过于危机的转移。《改变一切：气候危机、资本主义与我们的终极命运》一书指出气候变化和不平等的相互作用："所有迹象都表明，气候变化并非均衡冲击，它会进一步加剧国家之间的差距，让富裕的社会有条件自我保护，而贫穷的人们在混乱中自力更生。"其深层逻辑早在1991年被时任世界银行首席经济学家劳伦斯·萨默斯点破。当年萨默斯向其同事递送了一份备忘录，阐述"让他们（广大穷人，特别是发展中国家的穷人）吃下污染"的逻辑："向低收入国家倾倒大量有毒废料背后的经济逻辑是无可非议的，我们理应勇于面对。"萨默斯的最后结论是"世界银行应当鼓励将污染企业和有毒废料转移到第三世界"，对那些反对这种"世界废料贸易"观点的所谓人道主义"完全可以不加理睬"。

然而该手段却恰恰忘了，气候、生态环境的本质是全球公共产品，单个国家的排放行为产生全球后果，控制气候变化必须各国共同参与。从自然到社会，从经济到政治，气候变化的蝴蝶效应让全球为之"共振"，然而，气候治理多年来却始终步履维艰。早在 20 世纪 90 年代，科学家就已经对经济活动会导致全球气候变暖有了广泛共识。不论是 1992 年"里约热内卢地球峰会"的召开，还是 1997 年《京都议定书》的签署，都曾让人认为气候变化问题会在各个国家的密切合作之下迎刃而解。而过去 20 多年间世界各国在气候问题上的止步不前、不同国家之间政策协同雷声大雨点小，则让这种过度乐观的理想遭遇冰冷的现实。全球贸易如火如荼，全球气候治理却拖拖沓沓，无论是《京都议定书》的条款还是《北美自由贸易协议》的措辞，多种国际声明和协议中提到生产权利时锱铢必较，提到减排义务时则语焉不详。更别提，近年来的"逆全球化"潮流、美国气候立场的倒退，更是使气候治理的资金缺口扩大，全球气候治理中大国率先垂范的力量和影响严重削弱，国际气候合作信心动摇，对全人类携手应对气候变化造成消极影响。如果说市场机制对于公共产品的弱配置性导致气候变化成为全球最大的"市场失灵"，那么国家机器的趋利避害和国际体系的貌合神离则导致了气候治理的"政府失灵"，"双重治理失灵"让气候问题成为当代全球治理中最为复杂的领域之一。

以命运共同体化"危"为"机"

气候问题已成为当今世界的最大公约数，面对气候危机，谁也无法独善其身。然而，气候问题在全球治理上的发展程度远远落后于经济全球化的水平，这种状况显然不是各国政府之间简单的交流、沟通就能够解决的。更何况，因气候改变而带来全面经济与产业调整背后，并不仅仅因为人类是问题的主要制造者，也因为这是一个巨大的经济机遇。据美国银行测算，21 世纪末，气候变化对经济的影响可能会达到69万亿美元，而在能源转型方面的投资将增至每年4万亿美元。尽管因为利益冲突，国家之间大打出手，比如中美从贸易摩擦到科技围剿等，但吵得再凶也躲不过气候变化这一共同问题。当气候越来越极端化，变化越来越不确定，影响越来越大，所有国家都将被"逼上"共同治理气候的统一战线，以打造一个更可持续的世界。世界各国只有结成不可分割、彼此依存、相互支撑的命运共同体，才有可能走出气候危机。

第一，从局部风险防控向系统性风险防控转变。基于气候危机的纽带传导性，人类应对危机的策略应当从局部风险防控向系统性风险防控转变。从技术层面来看，人工智能、超级计算机、大规模分布式计算等现代科技相继出现，在天气预报、气候与环境监测等领域已经得到广泛应用。通过现代科技对气候领域的高频数据进行分析，或者模拟可能的气候系统，对于揭示潜在的气候风险有很大帮助。

第二，从被动治理转向主动治理、弹性治理、适应性治理。弹性治理不能一蹴而就，而是需要基于"最坏情况"对多次气候危机的风险预警、资源调动、危机应对、危机恢复等危机管理过程进行弹性调整。因此，切实提升危机场景中的组织学习能力也成为提升国家治理弹性的长效举措。此外，需要从大项目建设之初就做好防范，在基础设施建设过程中充分考虑气候风险因素。加强气候变化风险的早期监测预警和评估，开展极端气候事件和灾害监测预警能力建设、灾害防御工程建设，建立基于影响和风险的预报预测，提升对极端灾害的监测预警水平和发生极端灾害时的防御能力。

第三，从一元化的治理模式转向多方参与的共治模式。应对气候危机不仅需要政府、企业、社会组织、专家、民众等气候变化风险治理主体的共同参与，还要改变治理模式，从政府科层制主导的单极治理模式转向网络化的跨越部门边界的多元主体共治模式。这种治理不但要强化政府气候应急预案的科学性和权威性，还要鼓励公众参与应对气候变化的决策制定并拓宽公众参与渠道，进而从根本上推动构建气候危机应对的全社会弹性治理模式。

第四，从政府主导到"大政府＋大市场"的复式治理机制。气候危机本质上是经典市场经济发展的必然，但市场经济在造成气候危机的同时，也为人类提供了解决危机的技术、政策和社会手段。面对这种二重性，应当采取既限制又利用的策略，重塑"市场经济—气候"关系。例如，以环境公平为指导思想，可以设计一种既能减排又能减贫的碳税。据学者迪南和罗格斯预测，如果在美国征收100美元/吨碳的碳税，并将其按人口平均分配，将使最贫穷的五分之一家庭的平均实际税后年收入上升3.5%，而最富的五分之一家庭的平均实际税后年收入将下降1.6%。还有学者测算，在中国、印度等发展中国家征收碳税的累进效果更加明显。如果能够充分利用碳税等手段，调节再分配，推动节能减排新技术的研发及产业化，就有希望逐渐改变高能耗的经济增长方式，使碳税、减排和再分配进入良性循环。

总而言之，危机里既包含"危"也包含"机"，也正是因为气候危机让全球各国意识到自身的发展模式出现了问题，共同的风险将全球各国更紧密地联系在一起，才在产业发展布局上初步达成向"碳达峰""碳中和"方向调整的共识。进一步而言，"小小的"气候变化问题恰似"撬动地球的支点"，正在引发一场产业革命，低碳技术及以其为支撑的低碳经济将会成为新的经济增长点，在此背景下，各个国家都面临一次全新且难得的发展机遇，对于中国这样的发展中国家来说尤其如此。过去，发展中国家大部分与产业革命失之交臂，如今在气候危机所撬动的低碳转型中则与西方发达国家处于同一起跑线。"赢低碳者赢天下"，未来，谁能主导气候变化问题，谁就能掌握更多的话语权。

第七章　人口与养老"化腐朽为神奇"

从老龄化到重心南移，世界人口在"宏观过剩"中迎来结构性巨变。尽管生物科技的进步正在帮助人类找回被"偷走"的生育力，但人类越来越倾向于主动"荒废自己的子宫"。其中，中国正成为世界最大老龄化国家，情况较发达国家更严峻且复杂。与此同时，时代正带来四大标志性颠覆，给中国人口与养老"化腐朽为神奇"提供了新方向。

全球人口"宏观过剩"

近年来，全球主要国家的总和生育率①普遍下降，且不断创下新低。世界银行数据显示，在 1950 年，全球女性在一生中平均生下 4.7 个孩子，到了 2017 年这个数字降至 2.4，即下降 49.4%；尽管 195 个国家和地区之间的总和生育率存在悬殊的地域差异——从 1.0（塞浦路斯）到 7.1（尼日尔）——但总和生育率下降是它们都在经历的。2022 年，全球平均总和生育率已降至 2.3，联合国 193 个会员国中有 97 个总和生育率低于人口更替水平（2.1），

---

① 总和生育率，是指某国家或地区的妇女在育龄期间平均生育的子女数量。国际上通常将 2.1 视为世代更替水平线，总和生育率达到 2.1，基本能保证下一代的人口不会减少。

其中有近 40 个降到了 1.5 以下。

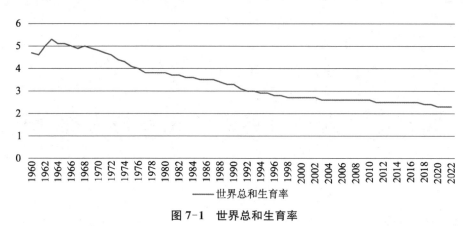

图 7-1　世界总和生育率

数据来源：世界银行

　　现代化乃至后现代化所带来的价值观变化是导致超低生育意愿的核心因素。也就是说，现代社会的发展带动了三个齿轮。一是竞争。每一次技术的创新都会带来新的社会分化，同时也加剧了社会竞争。年轻人自身背负着达到社会预期、自我实现的竞争压力；而当他们成为父母时，又会将自身感知的压力投射到对子女的教育焦虑中。二是选择。社会发展的另外一个表现是有更大的选择权。不用受到传统观念的束缚，也可享受社会对此的包容。发展所带来的多样化的社会角色，也为个体提供了选择不同生活方式的可能。三是替代。社会已经在不知不觉中提供了众多孩子的"替代品"。不用说养老公共服务体系，年轻人的时间、情感可以被游戏、综艺、社交软件和宠物等充分占据。这三个齿轮共同转动，形成一条完整的"正反馈回路"，带着人们在低生育欲望的道路上越走越远。

　　更关键的是，一旦生育率低于 1.5 这一警戒线，就很可能掉入"低生育率陷阱"，即社会的惯性和自我强化过程会使生育率的下降趋势更难扭转。对此，许多国家积极"干预"：福利政策鼓励多生，或者借力移民来补偿人口。对于前者，欧洲、日本、韩国和新加坡的例子都表明，这样的做法代价是昂贵的，并且收效甚微。对于后者，英国、德国、美国等国是典型代表。然而，若一国没有接纳多元文化的精神，这样的做法只会导致大量社会问题。更重要的是，当几乎所有国家的人口都在下降时，这就不再是解决的办法。

纵观人类发展史，自人类诞生到 19 世纪初，历经数百万年的演进，人口数量缓慢增加到第一个 10 亿；之后，在工业化、信息化、农业现代化等社会进步的支撑下，人类按下了"人口爆炸"的按钮——自 20 世纪 60 年代世界总人口突破 30 亿之后，分别在 1974 年、1987 年、1999 年、2011 年、2022 年突破 40 亿、50 亿、60 亿、70 亿、80 亿，基本上每 12 年左右就增加 10 亿人口。显然，从历史长河看，全球人口低增长是常态，高增长和爆发式增长时期只有短暂的几百年。就此而言，低生育率不以国家的意志而转移，不过是回归历史的常态而已。

问题是，尽管全球人口的爆炸性增长已相对地有所减弱，但几十年来的增长量仍然相当可观。如此庞大的人口基数，必然带来规模巨大的人口增量，即在强大的人口增长惯性下，全球总人口在未来几十年内仍将持续增长，最终形成宏观上的"超级过剩"：联合国经济和社会事务部发布的《世界人口展望 2022》报告预测，世界人口将在 21 世纪 80 年代达到峰值 104 亿人，在 2100 年之前，世界人口将维持在这一水平或开始下降；华盛顿大学研究认为，随着生育率的持续普遍下降，预测世界人口可能会在 2064 年达到约 97 亿人的峰值，然后在 2100 年下降到约 88 亿人。虽然预测值存在差别，但越来越成为共识的是，全球人口的峰值正在到来。也就是说，从全球范围看，虽然世界人口仍在增长，并可能在未来半个世纪左右继续增长，但这样的人口增长不可能持续，此前的快速增长也不会再次发生。同时，比人口总量更重要的是，世界人口迎来结构性巨变。

第一，从亚洲到非洲，人口重心南移。21 世纪之前，世界人口主要聚集在亚洲和欧洲，此后 1950—2020 年亚洲为世界人口主要增长极，增量占比

61.5%。根据联合国《世界人口展望2019》的预测，2020—2100年非洲、亚洲总人口占比将由17.2%、59.5%变为39.4%、43.4%；从人口增量看，到2100年，全球超过一半的年轻人口将聚集在非洲。

第二，从年龄结构上看，老年社会乃大势所趋。伴随预期寿命的增加和生育率的下降，人口结构迅速从青年型走向中老年型：1950年，世界上只有49个国家和地区跨入老龄化社会，不足国家和地区总数的四分之一，人口老龄化水平最高不过17.2%；2015年，这个数字达到94个，其中43个国家和地区老龄化水平超过20%，还有1个国家达到33.1%，进入深度老龄化社会。联合国发布的《2023年世界社会报告》指出，2021年，全球65岁及以上人口为7.61亿人，到2050年这一数字将增加到16亿人；80岁及以上的人口增长速度更快。根据《世界人口展望2022》预测，2050年，全球65岁以上老年人口占比将达到16.5%，到2100年，这一比例将达到24%。到2050年时，日本和韩国将是世界上老龄化最严重的国家，国民的年龄中位数为53.6岁，而中国人口的年龄中位数将达到50.7岁，比2022年的年龄中位数大12岁。

第三，从生命科学到人工智能，科技进步也让劳动力宏观过剩。机器代替人的同时，医疗技术的精进让人越来越长寿，届时只需少数精英从事高精尖技术，大量闲人将"无事可做"。高盛集团发布报告称，如果人工智能达到其潜力，它可能会取代全球多达3亿全职工作。美国及欧洲有约三分之二的工作岗位，都面临"某种程度的AI自动化"，而生成式AI可以替代目前四分之一的工作岗位。不过，该报告同时指出，大多数行业只部分面临自动化，这使得它们更可能被AI"补充"，而不是被替代。

人口数量与质量的鱼尾曲线

1978年7月25日，世界上第一位体外受精的试管婴儿在英国降生；再过不到 20 年，1997 年，英国爱丁堡市罗斯林研究所在《自然》杂志上宣布了克隆哺乳动物多利羊诞生；2015 年中国中山大学宣布修改了人类胚胎中导致 β 型地中海贫血症的一个基因；后来，编辑人类基因事件在各国陆续发生；2022 年，在剑桥大学的胚胎和干细胞实验室，一枚凝聚了整个实验室十余年努力的小鼠胚胎，再次震撼世人。这枚胚胎并不是精子与卵细胞相遇的结晶，而是英国和以色列的科学家团队利用小鼠的干细胞人工培育出来的。它与生物胚胎一样，形成了大脑、跳动的心脏和肠道。科幻小说或电影中，人类孕育后代不再需要精子、卵细胞甚至子宫，而是直接用细胞"组装"新生儿。如今，现实正一步步逼近这些幻想。

虽说"合成生命"还面临着伦理限制，但人工授精、试管婴儿等辅助生殖技术已经获得了广泛的临床应用。根据 Market Study Report 的数据，预计到 2024 年，全球辅助生殖市场规模将达到 325 亿美元。由此看来，生物科技的进步正在帮助人类找回被"偷走"的生育力。然而，技术可以解决社会生育力的被动下降，但量大面广的危机是，人类越来越倾向于主动"退化"，呈现低生育率特征。对此，各国政府使出浑身解数鼓励生育，如为低收入的家庭提供保障性住房，给予高额的生育补贴、学前补助、托儿津贴……

无论是主动还是被动，低生育率已是难以扭转的事实，若持续下去，人口负增长的拐点只会提前不会延后。人口学家莫兰曾用三种颜色对未来的世界人口做形象的比喻：更多的灰色——越来越多的老龄化社会；更多的绿色——更高的资源利用效率；更少的白色——非欧洲人口的快速增长，越来越多的人移民欧洲。这种观点也得到了相关研究的印证：虽然全球人口总体仍在上升，但增速自 20 世纪 60 年代中期达到约 2% 的峰值以来一直或多或少持续下降。根据联合国的数据，预计全球人口将在 2100 年前达到峰值，此后会开始下降。由此可见，人口的拐点或将于 21 世纪后半叶到来。

在此过程中，人口浪潮是在世界各地一浪接一浪地涌动的，而并非全球一起增长、一起衰落。而在这股此起彼伏的浪潮中，人口质量的拐点也逐渐显现。

一面是发达地区人口数量速减，但质量提高。"发展是最好的避孕药"，未来50年内，全球主要国家将全部进入"超老龄化社会"，自人类工业化以来的绝大部分先发国家和后发追赶国家，其人口总量都将收窄，这些国家基本都将面临人口总量缩减的情况。发达国家在老龄化上走在前列，得益于较为先进的医疗技术和保障，其人均寿命普遍超过发展中国家。

另一面是落后地区人口爆炸，但生活水平堪忧。从人口增量看，2020年之后非洲为世界人口主要增长极。联合国预测，2020—2100年非洲将贡献世界人口增量的95.4%。这些国家是欠发达地区，且是难民危机的"高发地"。《2022年追踪全民健康覆盖报告》显示，随着非洲在基本卫生服务方面取得进展，且在防治艾滋病、结核病和疟疾等传染病方面取得了进步，非洲地区人口的平均寿命在20年内增长了10岁，但仍远低于全球人口的平均寿命64岁。

基于此，发达地区与欠发达地区人口数量与质量构成一条鱼尾曲线，其背后说到底是资源与人口的错位。有人享受着从"摇篮到坟墓"的福利，有人身处大饥饿中，有人"不愿生"，有人"不得不生"。由此可见，人口数量与质量彼此联系、相互影响，这也决定了人口转型的拐点期必然充满波折。一来，随着全球化进程加快，那些落后、贫困地区的人口势必想方设法涌入更好的生活环境，大规模的人口流动也将加剧两类群体的摩擦和冲突。二来，政策的大开大合同样难以避免。例如，20世纪80年代初，新加坡政府宣扬"一个家庭，两个孩子"，为打消夫妇超额生育的念头，还出台了一系列配套举措，例如增加三胎生产医药费、取消带薪产假等。然而，1987年3月，新加坡的人口政策来了个180度大转弯。在"三胎或更多"口号下，政策的天平突然倾向子女更多的家庭，从此，这些家庭可以优先获得教育和住房资源。

新加坡的故事非常戏剧化，但绝非孤例。放眼世界，为确保经济前景稳定，各国政府都极度希望将本国人口控制在理想的"宜居带"中：既不过多，也不过少。政府的许多人口政策，都是根据计算机模拟的未来人口增减趋势制定的。

事实上，人口学中也存在着一只"看不见的手"，它存在于女性的理性与自主生育权中：随着社会发展，当女性受过教育且有能力避孕时，她们的生育数量就绝不会超越家庭供养能力。也就是说，随着形势的变化，决定生育的因素已经开始从宏观走向微观，生活状况、生育态度、生育成本正成为人们决定是否生育的首要考虑因素。在此背景下，关键在于跳出原本的人口"坐标系"，以发展的眼光看待发展中的问题。当低生育率成为社会发展的终极宿命，从另一种角度看，包容性的生育政策、家庭友好政策亦应成为社会发展的方向。

而且，历史与现实一再证明，人口质量并非决定一国强弱的绝对变量。正如《罗马帝国衰亡史》让所有人都困惑，曾经天下无敌的罗马帝国，是如何失去力量的？技术先进的文明，是如何被蛮族击败的？回答千奇百怪，从妇女继承权到通货膨胀，再到含铅的容器水管道，但就是看不到"所谓的罗马和平之下，腐败与不安定的种子早已萌芽"。

况且，按照立体史观的大周期律，从农业文明到工业文明再到信息文明，不同历史阶段的国之兴衰对人口红利要求也不一样。经济学家曾提出有代表性的三类人口发展理论，分别是马尔萨斯的人口理论、经济增长理论下的人口理论以及索洛新古典经济增长模型中的人口发展理论。整体来看，马尔萨斯的人口理论适用于农业时代，认为人口按几何级数增长，生活资料按算术级数增长，因此人类的繁殖速度比生活资料的增长速度快得多，要保持两者平衡就得抑制人口增长；经济增长下的人口理论适用于工业时代，此时人口快速增长带来的年轻劳动力数量上升、低劳动力成本能有效推动经济增长，这恰好吻合当时劳动密集的工业发展阶段；如今人类步入信息科技时代，人口质量和附着其上的创新能力占据主导地位。

或许，人们会对未来的人口前景诚惶诚恐，这一点就像当年人们因"人口崩溃论"而恐慌，而事实上，马尔萨斯的"诅咒"并未生效，因为不可预测的工业和技术革命化解了灾难。同样的道理，从更长远的时间看，无论是AI、基因编辑，还是人造子宫等，都将彻底改变人类生育的内在逻辑，届时，生命经济等技术突破或将令今天"无解的宿命"在未来消遁于无形。

婚姻制度的逻辑变了

从"不孝有三，无后为大"到"不婚不育独自快乐"，低生育率只是表象，冰山之下隐藏的是"婚姻"这一古老的契约制度，在时代浪潮中的沧海桑田。事实上，与现代社会普遍认为的浪漫爱情归宿不同，婚姻制度从一开始就带着浓厚的经济政治色彩。历史学家菲利普·费尔南多-阿梅斯托指出："核心家庭——共同养育后代的伴侣——早在直立人的时代就已存在，而婚姻将这种个人约定上升到制度层面。"这种观念最早的书面证据出现在现存史上第一部完备的成文法典《汉谟拉比法典》中。几千年来，婚姻发挥了经济、政治和社会的多重功能。

首先，婚姻本质上是一种经济行为。人类学家埃德蒙·利奇指出，婚姻应该首先被定义为一种财产，而非性生活和生育后代的管制手段，它保障的是财产、名衔和社会地位如何合法地代代传承。婚姻制度既代表着建立家族和社群之间的合作关系，使一个家族得以集结劳动力和资源；又代表着确立合法的财产继承权，使得一家之主或夫妻双方的财产和地位可以稳定地传承给下一代。

其次，在某些历史时期，婚姻的经济功能甚至足以影响地缘政治：罗马帝国瓦解后,欧洲再度分解为数量众多的小国,贵族和统治者通过姻亲巩固或扩张权力,又因频繁娶妻或轻易更换妻子屡屡引发继承权的血腥斗争,加剧政治对手之间的竞争。为此,一些禁止一夫多妻、严格限制离婚和再婚的社会制度,因为给合法继承权确立了准则而获得更广的传播空间。

再次,婚姻制度所建立的微观家庭单元,长期充当社会的稳定之锚。一方面,"寒窑虽破能抵风雨",个体能够借助这种小的社会单元抵御风险,另一方面,社会也借助婚姻制度建立最基本的社会利益联盟,然后使得个体慢慢形成归属感,也使社会变得有序和稳定。

总之,婚姻、生育和家庭形态等相伴发展,而发展的主线就是生产力的进步,这是不以个人意志为转移的客观存在。在农耕文明时代,人类生产效率整体低下,不得不抱团取暖。从部落群体到氏族、宗族等大"家庭"现象,都建立在"人口就是生产力"的逻辑上。到了工业时代,生产力极大发展,技术的进步让体力劳动占生产的比重逐步下降,女性获得了前所未有的经济独立,婚姻真正成为夫妻之间的契约——一个平等、尊重、共同承担风险的利益共同体。

而到了信息社会,传统的家族联系和单位联系进一步式微。一方面,城市化进程加快,大量人口的流动加剧了家族观念、亲缘关系的衰落,取而代之的是更为脆弱的业缘、利益缘,连恋爱、婚姻也进入"速食时代",从"天长地久"到"能撑多久";另一方面,随着个体崛起,从"斜杠青年"到一人公司,每个人都可以成为自己的CEO,企业、单位的维系力也持续衰弱。随着所有这些限制单身生活和个人自主的障碍逐渐消除,社会迫使人们结婚或违背自身意愿维持婚姻关系的能力也被大幅削弱,人们不再需要通过结婚来建构成功的人生或长久的关系。

当婚姻制度在历史长河中逐渐与"生存"分道扬镳,就注定了不婚、不育、离婚和低欲望生活时代的降临。这并非悲观,更与贬义无关,只是一种社会现象在时代洪流中的正常演变。到了今天，家族、单位这两个组织形态面临"坍缩"，旧有婚恋观念被解构，而新的平衡状态尚未确立，自然让婚育问题矛盾重重。

诚然，现代社会完成了对传统婚姻、家庭的解构，然而，从人性的角度出发，作为社会动物，人永远需要与他人关联。根据幸福拐点规律，当物质生活条件提升到一定水平，它的增加对幸福体验的影响就较为有限，幸福感的提升将更多来源于自我的存在意义。在解决意义问题方面，亲密关系——更确切而言是与人的联结——起到了非常重要的作用。从经济社会角度出发，人自身与外界的互动、交流这个输入和输出的循环过程往往也是撬动社会发展的过程。人类的感同身受、人类共同的社会思想认知、共同的情感认知，不仅事关人类道德伦理秩序的建立，还涉及人类的经济、制度与社会发展。

就此而言，无论是从社会稳定还是经济发展角度出发，家庭、单位这两个"角"缺一不可。近年来，生育政策的优化、完善，稳就业、鼓励新职业等制度措施，都是为了增强这两个角的稳定性，减少人们的游离感、无归属感。与此同时，第三个角也逐渐浮出水面。在传统的婚姻之外，一些新型亲密关系正频繁地出现在大众视野。

一方面，在血缘、地缘、业缘等传统社交纽带逐渐失落的时代背景下，借助社交网络蓬勃兴起的"搭子"式社交、趣缘群体，为当代年轻人提供了一种有效的情感联结。"不找对象的年轻人，全去找搭子了。"DT财经和DT研究院联合发布的《2023搭子社交小报告》显示，在有搭子的年轻人中，近半数拥有2—3个搭子，拥有4个以上搭子的人占17.8%。搭子正成为当代年轻人的新组织单元。饭搭子是基于相同的口味，旅行搭子是基于对世界相同的好奇心，阅读搭子是基于相同的阅读兴趣，游戏搭子是基于相同的爱好……在这个小小的、限时的共同体里，人与人之间兴趣一致、目的一致，维持一种简单、轻盈、有价值的关系，图的就是"恰到好处的陪伴"。

另一方面，合住社区等线下创新模式也提供了另一种"家"的可能性。《老友记》《爱情公寓》等剧中与友同屋、其乐融融的生活都展示了人们可以跨越血缘关系组建更宽泛意义上的"家庭"。美国奥克兰市一个名叫 Temescal Commons 的合住社区也是如此，每户公寓的面积很小，但是有一个共享的庭院和一个大厨房。每周四和周日，住户都会聚在一起吃晚餐。社区卫生也是大伙一起打扫，大人们相互帮忙照看孩子，时不时借一下糖和牛奶。如果有谁失业了或者生病了，所有人都会聚在一起为他分忧，就像一个真正的"大家庭"一样。未来，取代原生家庭和传统婚姻模式，你可以为自己挑选志同道合的"家人"，在物质上和情感上彼此依靠、相互分担、共居共生，甚至互助养老。

老年经济的现实悖论

人口老龄化成为当今时代鲜明的全球趋势之一，老年群体也自然而然肩负起"经济引擎"的重任。然而，有两大危机横亘在激活老年经济的路上。

第一，健康危机已成老龄化国家头上盘桓不去的阴霾。人均寿命的增加并不意味着老年期健康水平的提升。当下，老年人是慢性病患病率最高的人群。国家卫生健康委的数据显示，中国约有 1.9 亿老年人患慢性病，其中 75% 的 60 岁及以上老年人至少患 1 种慢性病，43% 有多病共存（同时患 2 种及以上疾病）。老年人群慢性疾病的共患现象是全球公共卫生领域的普遍性问题。除了生理疾病，老年人还不得不承受焦虑、孤独、恐慌等心灵冲击。偶尔感到孤独是正常的，但长期孤独对身心健康有严重影响。杜克-新加坡国立大学一项研究表明，长期感到孤独的老年人与不感到孤独的老年人相比寿命更短。他们的孤独来源于不被需要的感觉和被社会排斥的恐惧，孤独感通常来自人生的重大转变、晚年社会身份的丧失以及健康和经济能力的下降。

第二，与日俱增的养老压力之下，养老金危机已压得国家和个人喘不过气。放眼全球，从中国到东亚、从美国到欧洲，养老金危机并不鲜见——"就像地平线上已可望见的海啸，转眼就将冲到我们眼前"。2017夏季达沃斯论坛就发布过一项研究报告，报告指出如果人口老龄化以目前的速度继续推进，到2050年，全球六大养老金储蓄国（美国、英国、日本、荷兰、加拿大和澳大利亚）面临的养老金缺口高达224万亿美元。计入中国和印度两个人口大国，养老金缺口预计达到400万亿美元，相当于彼时全球经济总量的5倍。

说到底，面对来势汹汹的老龄化时代，国家、社会都措手不及。在此背景下，老年经济的一系列现实悖论也开始"显山露水"。

第一，对于国家来说，老年人究竟是红利还是负担？网络化、信息化让全球步入"后喻文化"时代①，年长者的权威性、对知识的垄断性被打破，反而是身体机能的下降、思维的迟缓让老年人面临被边缘化的危机，再加上医保支出、赡养压力等，老年人似乎成为一种沉重的负担。但从另一个角度来看，光大证券发布研报《延迟退休，能否释放二次人口红利？——〈人口峭壁〉第六篇》，报告指出，促进低龄老年人口再就业，有助于释放二次人口红利。根据经济学家戈德曼的估计，每年因延长寿命产生的潜在经济效益（老龄化红利）将至少达到70亿美元。如何让"老年负担"转化为"长寿红利"成为各个老龄化国家共同面临的课题。

第二，对于市场来说，大前景、小市场的尴尬现状究竟是受制于供给不足还是需求不足？《2022年民政事业发展统计公报》显示，2022年末，中国

---

① 美国社会学家玛格丽特·米德在《文化与承诺》一书中将人类社会发展进程划分为"前喻文化""并喻文化""后喻文化"三个时代。在"前喻文化"时代，知识薪火相传，由长辈向晚辈传授；在"并喻文化"时代，知识主要在同辈人之间传播；在"后喻文化"时代，知识的创造与流动突破了时空限制，信息垄断被打破，长辈需要反过来向晚辈学习。

60 岁以上人口达到 2.8 亿，65 岁以上人口达到 2.09 亿，中国对养老护理员的需求多达 600 多万，但目前仅有 50 多万名从事养老护理的服务人员，养老服务需求巨大，养老机构床位供不应求。在这种情况下，养老机构却出现入住率低，"一床难求"与"高空置率"并存的现象。《长寿时代中国养老机构高质量发展研究报告》显示，2010—2020 年，养老床位增加了 173.4 万张，而平均入住率却从 77.1% 下降到 45.5%。严重的供需错配背后，印证了传统养老机构已无法满足日益增长的养老需求。

第三，对于企业来说，养老产业究竟是"香饽饽"还是"无底洞"？中国老龄化加剧，"银发经济"市场前景广阔，工业和信息化部预计 2030 年中国养老产业市场规模将超过 20 万亿元。但养老产业看似"诱人"，实际却操作难度高，大量的资金投入、配套的医疗资源、专业的养老服务等缺一不可。尽管内资、外资入局养老地产的热情高涨，但在已进入养老市场的机构中，亏损的远比盈利的多。欧美等发达国家的养老市场已相当成熟，高端养老机构的年毛利率能达到 33%，在美国投资一家养老机构的回报率通常可达 6%—8%，甚至会达到 10%。但在中国养老市场，年毛利率能做到 3%，都很难得了。

当前，世界各国都站在一个前人未曾到过的十字路口，前方或充满荆棘，也可能鲜花遍布。但是历史的车轮不会就此停驻，人类社会也会积极地寻找出路。比如新加坡通过新式养老保险制度，将养老的方方面面融入社会，为老年经济带来高增长、高消费、高积累的良性循环；日本通过沉淀出符合老年人消费习惯的商业业态来刺激老年经济。既然养老压力已成为无法回避的现实，不如想办法化压力为动力、化腐朽为神奇，激活老年经济。说到底，养老既是个人的事、家庭的事，也是社会的事、国家的事；既关乎民生，也关乎经济，因此破解养老难题主要在于充分发挥政府、市场、社会等多主体的力量。

中国"变老"态势更复杂

中国正在加速"变老"。一是前所未有的超快速度。国家统计局的数据表明，2000年，中国65岁及以上人口占6.96%。2001年，中国65岁及以上人口首超7%，老年型年龄结构初步形成，中国开始步入老龄化社会。随后20多年来老龄化程度不断加深，2022年中国65岁及以上人口占14.9%。按照联合国标准，65岁及以上人口的占比超过7%即为老龄化社会，14%以上为深度老龄化社会；超过20%，则进入超老龄化社会。中国已经进入深度老龄化社会了。据《财经》杂志报道，以主要国家老龄化率从7%到14%所用时间来看，法国用了126年，瑞典用了85年，美国用了72年，英国用了46年，德国用了40年，日本用了24年，中国仅用了21年，速度何其惊人。

二是全球第一的超大规模。中国不仅是世界上唯一老年人口超亿的国家，还是世界上老年人口最多的国家。截至2022年末，中国60岁及以上人口达到2.8亿，占全国总人口的比例为19.8%；65岁及以上人口2.1亿，占全国总人口的比例为14.9%。这是世界上最大规模的老年群体。这一数据将继续攀升。据全国老龄办预测，到2033年，中国老年人口将突破4亿，占总人口的四分之一；到2053年将达到峰值4.87亿，超过总人口的三分之一。

以此看，中国正成为世界最大老年国家。问题是，相较发达国家，中国老龄化速度之迅猛、规模之庞大，使中国的老龄化态势更严峻且复杂。

第一，人口老龄化叠加经济转型，成为悬在中国经济增长头顶的"达摩克利斯之剑"。不同于发达国家自然而然地进入老龄化社会，中国在迅速老龄化的同时，还面临着经济转型，两大问题的相互交织，如老龄化与工业化、城镇化、信息化相交织，与家庭的小型化、空巢化、独居化相重叠，同频共振，呈现放大效应。由于人口流动迁移，导致农村地区的人口老龄化程度高于城镇地区，地域之间也不平衡。换言之，中国正处于"爬坡过坎"、跨越中等收入陷阱的关键阶段，人口老龄化问题若处理不当，或将导致中等收入陷阱与过度老龄化陷阱相叠加，增加风险。

第二，"未富先老"背景下的"养老自由"让人高攀不起。相较于发达国家的先富后老，如日英德法等发达国家在进入老龄化时，人均GDP已达1万—3万美元，中国则是未富先老，在2001年进入老龄化社会时人均GDP仅1 000美元，直至2019年，人均GDP才达到1万美元。这种"未富先老"的态势，让"养老自由"几乎不可能实现。富兰克林邓普顿基金集团2019年发布的《中国内地退休入息策略及预期统计调查》显示，中国内地一线城市平均退休目标储蓄约为400万元。要实现这一目标并非易事。调查显示，仅有5%的受访者能够实现"养老自由"，在经济上做好随时退休的准备。52%的未退休人士储蓄情况仍未走上正轨，其中28%的受访者表示难以达成当初定下的目标。

第三，从"养儿防老"到"谈老色变"，固化的观念绑架了老年人。当特朗普与拜登竞选美国总统时，"两个老人抢工作"的戏谑一度在互联网上风行。其实，"老人抢工作"不只是一句调侃，而是发达国家认知思维的体现。但中国社会普遍认为只要给老人吃好喝好就是好的养老，老年生活被固化，帮带娃似乎成了老人"理所应当"的职责，是老人唯一的价值。

由此观之，中国太特殊，这也就决定了中国在路径选择上的与众不同。由于中国人口当量太大，不可能有足够的社会资源和国家能力来支撑，加之高福利制度被证伪，中国无法走欧洲高福利道路；而日本虽然也是迅速进入老龄化社会，但日本老年人规模小，中国也无法像日本那样推行大规模的老年人就业。更进一步分析，发达国家的发展路径大多基于工业时代背景，而今百年未有之大变局时代，中国正处养老前提转变的时代拐点期，加之以未来引领今天的视角看，人工智能的横空出世缩减了对人口的需求，生物生命经济的应用性突破又不断延长人的寿命，带来四大标志性颠覆，给中国人口与养老"化腐朽为神奇"提供了新方向。

一是颠覆"经济增长人口决定论"。毕竟，当生物经济与人工智能的叠加改变了人类本身的定义，人口数量就会自然与经济增长脱钩。

二是颠覆"退休就是养老"的观念。让老人动起来，老有所为、老有所用。总而言之，"人口老龄化悲观论"认为只有人口结构在变化，而相应的公共政策、社会及个体行为却静止不变，这是对证据的片面解读。比如，如果体验经济让年轻人蜂拥而至，那"物质＋精神型"消费则能拉动老年群体的长尾效应。老年人生活场景的重心正在从家庭向社交转移，聚会、健身运动、老年大学、公园广场活动、逛街购物等外出、社交场景成为生活主要内容。

三是智能时代颠覆年龄差异。如同互联网开启的键盘时代弱化了男女分工，智能时代，如今许多老年人干不了的体力活，只需一个按钮就能完成。彼时，老年人固有的生理劣势将得到一定程度的弥补，社会竞争的年龄差别越发弱化，甚至让拥有更多经验技能储备的老人更有竞争优势。在游戏机、剧本杀、美妆以及健身等新兴领域，都涌现了更多的老年身影。例如，时尚奶奶团用视频号的形式深入挖掘消费者的心理需求，不断打造出爆款；在 B 站 UP 主"米萨卡拜森"分享的视频中，父亲和爷爷一起尝试 Switch 体感游戏《舞力全开》的 3 分钟短视频，收获了 180.6 万播放量。

四是年龄正在被重新定义。通过对全球人体素质和平均寿命进行测定，世界卫生组织曾在 2020 年制定新的年龄划分标准：0—17 岁为未成年人，18—65 岁为青年人，66—79 岁是中年人，80—99 岁是老年人，100 岁以上为长寿老人。这是人类平均寿命不断延长和人类健康水平日益提高的必然结果。毕竟，过去是"人活七十古来稀"，现在是"人活九十不稀奇，八十多来兮；人生七十是赤子，万里长征才开始"。

中国人口拐点与结构性转变

放眼当下，中国正迎来人口总量见顶的历史拐点，国家统计局数据显示，2022 年末，中国总人口为 141 175 万人，比上年末减少 85 万人；2022 全年出生人口下滑至 956 万人，自然增长率由正转负，降至－0.60‰。这不仅是中华人民共和国成立以来出生人口首次跌破千万大关，也是自 1962 年以来首次出现总人口的负增长。其中，人口结构性转变更是重中之重——中国人口的自然结构、社会经济结构和地域结构都发生了前所未有的改变：人口年龄结构发生变化，老年人占比上升；家庭结构改变，家庭平均人口减少；劳动力结构改变，劳动人口减少、劳动年限增加；消费结构改变，原本的消费者年龄结构变化，消费也呈现老龄化趋势；经济类型结构改变，原本劳动密集型经济向技术密集型经济转变；人口分布结构改变，人口进一步向经济发达区域、城市群集聚，沿江、沿海地区和内陆大型城市成为聚集点……这些结构的变化，正以"辐射"的方式投射、反映到真实的社会生活中，从而进一步引起城乡结构、收入结构、就业结构、资源结构等一系列其他更细分结构的变化，影响到生产、生活的点点滴滴。

从国家角度而言，由于人口重构了社会经济结构导向，人口结构变化必然引起经济结构的变化，经济增长动力相对缺失的问题就会被顶在杠头上。英国历史学家汤因比做了最好的总结："文明的衰落不是他杀，而是自杀。"从罗马帝国衰败史到古西域楼兰古国的消亡，历史为文明背书：如果要保护国家的身份认同和经济持续发展状态，抑制人口数量的不断下滑将是重中之重。而韩国也因此被预言可能是第一个因人口减少而从地球上消失的国家。人口数量和质量共同影响着一国国力，而随着人口总量萎缩，国家市场优势将逐渐丧失，综合国力也将受到影响。一方面，对于中国而言，随着未来总人口的减少，劳动力成本上升，中国作为世界第一制造业大国、世界工厂的国际地位都会受到影响。另一方面，在中国人均收入水平仍然不高，且总体劳动力质量与科技水平还无法与发达经济体相抗衡的情况下，中国目前还并不完全具备发展资本密集型与科技密集型产业的优势。这也就意味着，中国可能会同时减少相对低收入国家、高收入国家的竞争优势，从而为其经济转型增添更多挑战。

从社会角度而言，人口结构的变化势必引起分配结构的变化，若分配结构难以达到一个各方的"均衡点"，将使社会分配不公。当社会中的原有年龄、性别比例被打破，原有的养老金分配、税收分配等一系列分配制度不得不再次调整，当原有的分配方式变动过大，便容易引起社会上的波动。如经济学中的"税收恶意效应"所描述的，税负变动可能导致纳税人通过减少生产、消极经营等手段来报复政府，从而引发其他政治后果和社会动乱。

从区域发展角度而言，人口结构不平衡带来的发展动力不平衡将导致区域差距拉大，发达地区对欠发达地区人口形成持续的虹吸效应，区域发展将出现恶性循环。从全球来看，世界一半的 GDP 是由占世界土地面积 1.5% 的地方创造出来的，而这么小的经济板块却居住着全球六分之一的人口；当视角缩小到一个国家内，大城市的集聚效应也非常明显，对中国而言，"南多北少""沿海多内陆少"已经成为这些年的人口常态，也基本对应了区域经济的发展状况；而当人口区域结构失调，直接导致的结果将是"富愈富，穷愈穷"，区域发展将长期陷入"人口诅咒"。

从家庭角度而言，传统家庭结构的改变以及自下而上反映出的养老问题将成为众多家庭共同的问题。根据全国第七次人口普查结果，中国平均每个家庭户的人口为 2.62 人，比 2010 年的 3.10 人减少 0.48 人。每个家庭户平均人口跌穿 3 人，意味着中国最典型的家庭已不是三口之家，丁克家庭、一人家庭占比增大，传统家庭结构将被颠覆。而此前被热议的中国家庭"4-2-1"

结构，随着人均寿命增长可能进一步演变为"8-4-2-X"结构，中国的家庭趋于老化，人口面临以祖父母和曾祖父母为主导，同时后继人口动力又不足。而伴随"三孩政策"的推广，这一家庭结构还在进一步变化，以至于网上传出段子：63 岁的某个清晨，7 点闹钟响起，去 3 个房间看了看 3 个孩子是不是都乖乖在家睡觉，帮 9 个孙子孙女做好早饭，再去 2 个房间看一眼 4 个老人是不是都还好好地睡着觉，然后安心地挤地铁去上班。

未来要做好人口的宏观调控，如何制定行之有效的人口政策让"滞后"变为"超前"，成为政府需要优先考虑的问题。政府要以"引领性思想"预测更宏观的未来，以未来可能出现的人口结构需求倒推现如今的政策。这需要将更多相关领域的专家、学者乃至决策层之外的一线人士纳入决策过程中，并运用大数据分析、人工智能等科技手段进一步提升决策的可行性、远见性，用更为完整而有效的决策过程来奠定未来 20 年的发展。

"滞后"变为"超前"，关键还是人口政策，但若想从根本上解决人口问题，就不能只关注人口问题本身。如同中医理论所提倡的，某个病征表现的其实是身体整体健康状况的变化，因此治疗也要对整个身体进行调理，"头痛医头，脚痛医脚"解决不了根本上的健康问题。同样，中国人口的系统性问题也需要系统性的解决方式：要想解决人口出生率、老龄化的具体"症结"，还是需要各个层面综合性的"配合治疗"。当前生育率低，原因不仅在于"生"，更在于"育"，生了怕养不起。虽然 2020 年育龄妇女总和生育率为1.3，与平缓更替水平的 2.1 有着一定差距，但此次普查结果显示，中国育龄妇女的生育意愿子女数为 1.8，与 1.3 的生育率存在着 0.5 的差值。

这也就意味着，如果做好相应的政策或生育环境的支持措施，打造适合"育"与"养"的社会环境，让有生育意向的人真正去生育，生育潜力就极有可能被激发，在短期内实现这 0.5 的生育率提升。影响生育率的重要社会特点大致有七项，即：劳动力市场的灵活性、婚姻与生育的联系、帮助或阻碍父母平衡工作与家庭义务的因素、性别平等、教育体系、住房市场、政府对育儿成本的补贴。若满足这七项，也便"调理"好了整体生育环境，生育率自然而然会提升。与之同理，养老问题也需要通过对环境的改造来解决，当"延迟退休"政策给老年人口创造实实在在的福利，"抱团养老"的相应配套设施被广泛建立，医疗卫生、交通、业务办理等各环节因素做到"老人友好"且使用便捷，"老有所养"就不会成为一种社会焦虑，人们会带着对晚年生活的期待开始自己的新生活。如德国人探索出的"多代居"养老模式，在为老年人提供充分的养老环境支持的同时，顺应了老年人的社会交往需求，使老年人可以不依赖子女赡养以及养老机构，而是和同龄以及非同龄群体共同生活，颐养天年。

总之，人口问题是一个"慢性病"，且牵一发而动全身。平缓处理好当前的出生率和老龄化问题，使生命周期盈余向着更促进增长的方向发展，才有可能实现第二次人口红利。

第八章 教育"过剩"与"新高地"

教育"过剩"的多米诺骨牌已开启，结构性困局扑面而来。究其根源，正如工业经济势不可当地取代农业经济，随着互联网和人工智能的到来，百年未有之大变局让"教育革命"提前开启。这也就命定了，教育改革回归本质与复式双轨；人才"新高地"在于实现大学城和园区的叠加与融合；职业教育既要回归职业，又要超越职业。

从产能过剩到教育"过剩"

过去几十年来，中国经济以高速增长为主导，大量资源被投入传统制造业和基础设施建设等领域。这种经济发展模式在过去很成功，但由于信息不对称等原因普遍存在，市场周期性波动在所难免，加之一些企业为了抢占市场份额或应对竞争，盲目扩大生产能力，结果导致产能过剩。时至今日，从生产过剩到办公过剩，从产能过剩到分配过剩，从货币过剩到资本过剩，从供给过剩到消费过剩……中国进入全面过剩时代。其中，宏观关注货币过剩，中微观关心产能过剩，因为涉及自己的钱袋子和生计，恰恰忽视了最后的过剩正传导到教育上，体现出三大特征。

一是"再穷不能穷教育"的"鸡娃"（网络用语，指给孩子"打鸡血"，让孩子拼命学习）过剩。在"再苦不能苦孩子"的口号下，高额的"鸡娃"费用已成为许多家庭的头号支出。据《中国生育成本报告2022版》估算，全国家庭0—17岁孩子的养育成本平均为48.5万元，上海以102.6万元的"傲人"成本勇夺第一，北京则以96.9万元紧随其后。孩子成了"吞金兽"，碎钞的速度基本和年龄增长成正比。在中国，把一个孩子抚养到18岁的养育成本，是人均GDP的6.9倍，仅次于韩国的7.79倍，位居全球第二。于是，还没等到"金子发光"，家长兜里的"金子先化光"，导致年轻人生育意愿一降再降。据业内研究，孩子的学习时间越长，这个国家的生育率就越低。相比瑞典、法国等较高生育率国家的孩子每周学习时长不超过45小时，中国以57小时荣登全球之冠。

二是高校扩招、扩建浪潮引发的学历过剩。1999年6月扩招政策出炉，当年招生人数直接增加51.32万人，增长47.4%。2000—2022年，高校本专科毕业生和研究生招生分别从95万人、12.85万人猛增到1 076万人、124.25万人，22年间扩招约10倍。正所谓"物以稀为贵"，1990年只有60.88万人考上大学本专科，但到2023年全国高考报名人数1 291万人，高校毕业1 158万人，而近5年研究生招生规模增幅54.1%，其中博士生、硕士生招生增长65.7%、52.8%。中国高等教育从少数人上大学的精英教育转向了多数人上大学的大众教育，这也难怪学历大幅贬值、就业难上加难。可以说，研究生扩招看似成了高校毕业生就业的缓兵之计，但推迟就业也只是治标不治本。而高校在扩招政策下急剧扩大规模，从2000年的1 041所高校，到2016年的2 561所高校，猛增1倍多，其中约55%是大扩招后升级而来。因为高学历人数膨胀，引发学历贬值，"毕业即失业"现象日益普遍。

三是低生育率浪潮引发的教育资源过剩。2023年7月教育部发布的

《2022 年全国教育事业发展统计公报》显示，2022 年全国幼儿园、普通小学、初中的数量分别为 28.92 万所、14.91 万所、5.25 万所，分别比上年减少 5 610 所、5 162 所、391 所，在园幼儿 4 627.55 万人，减少 177.66 万人；小学招生减少 81.19 万人，在校生减少 47.88 万人。只有高中仍在增加，不仅普通高中有 1.5 万所，比上年增加 441 所，招生和毕业人数分别增加 42.59 万人、43.88 万人。可见，新生儿的下降已率先引爆首轮幼儿园关停潮，这也是 15 年来幼儿园首次出现负增长。毕竟，2016 年新生儿童高达 1 786 万人，可仅过 6 年到 2022 年就只有 956 万人，人数的突然下降让之前幼儿园和小学的扩建立马变成了过剩。尽管 2022 年高中、大学人数仍在增加，但在年龄传导下，过剩将从幼儿园、小学蔓延到初中、高中、大学。尤其是 2020 年全国素质教育改革增加课后服务，导致社会出现教师缺口幻觉，继而增加教育资源投入，到 2022 年全国有各类各级学校 51.85 万所，在校生 2.93 亿人，专任教师 1 880.36 万名。专家预测，按现行生师比标准，2035 年保守估计全国约有 150 万名小学教师、37 万名初中教师过剩。

市场是检验是否过剩的试金石。与所有通货一样，当供大于求时，学历就会贬值，直观的过剩让就业市场的洗牌在所难免。更为重要的是，教育"过剩"的多米诺骨牌已开启，结构性困局扑面而来。

第一，人才教育滞后于市场需求的结构性困局。具体而言，一方面是人才培养的漫长流程与日新月异的行业格局形成鲜明对比；另一方面，高校培养人才模式和市场需求两两相望却又到达不了彼岸。培养一个硕士需要六七年的高等教育，培养一个博士更是需要 10 年左右。然而技术迭代日新月异，企业的人才需求也随之变化。高校提供的专业和教学内容与市场需求未能接轨，跟不上市场的变化。例如，当前中国处于产业升级阶段，"高精尖"科技成为时代主流，但国内的高校并不能提供足够的人才，都需要面向国外招聘。

结果，预期和现实的差距让"读过大学"的年轻人面临着一种更为尴尬的"高不成低不就"的局面。

第二，劳动力的过剩和稀缺同时并存。一方面，求职不易与人才短缺现象同时存在。一边是广大毕业生千军万马在报考公务员的独木桥上激烈竞争，相关部门公布2023年国考网上报名与资格审查工作，共有将近260万人通过资格审查，录用比约为70∶1，可见竞争激烈程度。另一边是广大基层单位和岗位少人问津，传统制造业遭遇普遍的"用工荒"。根据《2022年一线蓝领用工及薪酬管理调研》，83%的制造企业有不同程度的蓝领用工荒问题，其中32%的企业长期存在用工短缺问题；不同企业的蓝领稀缺度大相径庭，企业用工缺口占一线蓝领员工总量的比重一般为10%—30%，少数企业缺工比例高达40%—50%。对制造业企业而言，铸造工、切割工、焊工等实操岗位的人员多多益善，但往往招不到人。另一方面是就业区域的不均衡：一二线城市火爆，三四线城市少有人问津。想去北上广深等一线大城市和二线经济发达城市的大学生仍占大多数。即使有很多二三线城市为了吸引人才，推出诸如送户口、买房买车优惠等人才政策，但很多大学毕业生也不愿意回到小城市，宁愿在大城市高房价、高房租中努力挣扎。

显然，结构性的困境从来不应简单归因于时代洪流中的微观个体。如果说产能过剩的背后是市场经济的内在逻辑，那么教育过剩的背后则是行政手段、社会观念与市场错配共同作用的结果。事实上，对于教育—就业—社会—经济的连锁反应，如果以"有无就业机会"为判断学历是否总量过剩、结构过剩的根本标准，那么就能避免陷入循环。但不可否认的是，教育的回报如今已不再和学历的变现直接挂钩。大学生就业充满挑战，洗牌更是在所难免。然则，洗牌也意味着革新与重生，在危机的倒逼下回归原形。更何况，大学毕业从来不是路程的终点。未来破局的关键在于，大学生从"毕业"到"再毕业"，真正成为就业市场上的"成年人"。

百年未有之大变局让教育"革命"提前开启

教育面临结构性困境，暴露的正是当下教育体系的尴尬与短板。

其一，以教师为中心的单向知识灌输模式已难以适应互联网普及的"后喻时代"。在农耕时代和工业时代，由于知识的代际传递特性、信息的单向输出特征，老师在教育的整个环节中都扮演着无可替代的核心角色。正因为如此，"尊师重道""一日为师，终身为父"等价值观才得以树立并世代相传。然而，"信息大爆炸"的发生，知识对称化的演进，以及"学生与老师坐在同一条板凳上"的客观现实，让老师与学生的身份发生"双重异化"：一方面，老师不再是简单的传授者，而是引导者、协助者，甚至是学习者；另一方面，学生也不再是简单的学习者，而是互动者、参与者，甚至是传授者。

其二，当下的教育体系是两三百年前为工业时代的流水线生产模式设计的，本质上是工业经济的遗留产物。一方面，教育模式仍以标准化、格式化为主，恰与工业经济精确参数、统一指标等原则异曲同工，而文凭、证书又为生产"合格产品"提供了必要检验手段。另一方面，专业的分门别类事实上也吻合工业化大分工的内在逻辑，专业化、速成化的培养机制客观上成为工业经济人力资源的源头活水。长此以往，传统教育按工业经济标准化流水线批量化、规模化"生产"的毕业生，与科技经济渐行渐远。

其三，固化、僵硬的评价标准某种程度上让教育与创新背道而驰。填鸭式教育将知识人的大脑变成"硬盘"，"一考定终身"的考核制度让莘莘学子不得不从小学就开始"备战"，而就业只认学历（及证书）不认能力的现实更让"填鸭式"教育变本加厉。沉重的课业负担不断透支学生的心理健康。《中国国民心理健康发展报告（2019—2020）》显示，中国有 24.6% 的青少年有抑郁症状。

究其根源，正如工业经济势不可当地取代农业经济，互联网、人工智能也早已对工业经济展开摧枯拉朽式的攻城略地，百年未有之大变局让"教育革命"提前开启。

其一，机器取代人力是技术发展的必然宿命，人工智能也将"绞杀"所有传统就业岗位。工业社会初期，纺织业的手工劳动被机器替代，大量优秀纺织技工失业，引发这些工人对机器的仇恨，甚至爆发了工人组织起来砸毁机器的"卢德运动"。这体现的正是技术对就业的影响，而人工智能的杀伤力远强于工业时代的机器，伴随着科技井喷对经济形态的颠覆，人类生产生活方式以及社会竞争的方向、方式都将发生彻底的改变。未来竞争不仅在人类内部，更在普通人、天才、人工智能等群体之间，大量重复性的体力工作与低智能脑力工作都或将被机器与人工智能夺走，而科研新浪潮乃至高端制造需要的只是天才。

其二，城市功能釜底抽薪让制造交易退潮，新经济全面拍打海岸。经典城市是生产和交易的中心，一切以物质为基础和重心，当新经济、体验经济悄无声息地蔓延，城市不仅是商品交换的场所，更是交换信息、观点、情感的平台，这将从根本上颠覆既有的生产方式与生活方式。如果说机器生产造就了理科的主流地位，那么文化体验、社会经济的兴起将让文科由支流变为主流。当下这种趋势已显露出"小荷尖尖角"。例如，Robot-Ready 报告分析了 1 亿多份招聘信息、简历，发现雇主普遍希望新员工具备批判性思维、解决复杂问题的能力、管理能力、判断力以及书面和口头交流等人文学科所教授的技能。而随着经济形态和技术的不断发展，软技能与硬技能之间的界限正在逐渐消失，将人文技能与技术知识相结合，或许才是未来最佳的教育模式，如编程＋道德伦理、人工智能＋情商等。

其三，市场经济内置优胜劣汰机制，兼顾经济利益与社会效益的复式时代登上历史舞台。市场经济讲求优胜劣汰，内置着赢家通吃的马太效应，无论是生产、生活还是教育，皆被市场裹挟。在"以个体竞争为主导价值"的竞争环境下，名校和成绩成为唯一的评价标准，而在有限的教育资源下，教育某种程度上也成了一场"零和博弈"的游戏，唯有以资源争夺的方式去获取发展优势。随着市场经济所制造的失衡不断凸显，问题将倒逼社会经济登上历史舞台，社会经济重在兼顾大多数社会基层群体的利益，营造更加公平的社会生态。届时，对于教育来说，无论是新的经济社会生态还是新的人才内涵与标准，都需要新的教育体系相匹配。

正因如此，横空出世的 ChatGPT、日益精进的 AI 俨然成为打破传统教育体系的最强"踢门者"。从近代"教育学之父"夸美纽斯 1632 年倡导班级授课制以来，教育几乎就没有发生根本性的改变。以 ChatGPT 为代表的人工智能的突破，成为教育史上近 400 年以来的大挑战和大机遇，也必将催生划时代的教育变革和学习的革命。

第一，重新定义人才，既然智能机器人可以像人一样思考并解决问题，那么 ChatGPT 是不是"人才"？也许可以称之为"器才"，而什么样的"人才"才不会被"器才"们淘汰？

第二，重新定义学习。既然智能机器已经成为"最强大脑"，那么人为什么还要学习？或者说，人们还需要学什么？怎样学习？学习的目标、内容、方法及评价如何变革，才能适应人工智能时代？

第三，重新定义教育。既然人类可以无限量生产及使用被"训练"或"教育"好的智能机器人来满足人类的各种需求，那么人类在知识、智商层面的差异将在很大程度上消弭，知识教育也就被釜底抽薪。未来竞争不仅在人类内部，更在普通人类、超级人类、人工智能等群体之间，围绕创新、"爱"等多个维度展开。

说到底，百年未有之大变局给教育提出了新要求，在这个拐点时期，能否把握住未来教育的核心动向，决定了教育的成败。"如果我们仍然以昨天的方式教育今天的孩子，无疑就是掠夺了他们的明天。"总之，教育正迎来向未来世界转型的关键拐点期。

教育改革：回归本质与复式双轨

教育改革呼之欲出，但我们必须认识到，教育改革从来不是在真空中进行，它既有政治经济背景，也有社会情结、文化理念。百年未有之大变局的时代背景已经对教育提出了新的要求。正如耶鲁大学前校长理查德·莱文所言，真正的教育，不传授任何知识与技能，却能让人胜任任何学科和职业。以此观之，在当下的拐点期，在学习化社会和多元利益格局的环境中，亟须重新认识和构建市场和教育的关系，还原教育的根本。要厘清公平与拔尖、普惠与竞争的关系，寻找均衡点，关键在于建立起政府＋市场的复式双轨模式。

一轨是国家主导的公立教育，以普惠性的基础教育和高等教育为主。学校提供公平的基础教育，确保学生身心的蜕变，养成终身受用的习惯和品格。此外，从体制入手对教育失衡、错位的痼疾进行"刮骨疗毒"。中国小学和初中阶段炽烈的升学竞争，主要原因是义务教育学校差距过大。要推进义务教育学校均衡发展，就需要从《中华人民共和国教育法》《中华人民共和国义务教育法》等立法层面改变义务教育阶段教育资源不均衡的现状。在此基础上，实施校长、教师流动等政策，才能真正起到促进义务教育阶段学校均衡发展的实效。

另一轨是社会主导的私立教育，以个性化的创新教育为主。既要重视民办教育、社会资源在扩大教育资源方面的重要价值，也要对民办教育的核心价值和功能重新定位，确定相应的规则。纵观世界，民办教育都不是作为公办教育的对立物而出现的，其功能和价值主要是满足多样化的教育需求。增加教育的丰富性和选择性是世界范围内教育改革的共同主题,也是中国社会教育存在的理由,而社会教育的定位就在于公立教育无法触及的个性化、特色化教育。例如,可因地制宜地举办各种小规模的创新型学校和学习组织,把创新创业的概念从经济领域扩大到教育领域,要像支持小微企业那样鼓励特色化的小微学校。

如此一来,公立教育与社会教育各司其职,以此实现基础教育与创新教育的分野。在此基础上,传统教育领域政府与市场的二元对立被打破,在面向未来的新赛道上,国家与社会都是教育体系的一部分,学校也将打破传统,不再只注重"大而全"的综合实力评比,而是找到自身的发展特色,构建差异化、多层次、有亮点的教育新生态。说到底,与之相匹配的未来教育将是整合而非分离、开放而非封闭的。随着未来时代的滚滚而来,就业将与传统生产脱钩,城市由生产场所变为生活场所,具有引领性的人才不再是纯技术性的工业技能掌握者,而是能够适应未来社会,拥有审美、艺术、创意等综合能力的人才。这种未来型人才绝非学校单方面能培养,而是在产业引领下,由学校、企业、产业、家庭共同协作方能培养。

人才"新高地":园区与高校的融合

大学是城市的骄傲,是城市软实力,而大学城则是骄傲和软实力累加的象征,无数城市心向往之。然而,时至今日,虽然大学城建设的初衷之一是为了产学研一体化,促进大学教育、科学研究与产业实践之间的密切联系,但真正能实现一体化的却是凤毛麟角,跨越"达尔文之海"(从科学研究到实际应用转化的鸿沟)的更是少数。

更关键的是,当下城市与大学的关系越发紧密,进入相互成就、共生共融的新阶段,大学城原有套路被釜底抽薪。2020年以来,以万亿城市为代表的经济强市展开"大学竞速"，主导的大学建新热潮有愈演愈烈之势。通过大手笔的大学引入，深圳、苏州等城市有望从昔日的高校洼地变成新的人才高地。与之相反，部分城市却在这场风潮中倍感压力。以西安为例，近年来，西安交通大学、西北工业大学、西安电子科技大学等名校相继在多地建设校区或研究院，一些高校甚至出现明显的"空心化"。这场由经济发达地区主导、驱动的异地办学，或将完成中国高校布局的一次根本性调整。

但是说到底，这些都是将人才孵化寄托于高校，误以为高校聚集就等于人才高地。这样的思路倒也有理可循，毕竟，高校拥有最新的科研成果，是社会的引擎，也是人才孵化的摇篮。高校一直是中国科研的"主力军"。近十年来，高校牵头建设了60%以上的学科类国家重点实验室、30%的国家工程研究中心；教育部主动布局建设了25个前沿科学中心、14个集成攻关大平台、38个国家级协同创新中心，布局建设教育部重点实验室、工程研究中心、省部共建协同创新中心超过1 500个。然而，只靠院校与企业"分工明确"，并不足以打造从科研到落地的完整链条，必须通过制度设计将二者融合为相辅相成的有机整体。而要实现这一目标，亟待改变"人才高地只能靠高校"的固定思维。事实上，人才不只在象牙塔，还在企业、在园区。

一方面，企业不仅是人才"培养皿"，还是人才流动池。企业能为员工提供创造各种可能性的平台，培养出更加"立体"的人才，还能使员工发现自身优势，从而在各自领域闪光。而人才在企业不断成长后，能够更符合市场的需求，成为"拿来即用"的人才。国外很多头部企业都有自己的职业培训，甚至互相承认证书，如日本的日立公司就十分重视对人才的培养，其培养课程随着经营战略的变换而逐步丰富和完善，增进企业效益的同时大大增强了公司员工的竞争力。这便使企业成为人才迸发的高地。

另一方面，园区作为企业、资源的集中地，更是人才"引、育、创、留"的大基地。园区是能够将产业、高校、创新等进行交叉整合从而实现产学研融合的重要角色，可以丰富人才培养渠道，从而持续为产业、区域经济发展提供服务。如根据 2022 年 12 月 30 日召开的全国科技工作会议，国家高新区总数从 2012 年的 89 家增长到 2022 年的 177 家，集聚了全国 35.9% 的科技型中小企业、36.2% 的高新技术企业、67.4% 的科创板上市企业，人均劳动生产力为全国平均水平的 2.7 倍，用 2.5% 的建设用地实现 13.4% 的国内生产总值。

鉴于此，大学城面临版本迭代升级，需要赋予新的内涵和外延，展现出新的表达式。真正的大学城，并非大学范围或面积的扩大，或者几所大学校区的集聚，而是若干所大学与一座城市及其科研、产业的融合，或者一座城市或城镇依托大学发展而成，形成互助互利的共生机制，典型如日本筑波科学城与筑波市的互相成就。在科技经济背景下，建设大学城一方面是为突破"卡脖子"问题，另一方面，也是为了促进产业创新，实现经济高质量发展。因此，要打造人才"新高地"，关键在于实现大学城与园区的融合。

其一，大学城园区化。通过引入知名企业入驻以及孵化新兴企业，不仅能解决就业问题，更能留住毕业生，吸引高质量人才集聚，促使科学产生美第奇效应——以不同学科的交叉和不同领域的交流为基础的面向未知的创新，以实现思想更加充分和广泛的融合，从而形成多学科、跨领域的交叉思维。由此，大学城进入一个"人才吸引人才，人才推动创新，创新促进新产业，新产业更大程度吸引人才"的不断自我强化的正向循环。

其二，园区大学城化。让高校入驻园区，将实现从技术到市场的"无缝衔接"，不仅可以改善高校和企业间"貌合神离"的状态，提高科研成果转化率，还能促使高校以园区的新产业、新技术、新职业为导向，不断优化调整学校的专业结构，以专业对接产业发展需求。如斯坦福大学正是通过在校内创办工业园区，从而造就自身以及硅谷的传奇；又如宁波为支持杭州湾新区打造 100 万辆汽车生产能力的汽车城，在杭州湾新区建设宁波工程学院汽车学院，成为"汽车城里的大学"。

其三，共筑城市生态。既然关键词是"城"，那么既要有人才和科技要素的集聚，还要有高质量的生活、商业配套，包括科教文卫、娱乐设施等，甚至引入中小学，实现"职住商"平衡，让老师、毕业生、科学家、工程师、企业家真正扎得下根。如埃尔朗根-纽伦堡大学，其周边有西门子公司的多个分支机构，弗劳恩霍夫应用研究促进协会的一个大型研究机构，以及马克斯普朗克光学研究所，这些机构在埃尔朗根发挥着重要的产业支撑作用。这些研究机构的集聚，让埃尔朗根有三分之一的工作岗位来自大学、知识相关产业以及研究机构。西门子的多元化产品以及附属的研发机构则为另外三分之二人提供了就业。如此一来，同时具备科教区、研究院、产业园、商业区的多重功能，形成产学研的紧密互动，才是大学城新的跃升方向。

职业教育的回归与超越

过去，职业教育注重为经济社会发展培养技术技能人才。事实上，在国家竞争不断升级、中国加速迈入世界舞台中央的当下，中国需要更多的"大国工匠"，破解中国技术人才"卡脖子"的瓶颈，全面提升国家产业技术和国际竞争力水平。正因如此，职业教育目录将瞄准"卡脖子"关键技术进行更新。然而，社会对职业教育认同感不足，究其原因，有以下几点。

首先，脱胎于实业救国的职业教育在发展中与其宗旨渐行渐远，以学历教育为核心的职业院校日益欠缺"职业性"。职业教育本应该是以"技能水准"为核心，然而，当下的职业教育却是"以职业教育之名，行学历教育之实"。核心功能上的短板使得职业教育本身教不了学生什么过硬的、有用的职业技能，职业教育的吸引力和公信力自然不高。

其次，"普职分流"仍以成绩为标尺，职业教育被污名化。应试教育的竞争性、淘汰性、排他性，决定了教育界乃至整个社会的主流思想——学历教育高于其他类型的教育，也埋下了对职业教育鄙视、排斥的基因。"考不上大学上大专，考不上高中上中专，考不上中专去搬砖"的思维逐渐在学生和家长群体中形成并固化。秉持着"本科优于专科""能上本科就不上专科"信念的，不只是学生，还有他们背后的学校们。放眼国内高校，专科学校升格为本科大学的竞争戏码，每年都在上演；高校也热衷改名以"改运"，学院纷纷想升级为大学，职业学院也忙着扔掉"职业"的帽子，成为"真正的大学"。

此外，对于走职业路线的这一半学生而言，当下的教育模式并未设计连续发展路径，职业教育上升通道狭窄。职业教育是脚踏"两条船"，一边连着普通教育，另一边则是高等教育，本身缺乏应有的层次与互通。普通教育有小学、初中、高中之分，高等教育分为本科生、硕士生、博士生不同层次，唯独职业教育在中职、高职之后出现断层现象，"上升空间"严重受限。

当职业教育从旧教育的"踹门者"沦为应试教育的"附庸者"，背后也隐含着时代切换的深刻意义。当下的职业教育延续的仍是工业时代思维，与新的时代背景已格格不入。如今，互联网打破了空间、时间的界限，也打破了传统职业教育的"围墙"和流水线式的培养方式；新职业的层出不穷也对职业院校的师资力量、教学水准提出更高要求。

一是要有职业性，围绕职业技术技能开展教育，这种职业针对性决定了职业教育必须根据劳动就业市场对技术技能人才需求的变化来适时调整自身的教育教学策略，具有一定的灵活性和开放性。

二是要有跨界性，作为一种教育类型，职业教育不仅具有教育的特征和属性，还具有人力资源的属性，与产业界、经济界具有密不可分的联系。这种跨界性决定了必须站在经济运行、产业发展、民生就业的高度来看待职业教育，以综合性、系统性的手段引导职业教育发展。

三是要有迭代性，随着人才的内涵与外延不断扩展，就业形式、雇佣关系不断推陈出新，要与新的就业生态相匹配，从教育方式到教育内容，职业教育需要迭代升级。形式上，1（学校全日制教育）＋X（企业培训、继续教育、技能培训、半工半读、自我培养）相配合；内容上，在培养学历型技术技能人才的基本功能之外，还应具备多样化的非学历教育职能，如技术技能研发、职业培训服务、社区服务、创新创业教育、产业文化传承创新、国际交流与服务等。

四是要有终身性，随着人类科技进步，终身从事一个职业或在同一个岗位上工作一辈子的情况将越来越少。传统的教育形式、教育环境、教育手段和教育工具，都将面临巨大改变。只有以终身性为理念，职业教育才能在人生的每一个阶段提供相应的教育服务，支撑个体和社会发展。

未来教育应培养八大能力

以往，世界环境表现为系统稳定、边界清晰，以纵向发展为主，只要靠自我递延就能大致预判出整体趋势。百年未有之大变局的拐点很大很长，金融动荡、产业断链、逆全球化、就业危机、社会动荡等事件相互交织，甚至叠加影响，"黑天鹅"事件或将在今后层出不穷。在这样充满不确定性和挑战的时代，未来的教育应培养以下八大能力。

第一，终身学习能力。科技的迅猛发展，使人们过去在学校里学到的专业知识，逐步陈旧过时，这就是所谓的"知识半衰期"。1950年以前，知识的半衰期为50年；21世纪，知识的半衰期平均为3.2年，IT高级工程师仅为1.8年。当下，数据、知识产生和迭代的速度越来越快，社会在逐步淘汰只有学历的人，但永远不会淘汰有学习力的人，所以不管是出于自身需求还是外部压力，这是学习革命的时代，也是终身学习的时代。正如巴菲特所言："人生就是找到一片湿雪和足够长的坡道。"终身学习不仅是指教育经历，更

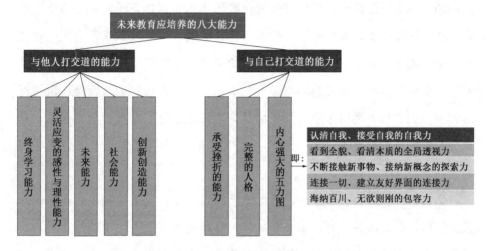

图 8-1 未来教育应培养的八大能力

指向一种教育心态与理念；学习也不再局限于学校，更要善于在工作中、生活中学习；学习不在于获得一堆知识，而在于个人的持续发展及自我实现。

第二，灵活应变的感性与理性能力。当世界变得错综复杂，传统"原因—结果"的线性因果型教育已无法应对偶然性、非线性、混沌性的社会发展，知识系统也不可避免地出现迟滞和失序。如何根据环境变化灵活应变就显得十分重要。正如生物学家达尔文所说："在剧烈变化的环境中，能够生存下来的不是那些最强壮的，也不是那些最聪明的，而是那些最灵活的，懂得适时变化的。"要"在确定性的岛屿与不确定性的海洋中航行"，既要以理性为舵，理智判断前行方向，也要以感性为帆，以敏锐的触角感知世界、应对变化，突破原有的思维方式和认知模式，像"变色龙"一样修炼灵活应变的生存本能。

第三，未来能力。诚然，在"以史为鉴"中确实能让人学到知识、领悟道理，但"一个人不能两次踏入同一条河流"，大约400多年前，弗朗西斯·培根就曾警告人类："别让思想的丝线把自己丝丝束缚。"无线通信是马可尼发明的，蜂窝通信是摩托罗拉发明的，数码相机是柯达发明的……历史上很多东西，往往创始者最后成了失败者。这些失败者说到底就是没有大胆地预见未来，或是预见未来却没有自我革命的勇气。未来的教育不仅仅依靠经验教训，更多的是对未来的感知与推导。毕竟，现实已经证明，新经济没有标准答案，完全靠人类对未来的想象以及跨学科的混搭、杂糅而灵感迸发，苹果便是依托超前的想象力将互联网、工艺美学与手机糅合开启了智能手机时代。

第四，社会能力。多年来，教育体系的修修补补仍未摆脱工业经济流水线的烙印，以及市场经济"军备竞赛"的游戏规则，也进一步刺激了教育中功利主义、唯我主义的膨胀。然而，随着社会经济登上历史舞台，教育也将回归人的本质，即社会关系的总和。一方面，面对疫情肆虐、全球变暖等全人类议题，与效率至上相比，"社会、公正、协调"将成为社会的关键词，人作为生命系统、社会系统的参与者，如何处理人与人、人与社会、人与自然的关系就显得尤为重要。在此背景下，只有具有与社会经济相适应的社会能力，才更贴合新时代人才的内涵。另一方面，随着社会经济挑起社会稳定的大梁，将创造出更多的社会型岗位，彼时，与知识、技能相比，关爱心、责任心、感恩心、利他心等才是最符合社会型岗位需求的人才素养。

第五，创新创造能力。过去的教育对创新缺乏重视。当人们阅读时，认为这是学习；当聆听老师讲课时，认为这是学习；当接受父母、长者传授人生经验时，认为这是学习。其实，这些只是"记忆"的传达、"思想"的转移而已，并非真正的学习。真正的学习是从已知进入未知，是实现创新的过程。无论是科学发现，还是技术创新，或是人文思想的突破，都是创造力的体现。而针对创造力，比培养更重要的是营造能够让创造力发芽成长的环境，让杰出人才能够"冒"出来；当他们"冒"出来的时候，能够去发现、去欣赏、去保护。比如，当教育要激励创造性精神时，就不应该打击标新立异，而要予以鼓励；要鼓励创造性思维时，就不应该反对胡思乱想，而要鼓励异想天开，鼓励批判性思考。

以上五大能力说到底还是以技能型为主，一旦社会发生沧海桑田的变化，或许仅凭这五大能力仍无力招架。事实上，在"信息—知识—智慧"的教育逻辑中，除了功能型能力外，未来教育更需要培养完整的人性、强大的内心。如果说以上五大能力是与他人打交道的能力，那么以下三项就是与自己打交道的能力。

第六，承受挫折的能力。巴顿将军曾说："衡量一个人的成功标志，不是看他登到顶峰的高度，而是看他跌到低谷的反弹力。"这就是逆商，即面对挫折、摆脱困境和超越困难的能力。往远了说，田忌赛马就是非常典型的透过消极因素看到有利条件，并成功反败为胜的案例；往近看，不少成功企业家都擅长以"成长心态"来看待逆境，如马斯克从斯坦福大学退学创业后，遭受过无数质疑，公司也多次徘徊在生死边缘，然而他始终坚持："我不知道什么叫放弃，除非我被困住或者死去。"

第七，完整的人格。100 多年前的梁启超、孙中山、蔡元培都不约而同地谈到人格、强调人格、重视人格。梁启超于 1903 年著文《论中国国民之品格》；孙中山于 1923 年发表演讲《国民要以人格救国》；蔡元培于 1918 年谈到教育时郑重提出"尤当养成学问家之人格"，"学校教育的本质和核心是人格教育，否则，就是教育的堕落，继之以人的堕落"。完整的人格能力包括人际关系、爱与亲密、平等尊重、情绪管理等方面，更突出以人为本。人格的力量像一棵大树，在狂风暴雨洗礼之后，仍然傲立大地，展现出勃勃生机。唯有人格教育，才是抵制功利主义对教育侵蚀的利器。

第八，内心强大的五力图。如果把世界看作一个自然演化着的、庞大复杂的系统，把"心智世界"和"现实世界"区分开，那么可以说人变强的过程，其实就是"心智世界"对"现实世界"的拟合。这是一切的基础，也是一切的根源。在一个人的成长过程中，最可怕的不是外部世界的变化和冲击，而是心智世界的固化，不再生长。那么，如何让自己的心智世界保持活力、不断成长呢？概括地讲，就是要构建起内心强大的五力图，包括认清自我、接受自我的自我力；看到全貌、看清本质的全局透视力；不断接触新事物、接纳新概念的探索力；连接一切、建立友好界面的连接力；海纳百川、有容乃大的包容力。这五力也是人们不断突破认知边界、拓展心智世界的不竭动力。

吉姆·柯林斯在《从优秀到卓越》一书中提出"飞轮理论"，即从优秀到卓越的转变就像是推动飞轮的过程，一开始很费力，飞轮转动也很慢，但是越到后面，飞轮越会飞快地自己旋转，快到难以想象。教育也是个慢变量，没有一蹴而就的奇迹。新八大能力的培育将在现有教育体系内外以增长替代的方式加速进行，这也是一种将教育体系"生态化"的过程，届时，教育不仅是把头脑塞满，更在于把心灵点燃。

第三篇

锚点与机缘

第九章　数智时代的产业"新大陆"

从数字化到智能化，人类正开启一场向数智时代迁徙的伟大旅程，而这个时代的底座是芯片、算法、数据、云平台等。各行各业被赋能，在数智时代的产业"新大陆"中充满了无尽可能。虽然转型方向是明确的，但其中的矛盾性、复杂性却切切实实摆在眼前，根本在于如何回归"第一性原理"，化复杂为简单。

数字赋能实体的底层逻辑

"未来社会可能就像电影《黑客帝国》一样，每一项生活元素，包括每一间房间，每一张床，每一张机票的办理，每一部汽车的位置，每个景点的刷卡进入……都可以全盘'数据化'，在一个数据系统中随取随用。"去哪儿网创始人庄辰超曾如此描绘未来大数据的"洪荒之力"。如今，随着全球产业信息化以及数字经济的发展，形形色色、林林总总的海量数据遍地开花，花团锦簇的"大数据时代"顺势而生，"数据热"一直"高烧"不退。国际数据公司的《全球数字化转型支出指南》指出，2022 年全球数字化转型投资规模超过 1.5 万亿美元，并有望在 2026 年迈过 3 万亿美元大关，预计 2021—

2026 年的复合年均增长率（CAGR）为 16.7%。聚焦中国市场，预计到 2026 年数字化转型支出规模将超过 6 000 亿美元，复合年均增长率将达到 17.9%。而且大数据在经济社会广泛运用已经成为"新常态"，未来超过 90% 的社会组织将转型为"数字化原生组织"。

作为信息经济、技术经济进步的体现，"整个人类都无法抵挡"的数字化实际已成为冲击社会方方面面的历史浪潮。无论人们对数字技术、统计学与数据分析持有怎样的立场，一个不争的事实是，随着社交网络的成熟，云计算、物联网应用的普及，更多的传感设备、移动终端接入网络，数据收集、存储与运用的边际成本在降低，技术手段在提升，前所未有的数字经济时代已然降临——一个浩瀚无垠的信息世界就这样流动在人们的指尖上。经过结构化处理与运用后的海量数据，在商业、政治、经济、金融、社会等领域，颠覆着人们的思维、改变着人们的行为，人对世界的掌控力也急速提升。

数字化的大潮冲破了现实世界与虚拟世界之间的藩篱，以一种前所未有的方式连接起不同的要素，让由实入虚、去物质化的发展成为必然趋势。也正因如此，有一部分人总认为虚拟经济打击了实体经济，数字经济时代的来临，敲响了传统实体的丧钟。事实上，二者从来不是此消彼长的替代关系。

一方面，当下的数字经济更多仍是消费领域，而要真正释放数字经济的能量，势必要从用户端延伸到企业端的各个领域，而这离不开实体经济的奠定与基础。用户端和企业端之间往往能产生协同效应，最经典的例子就是微软，过去 40 年，微软经历了辉煌、低谷、重生三个阶段，虽然曾错失移动互联网的班车，却抢到了云计算的船票，如今实现 U 形大逆转重回科技巅峰。2022 财年第二季度，微软的云计算业务年成长率达到 32%，超过了同期营收及净利润。如果说消费和流通领域的数字化是序幕的话，生产领域的数字化才是数字经济发展的大戏。

另一方面，起点（是从实到虚，还是从虚到实）并不重要，关键在于找到合适的路径把"虚实结合"做深做透。比如耐克做健身辅导是从实到虚，亚马逊走到线下开无人店是从虚到实。无论是耐克还是亚马逊，都能够建立统一的数字化战略，在清晰的愿景下系统地调动整个组织的资源，搭建一体化（而非散落在各个"孤岛"）的数字基础设施。这里的虚实结合，不仅仅是通过数字化技术的应用提升运营效率，增强体验的互动性，还涉及商业模式底层逻辑的更新。

新时代的车轮滚滚向前，传统企业显然已无法置身事外，谁也不能"独善其身"——数字经济时代，顺势者会昌，逆势者将亡。随着技术的推进，原有传统行业都将完成数字化转型，那么原本割裂的实体和虚拟也将互相吸收、融合，不再有虚实之分。而数字经济与实体经济深度融合发展存在三重基本逻辑：创新逻辑、增长逻辑和应用逻辑。

第一，以创新逻辑打造技术生态圈。数字时代背景下，数据资源、新一代信息技术以及现代信息网络共同组建起数字经济的技术生态系统，促使数字经济与传统行为相结合，并以此为基础，不断创造更多的可能性。例如，数据资源不断催生新产业。数据资源的多样性和可持续性，为新兴产业提供了强大支撑。它们不仅可以共享、复制和重复利用，而且还能够极大地提高产出，从而为经济发展提供巨大推动力。数据资源能够与其他生产要素相结合，形成多种新兴产业。特别是数据资源与传统的生产要素相结合，大大提升了高端生产要素的比重，进而推动了产品结构的重塑，为新兴产业的发展奠定了基础。

第二，以增长逻辑提升主体生产率。当前，全球经济增长放缓，新一轮科学革命正在迅猛崛起，使得全要素生产力成为经济增长的关键要素，而数字经济的出现及其与实体经济的融合，正加速实现价值共创。在这方面，玲珑轮胎与腾讯做出了积极探索。两家企业合作打造了全球首个轮胎行业工业互联网平台，平台打通了玲珑轮胎多个系统之间的数据孤岛，形成了统一的用户画像，并根据渠道、门店的销售量和库存，优化排产计划，最终实现疫情防控期间销售逆势增长 50%。场景渗透到生活中的任何一个时间和地点：线上、线下、智能汽车、智能硬件、二维码等，通过算法做人、货、场的匹配，使得商业成为无时不有、无处不在的个性化体验。宏观地看，数字经济的应用深入生产、流转、分享、消费的每一个环节，极大提升全社会的综合发展水平。

第三，以应用逻辑拓展场景适应力。场景是现代经济连接供给与需求的纽带。随着数字经济的不断深入，传统的以产品为主的发展模式已不复存在，取而代之的是以客户需求为核心的场景应用模式。也就是，将客户的实际需求与企业的产品结合起来形成的应用场景，能够更加直观、高效地满足客户的要求，从而实现双赢。现代化、专业化、多样化场景建设需要数字技术的支撑。在数字经济背景下，实体经济活动中场景的概念不同于传统的场景，其建设和管理也更加复杂。通过大数据、物联网等数字技术，企业可以获取相关用户的多维度个人数据信息，通过数据挖掘等先进技术对数据进行整合、分析，提高对用户的了解程度。同时，这些数据也可以作为场景建设、管理的参考依据，进一步激活场景的功效，提高场景吸引力。让生产力与想象力相融合，互相赋能。

未来，拓展商业空间的关键在于找到实与虚的结合点。这不是简单地用数字化做叠加或置换，而是深入各项生产要素，让虚与实产生化学反应。

超算瓶颈翻开颠覆的序章

如果说计算机的诞生极大解放了人类的脑力，那么超级计算机就是当下算力的集大成者。与普通的个人电脑和服务器相比，超级计算机由超多个计算节点（单台计算机）组成，而每个节点配有 CPU、GPU 以及专用处理器，并以高速网络互联，以此达成超高的计算能力。如美国的“顶峰”共有 4 608 个计算机节点，而中国的“天河二号”更是拥有 16 000 个计算机节点、共计 3 120 000 个计算核心。基于此，一台计算速度为 10 亿亿次/秒的超算工作一天的计算能力，相当于一台普通电脑工作 1 万多年。在信息文明时代，掌握了基础算力便意味着扼住了量大面广的下游应用的咽喉，占据了高科技发展的战略制高点。

第一，超级计算机使高精尖科研如虎添翼。有观点认为，超算已经可以同理论研究和科学实验并称为支撑科学发现的三大支柱。例如地球勘探领域，产生的数据量可达千万亿字节（PB）级别，如果没有超算技术来消化，很多物理勘探都无法实现，更别提高精度勘探、成像了。

第二，超级计算机推动产业加速发展。如中国商用客机的全集全参数气动优化设计采用了 2.4 万 CPU 核心，在“天河二号”计算 6 天，就完成了其在自身计算平台上两年的工作量。更别说日本正利用超级计算机开发与改造无人驾驶汽车、机器人和医疗诊断服务等，向全球人工智能研究中心暗暗使劲。

甚至，关乎国运的战争理念也有可能被超算颠覆。比如，人工智能在超算的助力下渗透战争的各方面，无人机、机器人成为战场主力，各军兵种的作战平台、武器系统、指挥控制系统、综合保障系统链接成一体，战争逐步演变为算力与智能的竞争。如此这般，对超算的需求不可谓不旺盛。

以超算的原理来看，应用的需求越大，其规模势必也越来越大。毕竟，底层的算力池才是支撑超算下游应用的关键。从 20 世纪 90 年代大规模并行处理架构的爆发使得核心处理器数量由个位数跃升三个数量级，到 21 世纪对集群架构的应用进一步堆叠机器，即集群中每台机器在内存、磁盘等方面相互独立再通过网络互联，皆是如此。然而，超算的瓶颈已然显山露水。

首先，超算早已成为吞金巨兽。从设备、研发到软件采购无一不需要巨量资金。即便能成功造出整机，功耗也是"老大难"问题。已有科学家警告，如果还是依靠规模取胜的老思路，E级超算的功耗可能会达到50兆—100兆瓦，且90%的电能都有可能耗散在数据输送上。如此一来，成本上就先吃不消。如"天河二号"一年仅电费就要1亿元，全速运算电费更是高达1.5亿元。

其次，超算的系统越庞杂，可靠性就越难以保障。将来超算的并发部件会超过10亿个，以现在的故障率，平均每10—20分钟系统就会报一次硬件错误，而每次处理错误需要半个小时。这显然背离了超算高精度、高效率的设计初衷。

再者，经典的系统架构难以突破。超算性能从P级（千万亿次级）向E级（百亿亿次级）进阶之所以难，主要在于系统架构难以突破。从CPU到CPU＋GPU和CPU＋协处理器的异构计算，抑或采用其他类型的芯片，无外乎在经典的结构上层层叠加，均是"小打小闹"，始终难以突破结构的限制。

其实，超算所面临的瓶颈，其因在"本"（计算机）而不在"标"（超算）。本质上来讲，超算仅是计算机不断堆砌的量变产物，即使做到极致也无法引发质变。故而，即便超算还能以经典方式在算力上精进一至两代，也终会被瓶颈所累。因为超算以及支撑超算系统的半导体技术已接近目前基础科学的极限。更重要的是，诸多方兴未艾的革命性进展正显露出颠覆计算机本身的潜力。

其一，材料革命对硅基芯片釜底抽薪。在半导体行业，即使工艺再精细，硅基芯片的极限就是1纳米，而现在已经做到了3纳米，摩尔定律的失效近在眼前。与之相反，石墨烯、碳纳米管、氮化镓等新材料在光学、高压高频等性能上则各有所长，都在为替代硅材料而摩拳擦掌。

其二，量子计算机在运算能力上虎视眈眈。有科学家预测，未来10—

15 年，科学界就能操纵 100 量子比特，实现量子优势，而一台 50 量子比特的量子计算机，其运算速度就能达到每秒 1 125 亿亿次。再加上量子计算机独特的量子位叠加特性（同时保持 0 和 1 两种状态）能模拟复杂的分子互动模型，诸如药物与疫苗的研发在几天之内就能完成，而传统计算机只能望洋兴叹。

其三，生物计算正颠覆计算机的机器属性。在计算机高能复合的发展路径上，生物计算不仅开辟了越来越"像人"（类人脑学习的复杂度与效率）的支路，还打破了传统计算机的高耗能魔咒。要知道，1 立方米的 DNA 溶液可存储 1 万亿亿个二进制数据，而生物计算机所消耗的能量只有电子计算机完成同样计算所消耗能量的十亿分之一。如此来看，路径依赖地追逐超高速度超级计算机已无意义，切换赛道的计算机革命才是决定未来的关键。

进一步而言，计算机革命势必意味着国际话语权的此消彼长，谁先在技术上突破，谁就能掌握真正的优先权。例如曾经缔造了硅时代的美国就长期占据了无可比拟的地位。无论是芯片产业，抑或围绕芯片而诞生的设计工具 EDA、生产设计标准，乃至衍生出的整个高科技产业，都遵循着先发优势下强者愈强的规律。作为后来者的中国虽然凭借其完备的工业链条分了一杯羹，但大多还在组装制造等低端领域打转，承接上游产业链的外溢，其研发也尚未完全摆脱逆向创新的思路，一时间难以突破高端领域的科技壁垒。

短期内，中国仍将处在短板与矛尖并存的状态。率先突破的关键点还将在科技巨头企业。毕竟，企业的市场嗅觉最为灵敏。以新材料为例，仅氮化镓射频器件在不同领域的市场规模基本都在万亿美元级别。例如小米在 2020 年初推出的氮化镓充电器，技术落地速度领先于台积电、苹果、三星等国际"大腕"。更不用说已经站在 5G 技术和专利"C 位"的华为的产业辐射能力，先有 3D 石墨烯散热技术运用于 5G 平板电脑，后又不断投入研发碳化硅等碳基半导体，着力绕开硅基半导体芯片的技术封锁，实现弯道超车。

中长期来看，计算机革命将是资本支持、市场促进、科研积累、工艺探索等多方面的马拉松。毕竟，量子计算、生物计算等方向均需要革命性突破来引领时代性切换。然而以目前的研究成果看，各国均还处于相对混沌的草创阶段，一眼望不到头。上至国家战略的多点支撑，下至资本注入与市场需求倒逼，已逐渐汇聚成计算机革命向上走的力量。加之，在中美大国博弈的背景下，中国虽然在资本市场与尖端科技积累上略逊一筹，但如此难得能够打破既有垄断的窗口期，势必将再度激发中国"集中力量办大事"的制度优势。与"两弹一星"时期略有不同的是，此次来自市场的资本、企业将发挥更大的作用。因为计算机革命归根结底不是"曲高和寡"型科创，还要经过大量商业化的检验。总而言之，计算机革命又将拉开新一轮国际竞争的序幕。

AI 大模型：短期看技术，长期看生态

以 ChatGPT 为代表的 AIGC 的火爆，彻底点燃了全球大模型、超级计算的"军备竞赛"。国外有微软、谷歌、亚马逊，国内更是遍地开花。从文心一言，到华为的盘古大模型、讯飞星火大模型，各大机构发布大模型相关产品或计划。根据咨询公司 Gartner 发布的《2023 年中国 ICT 技术成熟度曲线》，新兴技术的投资趋势可基本分为萌芽期、过高期待期、泡沫期、复苏期以及成熟期五个阶段。而现如今的市场，表现出的恰恰是大模型投资正处于 Gartner 技术曲线上"技术萌芽"到"过高期待"之间的时期，即到达最高点之前爬升阶段的特征。

第一，尚处于资本对概念的炒作阶段。AI 大模型的概念从无到有，虽然与技术应用的研发和最终产业的落地之间尚存在复杂的鸿沟，且尚未有成熟的生态或完整的产品出现，但资本巧妙地捕捉到了市场对这一概念的无限想象并加以炒作，后经媒体的大肆宣传，引发市场的躁动。

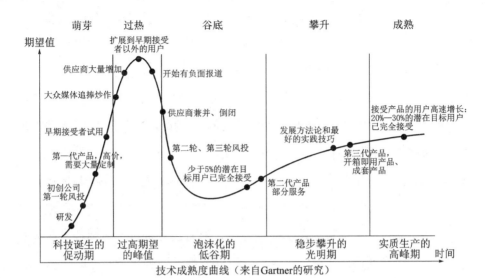

萌芽　　　过热　　　　谷底　　　　　攀升　　　　　成熟

图 9-1　Gartner 技术曲线

第二，尚处于研发参数的拉升阶段。与许多场景催动的技术发展不同，AI 大模型技术的发展更接近于"先有技术再找场景"，许多通用大模型的发展思路是并未确定未来具体的应用场景是什么，先将技术向上堆叠，并投入海量数据资源支撑模型训练。各大厂商大模型的参数一再被拉升、推高，发展方向却依然模糊未定。

第三，尚处于技术时间轴的初期。一项技术从提出到应用再到成熟需要时间的积淀。从时间轴来看，互联网产业从概念被提出到万维网诞生、互联网开始走向普通民众，用了 20 多年的时间，而从应用到成熟则又用了接近20 年；物联网的概念从 1999 年提出到 2016 年投入应用，中间用时 17 年，而直到今天这项技术才逐渐走向成熟；而如今 AI 大模型的概念雏形需要追溯到 2015 年 Transformer 架构的提出，GPT 模型在此基础上从 2018 年的第一代到 2023 年第四代发布才用时 5 年。因此，从时间上看大模型也是尚处于一项技术时间轴的初期，恰恰是各类企业涌入的阶段。

也正是这样的原因，与每一项新概念、新技术发展同步的资本的涌入和撤出，都伴随着资金的高企以及投资的灰飞烟灭。17 世纪荷兰的"郁金香泡沫"，导致千百万人倾家荡产；元宇宙地产从盛行到萎靡，每"平方米"土地成交价中位数从 2021 年最高的 6 000 美元跌至 2022 年的 45 美元；加密货币从兴起到式微，2022 年下半年全球第三大加密货币交易所 FTX 正式宣告破产，连带着淡马锡投资的 3.72 亿新币（约合 20 亿人民币）一起打了水漂。每一轮概念的炒作也都伴随着市场持续的出清。但出清并不完全是坏事，而是竞争出现后的必然产物。科技发展的历史表明，各种技术应用的落地，最终靠的还是竞争。投资新兴技术的过程中，随着技术推进，走到技术曲线的巅峰——"过高期待期"后，绝大部分投资者都要面临出清，这时技术才开始真正落地，投资真正走向成功。

更关键的是，AI 大模型在发展方向上面临路线之争。

一是在主线上，基础创新与商业应用的路线之争。一边认为人工智能产业的核心竞争力是长期技术创新，唯有通过技术创新搭建的底层基建方能在商业化应用中稳住脚。谷歌近期公布的内部报告就认为，只有通过持续技术创新，才能"巩固自己作为行业领军者的地位"。另一边则认为当务之急是聚焦短期商业化，追求快速商业化，投资重心在于市场和商业模式的开发，以期快速获取商业收益。

二是在研发上，通用性与专用性的路线之争。一边认为，相较于专用型模型，通用型模型具有更宽广的应用面，当模型规模跨过一定阈值，从量变到质变，执行效果和新机缘会迎来爆发式增长。如《2023 年中国 AI 大模型行业白皮书》就认为，尽管通往 AGI 的技术路径多元，但目前通用型模型才是最佳实现方式。另一边则认为，相较通用型模型，专用型模型可以精准满足用户在某个特定领域或者场景下的需求，提供更有价值和更可信赖的解决方案。

三是在场景应用上，面向企业与面向用户的路线之争。一些企业侧重用户端，认为 AI 像搜索引擎一样是互联网入口。如微软利用 New Bing 向谷歌的"腹地"搜索引擎进攻；搜狗王小川称企业端更接近价值落地机会，但长远看用户端的超级应用机会更大，因而聚焦用户端市场，向知识型服务平台发力。另一些则认为公众较多关注的还是类似问题对答、文章图片生成等，因此基于面向用户的产品难以诞生好的商业模式。如华为就将工业化的一面放在更高的优先级，其大模型产业化的初衷在于开辟更多企业端业务场景。

究其根源，如同互联网的蓬勃发展来自开源的核心思想，AI 多元融合的跨行业属性也使得其发展离不开复杂化、网格化的新模式。一是全域，开发上打破地域限制，让信息和资源自由流动和交换；在应用和服务上，则要求跨越行业限制，使人工智能具有更广阔的市场。二是整合，通过平台实现技术、资金、市场等各类资源要素的集成，从而提高资源利用率。三是模块，使算力、算法、数据和服务以模块化形式进行开发和组合。这也就命定了，人工智能复杂化的全域资源整合调度能力。

首先，开发复杂化。人工智能不但在技术上涉及数学、计算机科学、统计学、人工智能算法等多个学科，其对于资源与算力的消耗也以"天量"计算。微软就统计，OpenAI 可提供给 ChatGPT 的算力包括 28.5 万个 CPU 和 1 万个英伟达 A100 GPU，训练一次需要耗费 1 200 万美元，每日电费约 5 万美元。

其次，协作复杂化。人工智能的开发往往需要包含数据团队、算法团队等多个团队的合作，这些团队之间需要实现高度的协调和合作，才能确保人工智能技术的开发和应用达到最佳效果。ChatGPT 背后除了提供资金的微软，还有公司负责服务部署，有公司进行数据清洗，OpenAI 只需聚焦模型。

最后，运营复杂化。人工智能应用需要处理大量的数据，并实时对数据进行处理和分析。因此，除了硬件上需要具备高度的技术和资源支持，例如高速网络、存储设备、处理器等，软件上为了确保人工智能应用能够持续稳定运行，还需要开展系统监控和维护等多个方面的工作。根据 SemiAnalysis 的数据，OpenAI 每天用于维护 ChatGPT 等对话式人工智能引擎的开销高达 70 万美元，其中大多是昂贵的服务器的费用。

总之，AI 大模型，短期看技术，长期看生态。在外部压力与自身软肋的倒逼下，AI 产业链条呈现前所未有的复杂化特征，仅靠少数"先行者"并不足以撑起中国 AI 产业的大台面。反之，必须让市场、社会更广泛地参与，构建彼此嵌合、相互支持的生态系统，全面高效整合行业资源，才能实现中国大模型、超级计算机的大发展。

当城市也上了云端

近年来，从建设"城市大脑""智慧城市"，到推动城市"数字化转型"，再到近来热议的"数字孪生城市"，"数字化"已经不仅是科技界和企业家们关心的事情，还成为摆在各国城市治理者面前的课题。"数字化"之于"城市"，究竟有多重要？从城市发展史来看，18 世纪工业革命升级了城市的物质交换系统，火车、轮船让各种生产生活资料以空前的范围和规模流动；19 世纪电力革命升级了城市的供能系统，人类开始用二次能源"电力"驱动整个城市运行，这既为物质系统的改造提供了新动力，也为信息系统的突破奠定了基础；20 世纪信息技术革命则开启了城市信息系统的升级，经济、社会、生活的信息开始进入计算机和互联网，成为可计算、可分享的数据。而今，数字时代的来临将会为城市带来革命性的变量。

一是颠覆载体空间。当下的城市是人口、土地、资本等要素交汇的物理空间，而数字化将会演绎出与现实相对的平行世界。一个相似的例子是，随着海平面上升，太平洋岛国图瓦卢决定借助 VR 技术，举国搬进"元宇宙"，成为全球首个数字国家。未来当现实岛屿沉没，图瓦卢的"国土"依旧存在于虚拟世界，并且用户可以借助 VR 设备在图瓦卢的虚拟疆域里访问和互动，最大限度保留国家的历史和文化。

二是实现功能替代。如果说图瓦卢的案例更像是对现实一比一复制后，放入数字藏馆的珍宝，数字城市更进一步的 2.0 版本是将生产要素搬上云端。例如，通过云医疗、云教育、云健身的方式满足科教文卫等基础设施需求；再比如，以第三产业为代表的产业集群或将在物理意义上载入硬盘、搬上云端。在美国数字科技公司云集的加州湾区，已经出现"零办公场地"公司，以开源软件开发商 GitLab 为例，该公司在 65 个国家和地区雇用了约 1 100 名员工，但是没有任何集中的办公场地，全球的经营活动都在系统中完成。

三是革新治理模式。例如居民或将在"云上城市"自定义镜像身份，年龄、性别、外观等要素或将不是确定唯一的，同时通过感知、仿真、传导技术将虚拟城市的五感体验传导至肉体，实现"头号玩家"式新大陆；再比如"云上城市"或将构建"核心大脑"，作为数字中枢提供数据、算法、物联、时空、安全、应用等方面的共性支撑，实时监测城市内所有数据流动，甚至依靠算法提前预测行动。

总之，当交通网络、城市深化发展，信息技术的应用加速城市收缩乃至消失，真正符合未来演化趋势的城市，将呈现以下特征。

一是在产业竞争上有着不可替代性。"云上城市"并非完全是虚拟的，更大程度上是虚实结合的产物。全球互联网中的重要枢纽节点，大多同时也是在工业产值、交通流量、贸易额等方面占据重要地位的城市。"云上城市"的竞争力归根结底还是市场竞争力。例如江苏泰州专攻医药领域，设立全国首个医药类国家级高新区，吸引大量国内外知名医药企业入驻，同时避免与更擅长生物医药研发的上海、苏州等邻居开展正面竞争，以研发疫苗、抗体、体外诊断试剂及医疗器械产业为突破口。截至 2022 年，全国九分之一的疫苗生产许可证在泰州。泰州作为全国医药领域的关键节点，既在现实中培育支柱产业，也为向"云上城市"进化抢占先机。

二是能形成物理、数字相叠加的复式载体。相较于全国其他以数字技术"改造"自身的城市，雄安近乎是从零开始同步建设数字城市与现实城市。现实城市中的每一栋建筑、每一杆路灯皆在数字领域一一对应。在这种复式搭建下，雄安或将比其他城市更快一步实现智慧生活。例如，2022年4月，雄安新区启动智能网联汽车道路测试，18辆无人驾驶的中巴投入测试，倚仗的正是总里程达153千米的数字道路上的3 000多根智能信息杆柱，实现图像数据、雷达数据、感知数据等交通全量数据的采集、汇聚和实时传输。

三是能为居民的"云上生活"提供宜居环境。乔尔·科特金在《新地理——数字经济如何重塑美国地貌》中指出："哪里宜居，知识分子就会到哪里居住；知识分子到哪里居住，人类的智慧就会在哪里聚集；智慧在哪里聚集，人类财富最终就会在哪里汇聚。"当城市搬上云端，居民对宜居城市的要求或将建立新的标准。例如，习惯了云上办公的数字游民更追求"地理套利"，根据数字游民城市评分网站Nomad List从消费水平、气温、安全、网速等维度，对全球1 000多个城市进行排名，葡萄牙里斯本、巴厘岛仓谷和泰国曼谷令人意外地位于前列。

在电气时代到来前夕，法国科幻作家阿尔伯特·洛必达撰写小说《电动新世纪》，幻想城市居民如何通过"信息管道"实现远程互动。数字时代，全球拉起一张无处不在的"信息网"，未来被数字化革新，上了云端的城市或将开辟出"一人千面"的多元宇宙蓝图。

智慧园区激活创新生产力

基于人工智能、5G技术和智慧城市的发展，智慧园区成为园区转型的新风潮。中商产业研究院数据显示，2022 年中国智慧园区市场规模为 1 543 亿元，同比增长 10.3%。如今，不论资源禀赋、产业偏好如何，智慧园区成为诸多园区不约而同的发展方向，原因有以下几点。

第一，技术变革正在重新塑造园区、城市等物理空间形态。AI 及新一代通信技术正在进入新的发展时期，5G、物联网等前沿技术开始进入产业化落地新阶段，让万物互联的智慧园区成为可能。《未来智慧园区白皮书》数据显示，未来 90% 以上城市居民工作生活在园区，80% 以上的 GDP 和 90% 以上的创新在园区内产生。

第二，当生产方式、经济模式向着数字化进阶，势必驱动园区的智慧化升级。园区经济作为重大战略与国策调整的核心载体，本就随着战略重心调整进行阶段性演进。如今，数字经济已经成为经济发展的新引擎，园区则成为支撑经济转型的重要支点。当下，北京、上海、杭州和西安等地已有多个智慧园区成立；诸多园区运营商也开始构建面向数字企业的服务框架。上海成立智慧园区发展促进会，中关村数智人工智能产业联盟与智慧园区委员会制定智慧园区建设标准等，皆为例证。

第三，智慧园区的价值在于，它不仅仅是一个简单的办公场所，更是一个科技创新的孵化平台，是顺应科技经济时代大势的必然选择。科技经济登上历史舞台，不同技术的持续迭代和进化带来前所未有的颠覆，不确定性、高风险、高回报直接投射在产业发展模式上，也调整了园区建设的根本逻辑。与上个阶段工业化或是大杂烩式的发展重点不同，园区正逐渐锚定科技产业，园区不仅是企业之间合作交流的平台，更是科技成果转化的桥梁，成为科技创新的核心载体。

当园区建设集体进入"智慧发展期"，转型中的痛点也开始凸显：错把手段当目的，错把数字化当成智慧化。殊不知，智慧化并不等同于数字化，其涉及的不仅是技术和资金的问题，更是一系列基础设施、生产关系、产业协同甚至人文服务的角力。以数字化堆砌出的技术乌托邦只能是空中楼阁，要么集成一些现成技术匆匆上马，要么就只能沦为面子工程。如此一来，以技术提质提效、产业升级成为一句空谈，智慧园区似乎也陷入技术主义的泥潭。

事实上，作为中国城市发展的基本单元，园区本就是以促进产业发展为目标而创立的特殊区位环境，担负着集聚创新资源、培育新兴产业等重要使命。即便在多年的发展中曾被政策补贴、地产逻辑、风口逻辑等捕获，但同质化与过剩问题已将这些"歧路"证伪。回归第一性原则，园区是为产业发展服务，是生产力发展和科技迭代的载体，那么创新生产力也将是智慧园区建设的唯一标准。

就此而言，整个智慧园区建设过程并不是简单地从0到1的信息化建设，而是借助现有的信息化、数字化基础，结合园区产业发展规划，逐步构建智慧园区的底层架构，以此撬动生产力的创新发展。从具体路径来看，智慧园区的创新生产力既可以是局部的点状突破，也可以是线与面的整体升级。

第一，核心场景破局。即围绕园区内部中小企业的核心痛点，逐一击破，从而帮助企业提升经营效率，推动园区的转型升级。例如，杭州市桐庐县建设"亩均论英雄"大数据平台，通过分析企业用地、税收、增加值和排放权等数据，对企业进行全面"体检"，以提高资源要素配置效率。

第二，产业生态协同。即通过挖掘产业数据价值，连点成线，解决产业链的核心痛点，助推区域特色产业跃升为特色优势产业。以攀枝花市盐边县为例，芒果是当地经济发展的特色产业支柱。但"盐边芒果"此前曾因土地资源有限、销售渠道狭窄且品牌势能不足，产业发展一度撞上了"天花板"。通过搭建芒果B2P（企业对个人）产业服务平台，引导生产商、批发商、零售商等产业链各方的集聚，不仅解决了产供销割裂的问题，还围绕"滋味盐边"区域品牌的打造与传播，让更多的农特产品走向全国，成了人们餐桌上的"网红产品"。

第三，区域经济模式升级。即园区这一平台借助数字化、智能化去洞察转型趋势，推动区域产业布局和价值链升级。例如，一些园区积极探索打造的数字零碳监测管理平台，就是瞄准了产业园区发展的更高阶段——低碳化、绿色化，为园区内中小企业节碳降费提供完备的数字化基础设施，推动区域产业带的绿色高质量发展。浙江丽水即为典型案例。由于缺乏统一的管控与运营，此前丽水合成革产业链是当地碳排放大户，但通过接入智慧能源管理平台，当地的产业链整体能耗节省已超15%。

综上所述，无论外在的形如何，内在的魂才是根本，在"打点、连线、拓面"中迸发的创新生产力才是检验智慧园区成败的唯一标准。而园区运营方作为产业资源组织者、整合者、策划者，要引领创新生产力的发展，也离不开相应的体制机制创新，通过机制调整放大创新效应。

一方面，园区运营"有形变无形"，从"土地楼宇"转向新的制度与架构。不论是搭建园区投融资服务平台、内置"会议经济"，科创投资模式转型、创建复式化的投资方式与股权架构，还是构建市场机制与政府功能的"再平衡"机制，打造与专精特新相匹配的园区运营模式，都是未来园区经济向"无形"层面转化的具体表现。

另一方面，随着智慧园区的泛化，管理也将从单一直线型向模块集成迭代。其一，越来越多的产业园区都在引入智慧化治理手段，以新模式指导园区设计、运营。其二，广义的智慧园区不仅仅局限于产业园区，学校、医院等特殊园区的智慧化改造也成为新的服务对象。而这些场景也需要更为灵活的管理模式。例如，针对学校场景，在现有智慧园区系统模块的基础上，还要引入智慧教学、平安校园、绿色校园等模块；针对医院场景，则需引入智慧门诊、智慧手术室、智慧科研等服务。在此基础上，智慧园区作为创新生产力的"集成化载体"，也将成为全球创新网络的重要节点，整合具有自发性、多向性、灵活性特征的创新要素和资源，实现对各类创新的激发、哺育和转化，催生新产品、新业态、新技术、新产业。

农业数字化创新的十字路口

对比城市数字化的布局已经早早地拉开帷幕，并取得了阶段性成果，留白甚多的广袤农村正在成为新的资本流量洼地。尤其在农业方面，互联网巨头纷纷向智慧农业发力，用新思维、新模式颠覆传统的农业生产。产业互联网搬到田间地头，京东依托 AI 猪脸识别，实现精准养猪；阿里巴巴的 ET 农业大脑将农业资料数据化，用新零售为农业赋能；腾讯的人工智能实验室 AI Lab 则完全达成从浇水、施肥到通风、光照、控温完全无人化，每平方米足足产出了 57 千克黄瓜……互联网扶贫，俨然让"面朝黄土背朝天"的农业也成了网红。

不仅是农业生产，过去不那么体面的农民、农村生活也在悄然生变。一面是种植大户，"职业农民"教育将成为下一个千亿级风口，种田成了资本和技术的肥田沃土。另一面是抖音、快手等短视频平台捧红的农民"老铁"，让他们以最粗犷的方式融入互联网信息流，浓浓的乡土气息也孵化出了帅农鸟哥、张同学等优质网红。不仅如此，城市人如小鱼儿夫妇、邹小和等，也用"创意＋原生态"的方式为粉丝在网络上打造了一个"阡陌交通，鸡犬相闻"的世外桃源。

在过去，种地不赚钱、供需不匹配……既是农民的悲哀，也是农业的困局。但是，随着互联网、大数据等技术的出现，让智慧农业被寄予厚望。英国的"精准农业"、德国的"云技术农业"、澳大利亚的"质量安全追溯系统"等都是成功的案例。当下，中国的农业生产也在加大互联网、大数据等技术的应用，逐步推动传统农业向智慧农业转型，据前瞻产业研究院测算，2020—2025 年中国智慧农业市场规模将会维持中高速发展，预计 2025 年将会达到 3 340 亿元。然而，当下大数据等技术的应用多停留在生产方式的改进，而缺乏对供需匹配等农业结构性问题的关注。例如各地区粮食的调配、供应链管理、资源整合等方面仍缺乏相应的技术解决方案，以至于技术对整个产业链的赋能作用不明显，面对疫情等黑天鹅事件时，缺乏相应的预案机制，难以及时进行资源的优化配置。

毫无疑问，中国农业已到了调整、转型的十字路口，不得不在以下几大方向上做出创新。

第一，生产模式变革，走一条模式通吃、因地制宜的综合型农业发展道路。因地制宜说白了就是要设计区域化战略布局，如沿海地区，经济相对发达，人口相对密集，靠近繁华都市圈，可以发展智能温室和体验经济相结合的模式；中原和东北地区比较适合大规模的机械化耕作；山区比较适合发展生态农业和高值作物；西北干旱地带可以借鉴荷兰和以色列模式。

第二，经营模式创新，"家庭农场＋合作社＋X"的模式或将成为主流。主要可分为以下四种类型："家庭农场＋合作社＋公司""家庭农场＋合作社＋超市""家庭农场＋合作社＋直销（社区）""家庭农场＋合作社＋合作社自办加工企业"，从而通过适度的规模化生产、专业化生产、产业化经营，降低集中决策成本，防止信息不对称，从而有效实现小生产与大市场的对接。

第三，智慧农业进行版本升级，让数据渗透农业全产业链，从而实现灵活匹配。以往，农业产业智能化的演进方式更多以单点技术在细分领域进行突破，未来，还需要用点状分布让智能化真正与农业系统的复杂性匹配。以种植领域为例，物联网的传感器技术应用已经比较成熟，但应用效果上还只是停留在自动化初级阶段，如何通过人工智能技术将自动化升级为智能化，真正做到科学预测、指导农事作业，提高农作物品质和产量，实现对农业生产的提质增效，是未来面临的挑战之一。

综上可见，农业的发展并非多种模式选一的选择题，而是通过大生产与大数据的融合使农业开启"真香"模式。未来中国农业极有可能成为下一条大鱼，下一轮重量级经济红利，一旦豁开口子，农业的转型升级进程将如同洪水开闸，一发不可收。

第十章　寻找商业消费新沃土

一边是商场闭店潮屡见不鲜，一边是新业态"破土而出"、快速吸粉，在"潮退"与"潮涌"中，消费迎来从物质到精神的时代性切换。新消费时代，从商业业态三重天的格局演变，到"烟火气"打造消费新场景，再到县域消费成为新的发展动能，它们在动态发展中，为开拓商业消费新空间增添催化、裂变的可能。

消费在"潮退"与"潮涌"之间

中秋、国庆双节人头攒动，根据 2023 年 10 月 6 日文化和旅游部发布的测算数据，"双节"假期国内旅游出游达 8.26 亿人次，同比增长 71.3%。然而，从消费数据看，全国城市消费表现不及预期。从人均消费来看，2022 年给出的成绩单不够亮眼，根据统计局数据，上海错失城市消费第一宝座，城镇居民人均消费支出被杭州以 50 336 元赶超。消费不振趋势较为明显，在全国 42 个重点城市中，包括北京、上海在内的 7 座城市，2022 年的人均消费都不及 2019 年同期水平。不过，以淄博、杭州为首的一系列城市消费却脱颖而出，商务部商贸流通业统计系统数据显示，2023 年"双节"期间，淄博市重点监测的零售企业实现销售额 4.68 亿元，同比增长 2.72%，较 2019 年增长 29.52%。而在杭州亚运会举办期间，银联商务数据显示，浙江省住宿消费金额 102.89 亿元，同比增长 12.77%。

其实，常态化下，消费潮落是经济下行的正常现象。日本和美国等发达国家的历史经验都表明，社会消费的变化与经济周期的轮回具有高度一致性。对中国而言，在全球经济衰退的大背景下，当前中国经济面临着复杂的局势，加之经济增长乏力和收入下滑，导致居民消费能力下降、消费意愿低迷的内生扰动也难以避免。消费潮落面大量广且影响更为深远，但消费者需求的转移，以及线上线下渠道的迭代，都使得一潮落下的同时，另一潮也在涌起。城市间分化背后，实则是消费的时代切换背景下，中国城市消费的再适应与再均衡。

日本学者三浦展曾在《第四消费时代》一书中做出研判，日本将率先迎来第五消费时代，这与其独特的经济、社会和文化背景有关，而"低欲望时代"可以被看作这一时代的主要消费特征。

表 10-1　日本四个消费时代的主要特征对比

	第一消费时代 （1912—1941 年）	第二消费时代 （1945—1974 年）	第三消费时代 （1975—2004 年）	第四消费时代 （2005 年至今）
社会背景	以东京、大阪等大城市为中心，大批中产阶级诞生	战败后的经济高增长期，出现了"一亿总中流"（全国大部分人口中产阶级化）	石油危机和泡沫危机的接踵而至让日本最终滑入"平成大萧条"	雷曼危机和大地震下，日本经济持续低迷
人口	人口增加	人口增加	人口微增	人口减少
消费取向	西洋化 大城市倾向	大量消费 大的就是好的 大城市倾向 美式倾向	个性化 多元化 品牌倾向 大城市倾向	无品牌倾向 朴素倾向 休闲倾向 日本倾向

（续表）

	第一消费时代 （1912—1941 年）	第二消费时代 （1945—1974 年）	第三消费时代 （1975—2004 年）	第四消费时代 （2005 年至今）
消费 价值观	National 消费属于私有主义 整体来讲重视国家	Family 消费属于私有主义 整体来讲注重家庭 和社会	Individual 消费属于私有主义 重视个人	Social 消费趋于共享 重视社会
消费主题	西方日用品 文化时尚	私家车 住宅 大家电	每家数辆私家车 3C 个人数码 娱乐 欧式品牌	汽车共享住宅 康养服务 快时尚品牌
主力人群	中产阶级家庭 时尚男女	小家庭 家庭主妇	单身者 啃老族	所有年龄层 单一化的个人

资料来源　三浦展：《第四消费时代》，东方出版社，2014 年

与日本不同的是，中国主要在经历第三消费时代到第四消费时代的切换，且由于自身的人口结构、地区差异，呈现出纵向发展的差异性。既有第二消费时代的特征尚未完全消除，即越来越多的中产与量大面广的高端、名牌商品消费需求，又有多元化、简约环保的第三消费时代特征，如今还萌发出回归地域和本土文化的势头，与一线都市商圈形成鲜明对比的地摊市集火爆全网。这是由于人口年龄结构、社会结构、地区差异等诸多变量的叠加，从而造成了中国消费时代纵向发展的差异性。但不可否认的是，如今中国随着经济起飞期"6 + 1"引擎换挡，整体速度都在下降，而"慢"也恰恰契合第四消费时代的精神。这主要是受到多种内外部因素影响，由此构成了复杂的社会经济形态。

其一，城市重心切换，城市逐渐出现分化。城市发展的不同阶段与重心的切换，往往与当地的资源禀赋紧密相关。总览世界城市更新史，城市重心的适当切换能够令当地经济焕发活力，引发消费方式与生活方式的变革。比如，英国金丝雀码头从设施匮乏的废旧工业区，摇身一变成比肩伦敦金融城的繁荣金融商业中心，吸引 20 万"金领"入住；纽约 SOHO 改造后，一跃

成为文创产业和特色商业区。在中国，不同城市的发展重心逐渐出现分野。超大型都市的快速扩张与经济的高速发展，可能同样伴随着人均生存空间受挤压等问题。而部分处于"去工业化"阶段的传统工业城市，也在经历经济发展重心的切换——从工业生产切换至旅游服务业。其中，更有城市率先发现新蓝海，如凭借烧烤火速蹿红的新晋顶流山东淄博，还有依靠"五月花神"走红的菏泽，这两地独有的"烟火气"与有别于传统工业城市的全新面貌，既吻合了自身资源禀赋，又在城市重心切换中形成了自身特色与优势。

其二，科学技术迭代，消费载体从有形到无形。互联网浪潮下，云计算、AI、大数据、物联网等新技术催生新零售，使得消费更为高效快捷。从消费场景看，科技重构了人与商品的互动场所，在商圈陷落的同时，电商、外卖如火如荼地发展起来。然而，在大大节省了筛选商品的精力的同时，人们也逐渐对传统商品消费模式感到审美疲劳。数字经济的推进也将刺激体验型经济增长，近十年来，中国体验型消费的增速不仅快于 GDP 增速，也快于社会商品零售总额的增速。随着消费偏好的切换，消费者希望获得更多体验，自带流量的社交平台便成为以广告营销来刺激消费的突破口。如抖音推出"抖 in 百味赏·夏日夜宵季"活动，关键词"夜宵"的搜索指数大幅增长，夜宵零食大盘 GMV① 同比增长 14.94%，依托平台优势，消费理念深度触达消费者心智。

其三，消费观升级，从高端到性价比，从物质到精神。在城市居民追求奢侈和扩张型消费的消费主义年代，迪奥、路易威登、纪梵希等国际大牌之

---

① GMV（Gross Merchandise Volume）商业交易总额，是电商运营中的一个概念，用来表示一段时间内的成交总额，是衡量电商平台的实力和发展潜力的重要指标之一。GMV 的公式为：GMV＝销售额＋取消订单金额＋拒收订单金额＋退货订单金额。从公式看，GMV 代表的交易总额不仅包括拍下支付的订单金额，也包括拍下但尚未支付的订单金额。尽管 GMV 并不是实际的交易数据，但同样可以作为参考依据，可以用 GMV 来研究顾客的购买意向，顾客买了之后退单的比率，GMV 与实际成交额的比率，等等。

所以大行其道，是因为其以高端感、距离感来打造产品吸引力。而随着消费理念升级，人们逐渐走出消费陷阱，更加务实与理性。性价比大行其道，一边是拼多多的崛起，另一边是县城餐饮攻占北上广，如均价不到 10 元的甜啦啦奶茶、塔斯汀汉堡等。同时，在物质需求日益下降的同时，精神需求权重日益增长，如何获得幸福感成为当下热点话题。根据马斯洛需要层次理论，当下的年轻人已经处于追求社交需要、尊重需要与自我实现需要的阶段，即吻合精神消费的商业场景应运而生，如欧洲街边咖啡小酒馆、日本深夜食堂侧重情绪的陪伴，而伊斯坦布尔纯真博物馆的爆火主打灵魂情感的共鸣，国内陆地冲浪、玩簇绒等解压项目让消费者释放压力和焦虑。城市消费从商品到场景都在切换，而共情与关怀也赋予城市消费新内涵。

其四，社区消费，流量红利枯竭背景下，社区私域流量被二次盘活。电商对流量的争夺已进入红海竞争，疫情封控期间社区上演了一幕幕惊心动魄的"百团大战"。从用户的生活场景入手抢占用户资源，社区群体更侧重于生活场景，在这种封闭的生活场景中，企业更容易与用户进行互动、建立信任，用户是固定群体，从小区的大门口到用户的家门口都可以成为和用户建立关系的触点。同时，线上的业主群、线下的无人售货柜等都增加了和用户接触的范围。

说到底，事物的发展遵循潮起潮落的客观规律，潮退后面临潮涌，潮涌后也可能面临潮退，随时势变化。消费的"潮退"与"潮涌"之间有着密切的内在联系：二者既随着时代的发展和经济的荣枯呈现出一致性，又受到科技变革、突发事件等重大社会因素的扰动，呈现一定的离散性。基于这样的变化规律，在当下的大萧条环境中，消费如果要从潮退中再起，必然离不开外生动力的助推。

"衣食足而知荣辱，仓廪实而知礼节。"新消费时代，消费人群、消费渠道变了，然而人们对美好生活的追求一直没变。正如《第四消费时代》一书所说："消费的终极意义在于如何度过更加充足的时间。所有的创新只有围绕消费者实际价值，建立长久的社会信任，才有可能基业长青。"

商业地产蝶变焕新

百货商场这一曾经繁荣的消费场所，近年来逐渐丢失了昔日的光彩。北京三里屯太古里、成都远洋太古里、上海兴业太古汇等核心商圈的销售额都大幅下降。随着商业地产的"风"逐渐消散，百货品牌也转入"冬眠期"。企查查数据显示，仅2023年上半年，我国累计有123.3万家服装相关企业注销、吊销，同比增长41.5%。

传统百货、品牌的发展似乎迷失在岁月的更迭中。表面来看，商业地产之所以出现种种凋敝景象，是因为受制于诸多不可控因素。从宏观层面看，商业地产遭到城市化与老龄化的双重挤压。从中观层面剖析，商业地产作为线下消费场景，其销售份额遭到线上电商等各路势力"瓜分"。从微观层面细究，受经济下行周期影响，人们普遍倾向于理性消费，商业地产落入"上下不着边"的尴尬境地。殊不知，归根结底是商业地产已经从"大开发时代"进入"存量竞争时代"，必须设法适应新的行情趋势。

其一，商业地产市场逐渐下沉，"放低身段"探索轻盈路线。原先大量商业综合体扎堆一二线城市，造成几千米内商圈、百货过密化，且市场空间相对较窄，集中定位于白领以上的消费圈层，造就了行业"僧多粥少"的内卷怪圈。而摆脱困局的关键在于"向外着眼"，向三四线城市、下沉市场"转进"。相关数据显示，国内下沉市场人口约10亿，其中9.6亿人位于三线及以下城市，"后备"空间极为宽广。因此，高端百货品牌纷纷挺进，恒隆广场进驻昆明、老佛爷押注贵阳……高端百货选城各有套路。不再执着"酒香不怕巷子深"的目的地消费，转而聚焦于贴近普罗大众的家庭社区消费。高端百货在二三线的广泛布局还能带动周边城市的奢侈品消费，从而形成地域性奢侈品购物的中心枢纽。

其二，商业地产经营告别千篇一律，争奇斗艳要走差异化路线。过去，购物中心的比拼大多局限在地段是否核心、资本雄厚与否以及建筑格调的高下，一切提高回报率的努力最终都将落入这类窠臼，而传统赛道的特点就在于先入局者难以被撼动。这自然令行业玩法因循守旧，弱势者越发"窒息"。现如今，新的消费体验需求正驱动着商业空间走向主题化、场景化与叠加化，开辟出社交、娱乐、艺术等复合体验性价值的内容赛道，使"后来居上"成为可能。这一变局也驱动商场职能重心从渠道搭建上升为内容配置，前者如"联营返点"，仅起到卖场与商铺风险均摊的作用，而后者更关注空间的异质化营造，即内容是否"好逛"，与消费者是否"好连"。如成都仁和新城购物中心，就将传统式展陈向科技化和多元化方向拓展，提升商业品牌活动内容丰富度。因此，对空间资源与不同层次的商业内容进行优化组合，成为打破同质化、构建差异化壁垒的关键。

其三，强化线下场景优势，依托即时性"根据地"重构商业地产竞争力。过去十几年，线上娱乐、消费发展一日千里，手游电竞、长短视频吞噬了大量时间。相比之下，购物中心里的电影院、游戏厅就显得不那么有趣且成本过高了。"人口宅化"更是对一切线下消费场景的釜底抽薪，但总有一些愉悦体验，只能以身临其境的方式感知，这便构成百货、购物中心最坚实的"护城河"。一方面，商场传统的娱乐体验变得"不可线上"化，商场游戏从传统的办卡租售模式转为 VR、大屏幕互动共享模式，电影结合杜比、4D、IMAX 等极致的视听触效果；另一方面，强即时性的线下娱乐业态、"临场＋社交"元素正挑起引流"大梁"。如在"建筑可阅读"理念下迅速出圈的"最大胖橘"（凭借 3D 裸眼技术，出现在 LED 球幕上的三维立体猫），徐家汇因之在 2023 年初登上各大平台热搜。

索罗斯曾说："凡事总是盛极而衰，重要的是认清趋势转变，要点在于找出转折点。"目前，商场、百货已经触及发展拐点。原先以餐饮、快时尚吸引人气的商业地产1.0时代，想的仅是以调动客流拉抬消费，其特点在于模式的高度同质化与路径的浅表性。而商业地产2.0时代则是深度运营购物中心价值、凸显差异化标签，以IP化、流量化拉近与消费者的距离，但易流于滥俗。到了3.0时代，则是进一步打造全维度体验空间，高度强调空间内容与消费者体验的精准互联。

首先是以空间化构筑沉浸式体验的新风尚，正在赋予商场远超逛街的丰富"观感"。如青岛大悦春风里项目，在约4.5万平方米的体验式商场内，为消费者提供既非家庭亦非单位的"第三空间"，"注氧式空间""口袋公园"等特异区域无所不包。

其次是以特色化运营注入"有趣"灵魂，为商场品牌文化印象增光添彩。模式转型旨在同消费者共鸣，向消费者提供定制化的生活方式，因而创意国潮、绿色发展、极客等元素正成为商业空间的文化符号，切实起到吸客、留客与自传播效果。

进一步而言，传统购物中心的凋零已是大势所趋，这并非中国独有的现象。根据英国零售协会数据，2022年第四季度购物中心的空置率上升为18.2%，形势同样严峻。不过，商业地产的"蝶变"也正悄然发生。

首先是高度集成的空间生态，凭借多元业态与消费者建立"强连接"。商业地产可主打古色古香，如由老街区改造而成的成都远洋太古里，由石库门老建筑重构的上海张园综合体。前者将川西风格的古寺老宅与玻璃钢筋相结合，延展开"快里"与"慢里"的业态分布，将商业性与城市性兼收并蓄；后者则在清水墙、拼花地坪等海派建筑风貌的基础上，将国际时尚文化融入老上海的里弄风情，为注重文化、理念的品牌与人群提供精神归宿。商业地产也可走复合发展道路，如在美国最高档的商场里，购物者几近"无所不能"。消费者可在纽约花园城的罗斯福球场打暗光迷你高尔夫，在弗吉尼亚泰森角中心的户外广场观看音乐会，还可以去洛杉矶 Westfield 世纪城的健身房举铁。

其次是高度复式化的营销矩阵，如今人们对"形而上"的理念越发着迷，驱动着商场成为连接文化的载体，打破边界感及固有认知、树立商场自身的品牌调性便是重中之重。典型如"杂志热"现象，南京德基广场上线刊物《ZZINE》，成都的合景·摩方推出刊物《南面 THE SOUTH》，都试图以此博得辨识度、认同感。同时，招商也是"造噱头"的关键，既可以是联名混搭，如路易威登、草间弥生与 Manner 的三方联名，也可以是首店首发，如杭州奥体印象城引进哥老官、吃饭皇帝大、苏小柳等区域首店。

再者是深度挖掘设计与规划潜力。一是在空间利用方面做到极致，如日本就将商业服务设施放入桥下空间。二是在绿色、健康和可持续方面发力，如凯德虹口商业中心的"可持续喜爱"概念店与正大广场的首个"碳中和"停车场。三是与数字化科技相结合，只要与消费者的感官相联系，就能全方位提升他们的体验，如北京三里屯太古里的 VR 试妆、POS 收银管理系统、智能楼宇自控系统、智能巡检系统……

最后是锚定"银发经济"的长期红利。据国家卫健委测算，到 2035 年左右，中国 60 岁及以上老年人的占比将超过 30%，说明消费市场的未来属于老人，商业地产需要适应人口与需求结构变化的趋势，增设老年人健康体检、康复理疗、文化娱乐等服务。由此也预示着未来的商业地产即将迎来大洗牌，原有的存在模式都将被彻底颠覆，唯有参透衰颓之下"将发未发"的生机，方能披荆斩棘、迈向未来。

商业业态三重天

近年来，商场闭店潮屡见不鲜。我国从疫情管控转为全面放开后，商业市场似乎终于逐步回暖，然而依旧难以阻挡购物中心的颓势，2023年岁末年初，上海置地广场、东方商厦（嘉定店）、新世界百货多家门店、西单明珠商场、广州王府井、摩登百货、成都伊藤洋华堂等纷纷关店，一个个熟悉的名字消失在人们的视线里。一边是传统商业地产节节败退，另一边是注重"体验＋"的新兴大型购物中心快速兴起。随着"Z世代"年轻人日渐成为消费主力军，"颜值经济""种草""宠物经济""沉浸体验"兴起，并映射到城市商圈，衍生出剧本杀、室内运动、脱口秀等多元场景，深圳龙华壹方城就引进了iFLY风洞飞行体验店、FlowLife拓极滑板冲浪俱乐部等新兴室内运动门店，仅占地百余平方米，就可以为顾客提供射箭、街机、星空水床、呐喊屋等数十个娱乐项目，成为被"种草"的网红新宠。

商场"变性"的同时，另一商业业态也在悄然变化，即起步相对较晚但发展迅速的社区商业。来自克尔瑞的数据显示，在上海市近12年新增的商业项目中，5万平方米以下的社区商业项目的新增占比高达75%，但是一份以上海不同地段、不同产品形态和不同经营模式的36个社区商业项目为调查样本的数据显示，社区商业平均空铺率17%，最高已达55%，社区商业项目招商乏力、空铺率高的警铃已然拉响。为实现差异化、寻求新的发展空间，社区商业开始向"服务＋"模式"变质"。社区商业先后历经传统型家带店、底商式社区商业和现代综合社区商业服务体三个版本，从"生活最后一公里"辐射到"周边三公里"，从夫妻小店、菜市场、商超、社区生鲜店等传统模式到O2O（"线上到线下"模式）、前置仓等新兴模式，从提供刚需商品和简单生活服务到集购物餐饮、文化休闲、亲子娱乐、体育健身、社区养老等功能于一身的身边商业群，社区商业早已"脱胎换骨"。

购物中心向"体验＋"模式的"变性"和社区商业向"服务＋"模式的"变质"，背后其实有一定的共性因素。

首先是旧的商业模式日渐失去竞争力。在数字化浪潮的冲击下，实体商场的定位和盈利模式已发生根本改变，过去那样以收取巨额进场费为主的营收模式难以为继。此外无论是传统购物中心还是传统社区商业，普遍设计和布置老化、运营手段较为落后，旧模式竞争力的断崖式下降肉眼可见，运营手段立体化、体验和服务多元化的现代社区商业生态应运而生。

其次是"消费升级"浪潮的助推。后疫情时代，开源节流之下消费者更加趋于理性，开始从利益导向向价值导向转变，在注重商品性价比的同时也重视消费带来的社交、休闲等附加价值，拒绝"智商税"和"割韭菜"，产品较为单一且趋于同质化的传统购物中心和传统社区商业难以满足消费者的新诉求，版本升级之下，"体验＋"模式的新兴购物中心和"服务＋"模式的现代化社区商业迅速跟上，填补了这一市场空白。

最后是疫情三年让商业消费经历了前二十年未有的起伏，生活方式的改变带动商业重心的转移。一方面，受疫情影响，一千米之外的消费常常面临停滞，众多社区实体商店凭借其更加便利、稳定的优势，改变经营路线主动为消费者提供社群互动、送货上门、应需团购等个性化服务，加速了社区商业向"服务＋"模式转型；另一方面，全面放开之后，因疫情挤压的消费需求开始逐渐补偿性释放，在消费者更多精神消费和体验消费需求的推动之下，"体验＋"模式的购物中心迎来发展良机。

"变性"的购物中心和"变质"的社区商业看似割裂，实际上其背后逻辑都是商业业态三重天格局的悄然改变：从过去线上购物、传统商场和社区商业规模依次从小到大的模式，到如今呈现出购物中心"中间小"，线上购物和社区商业"两头大"的形态。

第一，底部量大面广的社区商业正在快速更新。千亿级房企如万科、绿城、龙湖等早已提前布局社区商业品牌，阿里巴巴、京东等巨头也看到了社区商业的发展前景，凭借技术、资金等方面的优势积极入局抢占市场。以社区为中心、网格化分布的社区商业不再只是单纯的住宅配套，而是结合商圈内商业特征与居民构成等实际情况，突破传统商业框架，打造出近距离、高品质、多业态且满足日常生活所需的一站式社区商业生态圈。比如苏州邻里中心，它在提供 12 项社区商业服务的基础功能外，还会根据周边市场情况有针对性地提供办公、居家、中介、旅游、家政、法律等方面的有偿服务，以及健康、教育、文化等公益服务。

第二，中间被虹吸的购物中心试图寻找出路。在社区商业和线上消费的围剿之下，陷入比大、比高、比豪华"黑洞"的旧式购物中心节节败退，新兴购物中心融合了科技、文化、艺术、自然等元素，以场景和体验为新的破局点。例如位于杭州的万科 The Lab 通过万物缘起、秘境漫游、创想实验室、灵感舱、知识风暴五大主题，将多个场景巧妙融合。

第三，顶部看似隐形的线上消费加速攻城略地。在互联网和移动消费终端的快速普及背景下，零售"引力法则"被打破，流量成为商业的重要新动能，万物"线上化"的趋势已然不可阻挡，时至今日，线上消费依然后劲十足。国家商务部数据显示，2022 年中国实物商品网上零售额达到 11.96 万亿元，占社会消费品零售总额的比重为 27.2%，这个比例与五年前相比几近翻倍，可以预见未来一段时间内，线上消费占比仍将持续提高。

商业业态三重天的格局演变固然有其时代必然性，但从长远发展来看，"中间小、两头大"的商业形态并不稳定。

首先，物流发展瓶颈、环保红线、品控问题等成为线上商业规模扩张的制约因素。例如，相关数据统计，国内电子商务的增长速度是 200%—300%，而物流增速只有 40% 左右，物流发展水平远远不能满足电子商务发展的需求；又如，网购"包装污染"也逐渐成为发展过程中"不能承受之重"，有调查显示，中国快递业每年产生超过 900 万吨废纸、约 180 万吨塑料垃圾；此外，有报告指出，与直播带货相关的网络购物在品控、售后、发货等方面的问题节节攀升，以上种种都意味着线上商业的粗放式扩张之路已难以为继。

其次，线上与线下的失衡可能会导致严重的社会问题。过去三年在疫情推波助澜下，线下商业困难重重，国家统计局公布的数据显示，2020年中国城镇调查失业率曾达到6.2%的峰值。京东创始人刘强东曾说，电子商务带来1 000万就业，就会造成2 000万人失业，这一点也是国家不得不考虑的。

再次，为美好生活埋单、对生活态度的表达等精神需求始终离不开实体商业空间的承载。不同于社区商业的日常服务属性，购物中心等大型实体商业空间是更多高端消费、精神消费的主战场。现代社会，人们始终需要一个单位和家之外的第三空间，无论是年轻人追捧的"新晋网红打卡地"，还是中产阶层喜爱的高端品牌、高端服务，这些都需要新兴大型购物中心等实体商业空间来承载。

归根结底，商业的本质是顺应人性。因此，三重天的商业业态未来将逐渐在规模上向中部购物中心反弹，两端的线上消费与社区商业则转量为质。首先要明确的是，购物中心将逐步成为商业消费新的主战场。购物中心不会消亡，它会不断升级变化，更加适应消费需求，既可以是社交中心，如剧本杀、室内运动；又可以是传播中心，如汽车展厅的入驻，背后正体现了新品牌需要传播空间；也可以是体验中心，如主题街区、DIY活动；还可以是游戏中心，如举办电竞赛事等娱乐活动。

在此基础上，商业三重天将进一步从割裂、博弈走向和谐共生。一方面，社区商业和新型购物中心将会成为线上商业的发展支撑。综合利用实体商业在服务和体验方面的优势，顺应时下多元化、个性化、重视体验的消费需求，为线上消费提供到店试用、体验、专业咨询、售后服务、品牌背书等支撑，从而弥补线上消费的不足。另一方面，线上商业也将反哺线下。线下实体商业可以利用人工智能、大数据、云计算、AR/VR等技术，采用展示商品、智能货架、大数据会员系统、私域社群等线上技术与手段，在更加贴近消费者真实需求的同时实现精准宣传与引流，并借助线上手段丰富消费者的购物体验，从而不断拓宽和维系自身客群。

最终，三者将进一步打通，未来商业模式将会是互相转换、高度协同，甚至融为一体、难以区分，商业竞争也不再是模式之争，而是回归商业本质：谁能为消费者提供更加高效、优质的服务，谁就会在竞争中脱颖而出。如位于泰国曼谷密集住宅区内的开放社区商业街区 Kurve 7，其通过连续的露天花园与公共空间将 9 个面积约 300 平方米的商业区连接起来，咖啡厅、酒吧、餐厅、零售店之类的服务型业态穿插其中，满足周边居民的休闲购物需求的同时，也是一座新型购物中心；北京的合生汇 21 区 BLOCK 街区则是突破了固有位置边界的限制，以电竞、音乐等为内容载体，利用集娱乐、社交、互动于一体的跨界融合消费平台连接线上线下，结合虚拟与现实，为年轻人带来更加丰富、更加符合其消费习惯的场景体验。

县域消费未来空间

消费"洼地"县城正摇身一变成为消费新热土。不仅榕江县"村超"（足球）、淄博烧烤等先行者为许多县域树立了标杆，山东泗水县、河南修武县等县城举办的演唱会、音乐节也频频爆火出圈，表明县域消费在打响知名度、产业支撑方面大有可为，县域消费俨然成了新的流量密码与发展动能。这与近年来县域经济的快速发展、县域城镇化水平和收入水平的提升、交通基础设施完善等因素有关。

第一，县域经济发展与消费升级成为县域消费市场的最大支撑。2022 年，中国 GDP 千亿县增至 52 个，其中昆山 GDP 总量突破 5 000 亿元，超过了 8 个省会城市；中西部千亿县增至 10 个。与之相伴的，是县域居民消费理念和消费行为的改变，消费热点层出不穷，消费观念也从务实转向享受，开始追求品牌、潮流、时尚，从追求物质到追求精神享受，消费方式更为多元复杂，县域消费活力不断被激发。

第二，"3+1"（机场、高铁、高速公路＋互联网）化解县城的地域限制，为县域消费打开新空间。机场、高铁、高速公路三大交通网络驱动县城进入"联动"时代，不再是偏安一隅的"孤岛"。互联网的发展更是打破了原本的时间和空间限制，为县城带来新的商机。例如，2021年，京东物流在全国93%的区县和84%的乡镇实现了当日达和次日达，在已经提升为"24小时达"的县镇乡村，消费单量增速明显高于全国平均增速。

第三，社交媒体、回镇青年、品牌下沉串联起城市与县城，在一定意义上实现消费"平权"，让"小地方"也能有"大消费"。通过社交媒体等传播方式，大城市的消费理念和模式加速传导到县城。看一场星空下的音乐节、进影院"打卡"最新大片、品一杯精品手冲咖啡……电影院线、品牌咖啡店等新业态纷纷加速布局县域市场。而且，在诸如大理、延吉等县城，许多民宿、咖啡馆和特色餐厅的背后，往往站着诸多返乡创业的"小镇创业家"，这不仅意味着中小企业的壮大，更意味着县城承载着更丰富、更有创意的消费体验。

不得不说，爆红从来只留给有准备的县城。多地考察团"赴淄赶烤"，召开"烧烤出圈"现象研讨会，也未能复制出下一个淄博，而榕江在"村超"出圈前，已经在斗牛、篮球赛等项目上摔过五次跤。归根结底，在有关"术"的技巧以外，量大面广的县城面对的更底层问题，其实还是资源禀赋的制约与路径选择的迷茫。

一方面，相比"条条大路通罗马"的大城市，县城本身就困囿于自己的"一亩三分地"，可折腾的空间有限。在建设统一大市场、全国一盘棋的背景下，各类城镇不用重复造轮子，各归其位，各有分工。如珠三角、长三角这样的地区因为地理位置禀赋等多种因素，承担"搞经济"的角色，成为资源高地，来牵引其他地区发展。在这样的基本面之下，有些大城市搞先进制造业、大金融，有些小城负责的就是"岁月静好"，突击方向只能是小烧烤、小啤酒、小风景。在此背景下，县城可选择的产业空间本就有限，要找到特色、带动消费、创造市场又谈何容易！

另一方面，在迭代路径上，县城也往往容易迷失，要么深陷"拿来主义"的窠臼，要么被风口捕获。盲目跟风造成"千县一面""百城一貌"，结果就是县域消费也只是引流卖票的"一锤子买卖"。还有一些县城深陷对前沿科技、消费潮流无差别追捧的误区。比如随着元宇宙风潮的兴起，一些县城也开始大力兴建 VR 体验园、沉浸式艺术展等，希望借此提高知名度。初衷不可谓不好，成本不可谓不大，但是否适合自身，就可能存在疑问了。

后工业时代，城市化进程汹涌向前，县城成为烟火气的重要载体。不论如何，淄博、"村超"等展示了新的路径和可能性，这才是价值所在，对于诸多找不到方向的县城来说，是一种巨大的"剧场效应"和良性倒逼。县域消费如何在新的时代背景下扩容升级？

第一，在"历史＋未来""线上＋线下"的结合中打造出集成竞争力。纵观那些超高人气的网红县城，可以发现它们的走红其实是文化底蕴、经济实力、人口规模乃至科技进步等一系列因素综合作用的结果。如何深耕自身的城市文化，打造具有独特文化属性的商品、景点、娱乐设施，再最大化地运用互联网奇观和新媒体"杠杆"，来满足当前青年文化消费的场景、想象，是每一个县城必须思考的底层逻辑。首先要做的就是跳出当前社会以及文创产业对"网红"概念和风格的僵化认知，捕捉社会最真实的消费需求和价值动向。从产业维度而言，既可以走新中产精致路线，也可以发展乡村土味旅游，还可以回归到衣食住行本身，连接城市的文化基因，打造符合自身定位及城市形象的文化 IP，带动游客进行多维度"打卡"。

第二，自上而下与自下而上相结合，拧成一股绳打"持久战"。正如"村超"看似一炮而红，背后既有自下而上的热爱为基础，也有自上而下的统筹为后盾。一方面，政府既要积极拥抱、主动引导，又要严守底线，避免在"一碗面毁掉一座城，一盘虾毁掉一个市场，一间价格暴涨数倍的酒店房间毁掉一次旅行"等问题上重蹈覆辙；另一方面，大众从来都孕育着最活跃的思想、最令人振奋的原动力。鲁C车主自觉礼让外地车辆、暖心大姨主动为排队游客分发灌汤包、商家店主自发提供免费住所……淄博就诠释了一场自发、自觉的全民参与。上至官方机构，下至男女老少，自上而下与自下而上相结合的立体化模式才是带动消费市场的关键。

第三，在大大小小的城市构成的生态系统中，县城不需要追求均衡发展，而是在彰显个性、收敛共性中打造差异化的消费亮点。为什么越来越多人向往小镇？烟火乡村、城市出逃……城镇的活力一旦具象为真实可感的消费方式、生活细节和文化成果，通过每个当地人的生活，凝炼成这座城镇的精气神，其实就已能让它从千篇一律的硬件中凸显出灵魂的与众不同，迸发出不一样的烟火！

"烟火气"打造消费新场景

城市的"烟火气"回来了！线下商圈热度不断回升，根据国家信息中心公布的互动人流量数据，2023年3月中国线下商圈消费热度日均指数相比2022年12月最低点增长33.4%；夜间经济也持续升温，美团数据显示，2023年3月，夜间到店餐饮订单量同比增长66%，休闲娱乐订单量同比增长89%。

从表面来看，"烟火气"之所以"起死回生"，是因为后疫情时代，线下客流的大闸放开，地铁人流热度指数飙升。但是，在线下经济转暖的过程中，城市散发出的"烟火气"，之所以会是消费复苏浪潮中不容忽视的一朵浪花，本质还是在于拼经济背景下，"烟火气"具有难以替代的价值。

首先，对于国家经济而言，"烟火气"既是国民就业的蓄水池，也是社会信心的压舱石，更有可能成为增量"破局"的关键。经济变局下，中国就业市场面临长期考验，而诸如地摊经济、夜间经济之类的自我雇用、灵活就业形式，作为过渡阶段的栖身之所再合适不过了。更关键的是，脱胎于市井街巷的"烟火气"，连缀着最广大的民心。"烟火气"的本质是人情味，是考量经济自由度的一个另类标尺。"罗马不是一天建成的。"目前，"烟火气"带动的经济效益或许还微不足道，但未来不容小觑。苹果、谷歌……这一个个硅谷神话不也都是从满是油气味的车库中呱呱坠地的吗？今日的地摊，即是明日的中小企业，兼具实力与幸运者，甚至能成为新的商业巨擘，为社会拓展财富边界。

其次，对于城市发展而言，"烟火气"是城市经济的"精气神"，是建设与发展的"名片"。与大手笔、大尺度的城市建设相比，小尺度街坊的"烟火气"拥有丰沛的市井活力，虽然看上去嘈杂无序，但其实是一种更复杂多元的有序。因为这是从市井生活中产生的，建立在人与人的关系之上，给城市带来一种自下而上、人性化、能被感受和体验的活力，而正是这种蓬勃的活力，赋予城市遒劲的生命力。

最后，对于消费者而言，"烟火气"带来的体验为其提供了难以替代的情绪价值，在参观、消费的过程中，人们的社交需求也得到满足。"烟火气"既能强化与他人的社交联络，如以 tea'stone 为代表的"社交茶饮"模式，以构建可供观赏"打卡"的空间，烘托出喝茶的仪式感、交互性。同时，"烟火气"也是平衡生活压力的"调味料"，福州三坊七巷就向顾客提供陶艺、簇绒等手作体验服务，在艺术氛围中，人们独享内心的片刻安宁。

如此一来，"烟火气"成为地方经济增长、发展的重要法宝，为了存续这一弥足珍贵的资源，城市发展的套路或将由经典向非典型进阶。

　　其一，城市经济从同质化走向差异化，以混搭烟火气"活出新生态"。一方面，招商引资从单一到多元，"气氛组"的帮衬"虽然迟到，但没有缺席"。2022年南京共引入品牌首店295家，较2021年增长68.6%。如今越来越重视"气氛组"的帮衬，靠首店拉人气已是商业综合体的活力密码。江苏徐州的中心商圈有着450多家品牌首店，吸引外部客群占比超30%。尽管消费不一定最多，但有益于催生更新颖、更细分的消费品类。另一方面，不断提升商业外摆的氛围化，如杭州将智慧商圈、主题街区纳入外摆清单，允许小摊小贩搭"顶流"便车，但想受此殊荣，摊主就得在商品"颜值"上下功夫，外摆装饰、格调也最好与街区环境风格一致。捧出"人场"的同时，地摊也被规训着迭代出形形色色的模样。

　　其二，城市文化从狭隘转向包容，将"烟火气"与精致气兼收并蓄。城市管理趋向精细化，注重品质与内涵的同步。诸如磨刀、修伞、箍桶等走街串巷的匠人，原本已被城市化浪潮驱逐至濒危。对此，一面由商场运营方提供租金减免，帮助手艺人进入"大雅之堂"；另一面，企业也主动让渡商场利益，接纳"小修小补"，兼顾周边中老年居民的生活诉求，营造持久的繁荣生态。对历史悠久的地标性建筑、街区进行保留与翻修。如上海愚园路市集改造项目，在空间再生的同时，把离生活最近的"烟火气"保留在一楼，二楼则"画风突变"，钢琴艺术中心、美术馆等名头似乎提醒着人们，何谓艺术生活化与生活艺术化的微妙平衡。

　　其三，城市视觉与触觉趋向一体化，营销、体验的紧密结合将助力人们感受"烟火气"。有些内容服务就是要身临其境，才能品味到妙处。文旅即是典型，比如，许多地方的文旅局长利用网络直播、短视频等新媒体手段进行旅游宣传，同时也有影视剧《狂飙》"带飞"广东江门市的例子，以爆红IP的经典场景制作实景VR、宣传视频，从而实现"线下打烊、线上开播"的运营新套路。

最后，"烟火气＋X"成新模式，在复式化升级中打造具有生活温度的消费新空间。以"烟火气＋生鲜"为例，微风市集是上海的一个老菜场改造项目，首层各业态的排布呈现开放、半开放的组合，加上充足的可移动货架，便打破传统菜市场常规布局，让进入市集的客人能感受到更多的展陈购物体验。复合空间的属性也被放大，除日常市集状态外，还可承载各类关于食物或生活方式的展览、公共活动。这种规划赋予了微风市集社交属性，使其变成家与单位之外的第三空间，由此也预示着未来的发展——既要格调高雅、规规整整的阳春白雪，也要通俗易懂、纷纭杂沓的人间烟火，雅俗共赏，方能领略社会精神、物质两相融合的文明神韵。

"去商业化" 的新消费场景爆发

露营、外摆、公园＋商业、公路商店……不难发现消费场景越来越户外化、街边化、公共化，消费也从"产品时代"的纯购物消费升级到"场景时代"的一站式消费体验，再演进到"去商业化"的多元复合、无边界消费体验。消费场景向外走的同时，也呈现出"去商业化"的典型特征。综合具体场景，可以分为几类。

其一，公园＋商业。近几年，随着消费者对自然、健康的向往日益增长，把公园搬进购物中心成为商业场景打造潮流。公园＋商业，注重自然景观环境的营造，打破了商场与公园绿地的界限、室内与室外的界限，实现了园中有场，场中有园。将商场置于公园之下的成都 Regular 源野、上千棵树环绕的山形购物中心天安千树、300 多米长绿地的日本宫下公园，在公园基础上，叠加艺术、文化、社交、互动等，构建出各种亲近自然且充满多元感染力的城市商业体验。场景化、开放式的公园弱化了购物中心的封闭感和商业氛围，实现了消费者在城市生活里自由呼吸的美好心愿。

其二，以露营为首的户外商业。露营逐渐从小众消费发展为当下都市休闲消费的热门选择。其同自然环境的高度融合、社交空间的创新构建、美学生活的极致表现及放松疗愈的舒适氛围，满足了当下城市年轻人对自然体验、社交娱乐、放松减压及微度假的核心诉求，提供了一种"诗与远方"的精神价值。商业地产紧抓露营风口，购物中心设计专属露营区域装点公共空间，结合咖啡、酒品、甜品等轻餐饮，导入音乐会、脱口秀等娱乐表演，打造休闲放松的疗愈场。网红咖啡 M Stand 在成都麓湖天府美食岛开出"全国首家环湖露营主题门店"，以"无框式玻璃幕墙＋半露天"的空间营造手法，打造了全国首家 270 度环湖露营店。

其三，开放式街区商业。其在延续盒子型购物中心购物、娱乐等功能的基础上，以生态艺术、主题街区、沉浸式体验或街巷情怀等多元场景和体验，形成自身独特的亮点和记忆点，也满足了年轻人随时拍照分享的社交互动需求。更贴近生活的外摆设置，更灵活的营业时间，吸引许多品牌从购物中心转战街区商业，也推动了实体商业对街区商业的打造。开放式街区商业的兴起，响应了人们"逛街"的初心，放大了时间消费、体验消费。古典韵味与西式摩登相结合的上海张园，西式风格建筑与广式"烟火气"相碰撞的广州东山口，老弄堂、老洋房与潮流艺术聚集的上海安福路，在享受惬意闲适生活氛围的同时，街区商业又赋予消费者体验感与沉浸感，感受着新旧文化交融之美。无论是开在自然山川里，融入公园风，还是深入街区带有"社区感"，品牌或实体商业试图不断模糊建筑空间与自然环境的界限，让商业贴近生活，将人与人联系起来。

商业地产，作为第三空间，要真正做到让人休闲起来，打造一个自然而然想要"浪费时间"的场域，不过度关注目的性消费，让消费者从买卖关系中抽离出来，先停留，再消费。如何为商业场景注入更多"身边感"和日常生活，找到与公共生活的契合点，拉长消费的停留时间，正是商业地产运营者必须思考的。

《美国城市的生与死》里提到："表面上，老城市看起来缺乏秩序，但在其背后有一种神奇的秩序在维持着街道的安全和城市的自由……连接城市的人行道，为它带来了一个又一个驻足的目光，正是这种目光构成了商铺邻里之间的秩序。"商业场景的营造，其本质是对人、空间、商业、城市关系的探索和思考，通过增加与日常生活的触点获取情感链接，打造一种消费信任的氛围。从场景到氛围，正是这种亲切感与熟悉感，构成了城市秩序，也彰显了城市的生活方式。

第十一章　企业穿越、进化与新出路

百年未有之大变局时代，在激烈内卷中活下去，已成为企业经营的第一要义。若要"化内卷为神奇"，首要前提是转变竞争方式，从致力于消灭竞争对手的种内竞争思路，转向强调新生存空间和独特竞争力的种间竞争思路，以及适应环境变化、主动营造和改善环境的竞争思路。同时，企业既要穿越五大周期，又要实现时间与空间的双重跨越，还要克服科技创新的三重选择悖论，更要打造国际化的中国式综合商社。

在激烈内卷中保生存

放眼全球，曾经做成、做大却走到破产边缘的企业不在少数。标普全球市场情报的数据显示，2023 年前 4 个月，美国破产申请数量超过 230 起，创 2010 年以来的新高，截至 2023 年 6 月 22 日，累计 324 家美国企业提交破产申请。再看中国，经济的逐步复苏让市场出现了回春的迹象，不过，不少企业仍倒在了复苏的前夜。这其中不乏行业"独角兽"或老牌企业，先是拉夏贝尔正式进入破产清算，招募投资人；后有美特斯邦威变卖家产，以图回血；昔日"烘焙第一股"克莉丝汀又被曝光关闭旗下所有零售门店、银行账户被冻结。风雨数载，它们却不得不走上卖房求生或还债的路。

谁也没想到，企业的发展目标也从做大做强一路"降级"，如今，保生存成为第一要义。美的集团在2022年报中的一段致股东信中提及："世界陷入喧嚣，大时代的逻辑正在重构，各行各业都发生了巨大的变化。产业、经济、技术、全球化都有周期，周期才是这个世界的真相。没有一种商业能永远保持高速增长，只有少数公司能够持续成长、盈利和创造价值……"任正非也提及："华为从追求规模转向追求利润和现金流，保证渡过未来三年的危机；把活下来作为最主要纲领，该收的收，该关的关，把寒气传递给每个人。"

不得不承认，过去几十年里，经济春天里的高歌猛进和跑马圈地成为发展主流，以至于"做大做强"成为企业不约而同的口号与目标。早年有胆识的人下海经商，在时代的红利里赚了第一桶金；而后来互联网创业大潮兴起，年轻人手握一版PPT就能拿到百万融资。在这样的经济大发展阶段，似乎"胆子"多大，企业规模也能做到多大。而如今，企业在现实的裹挟下进退维谷，连活下去都难。于是当下企业对经营环境的情绪化表达逐渐难以遏制。就像股市到了6 000点的时候，可能每个人都觉得自己是巴菲特，都可以总结出一套投资心得。但等股市跌到2 000点的时候，每个人都觉得是市场不振、政策不好，都是别人的问题。企业也是如此，有的抱怨政策环境不如意：要么管得太多，分散企业精力，要么行政效能低下，效果不尽如人意。有的抱怨红利消失：不仅传统红利不再，就是互联网等新产业也陷入流量红利、全球化红利殆尽之境。

"宁愿亏死自己，也要饿死同行。"在经济发展高速路上奔跑了40多年后，产业迎来市场饱和的压力，内卷趋向日益凸显。从传统产业到新兴产业，钢铁、家电、面板、互联网乃至新能源汽车、芯片……多个领域频频出现疯狂扎堆、大量重复、快速过剩，产业洗牌的引爆计时器加速启动——高昂的投资导致企业不愿意退出，只能选择死磕，频繁爆发价格战，全行业利润微薄。既有快递业"增收不增利"，截至 2023 年第一季度，"通达系"的单票扣非净利润仅为 0.04—0.30 元。还有汽车业整体利润率同比下降 30%，利润率为 4.9%，低于整体工业企业 5.4% 的平均盈利能力。

甚至，产业内卷蔓延至海外。一边是中国游戏争相出海，红利变红海，卷买量、卷品类、卷创新、卷地区，2022 年游戏出海收入四年来出现首降。另一边是电商出海不仅集体卷向供应链，从流量为王转向运营为王，还在美国上演法律大战，SHEIN 起诉 Temu 抄袭侵权，Temu 反诉对方垄断。

内卷带来的火热现象，也引发地方内卷化。或是多地产业定位趋同，大多集中在数字经济、电子信息、新能源、新材料、生物医药、智能制造等关键领域；或是招商变抢商，互相"挖墙脚"，滋生出不计成本的"超常规优惠"等问题。

不可否认，产业内卷化离不开疫情冲击余波、经济下行、消费疲软等外部因素。但归根结底，是中国产业转型升级困难导致同级之间竞争白热化。

一方面，中国从增量市场转为存量市场，当经济增速换挡，高速增长的阶段结束后，企业被迫卷入存量竞争的红海中。盖因一旦陷入粗放、无序与各自为战的内卷，即便企业想要主动升级，也会被行业的长期积弊掣肘：一是同质化内卷，导致利润微薄，甚至要亏本经营，生存都是问题，何谈研发；二是即便研发成功，如果不是超级投入、超级技术的超级壁垒，往往也会因为同行的跟风、扎堆，继续陷入同质化的内卷。

另一方面，中国正迈向后工业化阶段，开始与西方产业重叠竞争，以至面临欧美试图锁死中国产业升级空间的困境。盖因在西方发达国家看来，中国的产业升级已触碰到其产业生存空间，再让中国产业升级下去，将直接威胁到其二级乃至一级的诸多高端产业。一旦中国高端制造"白菜价"，欧美终将被拖进全球内卷的洪流。正因如此，秉着"死道友不死贫道"的逻辑，从脱钩断链到技术封锁，再到推进低端产业向印度、东南亚等地转移，欧美不断制约中国产业升级。在此前后紧逼的情形下，中国难免出现一定程度的产业内卷化倾向。

说到底，内卷之所以成为内卷，是因为中国尚未完成产业转型升级，被迫在饱和市场中硬碰硬，做杀价竞争，甚至流血竞争。这是后发工业国普遍会面临的一个难题：很难进入巨额利润产业，并超越领先者。在破局路径方面，韩国采用极致内卷和激烈竞争来塑造垄断地位，日本选择佛系研发，卡住那些市场小但绕不开的产业链关键位置（如电子被动元件、EUV光刻胶等），虽然都取得了一些成就，但都未能创造出真正能和美国较量的产业利器。而对于人口是日韩总和7倍的中国来说，要化内卷为神奇，难度则大得多——既要摆脱、超越甚至颠覆内卷的宿命，又要加强产业链控制力，防止产业大规模流向东南亚，还要产业升级、攻坚高科技研发，追上欧美科技创新的脚步。

但辩证来看，从内在需求到外部倒逼，内卷正成为中国产业升级的关键动力。且不提，从超大市场规模、产业链完整度世界第一到集中力量办大事，凭借种种特有优势，中国最有条件摆脱内卷。更关键的是，尽管"技工贸"和"贸工技"两条路线本来就各有优劣，但美国对中国高科技产业实施的"小院高墙"战略，将中国"屠刀悬颈，自立自强"的不认输精神逼了出来，越发注重走"技工贸"发展路线。例如，从最初的"一穷二白""市场换技术"发展到连续超越德日韩等汽车强国，并成为全球第一大汽车生产和消费市场，中国汽车业在激烈竞争中不断提高创新竞争力。特别是，中国新能源汽车正在撼动全球汽车格局，中国自主品牌在世界新能源汽车市场中占65%的份额。

只不过，产业转型升级有其自身规律，从量变到质变，从理论突破到技术突破，再到应用，有一个必经的过程。"生存下来的物种，不是最强壮，也非最聪明，而是最能适应环境变化的。"对量大面广的企业来说，如何活下去？在达尔文看来，生存竞争有三种形态：种内竞争、种间竞争和环境竞争，分别对应同物种、不同物种以及生物和环境之间的竞争。这三种竞争需要的能力不同，种内竞争比拼的是效率，因为路径明确，谁的效率高谁胜出；种间竞争比拼的是多样性，开发出全新的生存空间；环境竞争在一定程度上储备可能性。也就是说，中国各行各业需要经历一次深刻的竞争方式转型——从专注于效率和狼性、致力于真刀真枪地消灭竞争对手的种内竞争思路，转向强调新生存空间和独特竞争力的种间竞争思路，以及适应环境变化、主动营造和改善环境的竞争思路。

活下去需穿越五大周期

当下企业的经营环境，实则是各类周期叠加的结果。换言之，企业艰难求生的根源往往是企业自身不适应周期性的环境变化。在百年未有之大变局中，企业要生存发展，必须具备穿越各类周期的能力。

第一，穿越 12% 毛利率线的财务周期。所有行业发展到一定阶段后，都将无限接近一个有效的毛利率运营线：高于 12% 运营线的企业为了抢占市场以利润换规模，低于运营线的企业在内卷中被淘汰。以新能源汽车为例，目前新能源汽车的单车毛利率趋势线围绕着 12% 的运营线波动，高于运营线的企业往往有更多调整空间，而低于运营线的企业如果卷入价格战，处境会相当被动。据统计，2020—2022 年上市新能源汽车企业主机厂的营运费用率为 12%—14%。换句话说，如果企业单车毛利率没有达到 12%—14%，在不算资本开支和摊销等其他成本的情况下，单就运营而言，肯定会面临亏损。比如，特斯拉营收口径的单车均价为 37 万元，单车毛利 10.67 万元，远高于运营线，因此特斯拉有充足的下探空间和价格战基础，这也成为特斯拉稳坐新能源汽车头把交椅的核心优势之一。

　　第二，穿越经典的经济学周期。从短周期（基钦周期①）到中周期（朱格拉周期②），再到长周期（康波周期③），每一次经济周期都是社会运行模式的大洗牌，带来社会发展趋势的变化，旧的商业秩序开始瓦解，新商业、新模式、新"物种"不断涌现，社会规律强制全人类进行新一轮的创新与变革。以光伏行业为例，在 2022 年的时候，硅材料价格高达 30 万元/吨，而 2023 年初价格已跌破 20 万元/吨。细看这种快速下滑的原因，正是因为进入基钦周期的主动去库存阶段，产能投放导致供给端高库存，需求端进入淡季。再看由技术更新迭代引发的康波周期，在人类历史上，当蒸汽机、火车、电力、计算机等技术出现时，就会引发新一轮的康波周期。最近一次康波周期，从 20 世纪 90 年代互联网普及开始，到当下互联网时代的尾声。而下一轮周期启动日期（技术涌现的时间）尚未有明确的答案。在上一轮康波周期中，中国是发展较快的那一个，技术革新叠加城镇化、全球化，很多企业短时间内实现了财富成倍增长。到了如今这个新旧交替、青黄不接的阶段，企业难免感到不适应，陷入内外交困的尴尬境地。

　　第三，穿越美国特色的金融周期。近年来美国疯狂印钞，导致严重的通

---

　　①　基钦周期由美国经济学家约瑟夫·基钦于 1923 年提出。基钦根据对物价、生产和就业的统计资料的分析，认为资本主义经济的发展，每隔 40 个月就会出现一次有规律的上下波动。因为该周期时间较短，也叫短周期。

　　②　朱格拉周期是法国经济学家朱格拉于 1862 年提出的。朱格拉认为，社会大生产中的机器设备由于存在磨损折旧、技术替代等因素，往往存在一定的更新周期。当机器设备开始大量更新换代时，固定资产投资将大幅增加，推动经济进入繁荣期，而后随着设备更新完成，固定资产投资回落，经济将进入衰退期。设备的周期性替代带动了固定资产投资的周期性变化，其波动周期为 9—10 年，基本上是 3 个基钦周期的跨度。朱格拉周期按照周期时间长度被称作中周期。

　　③　康波周期是 1925 年苏联经济学家康德拉季耶夫发现的一个为期 50—60 年的经济周期。康德拉季耶夫用资本过度投入来解释经济的波动，过度投资会导致市场供给过多，然后便是衰退，直到有新的技术发明最终带来新一轮投资的井喷。康波周期分为四个阶段：萧条期、回升期、繁荣期和衰退期。每个阶段大约持续 10—15 年。每个康波周期都伴随着一次主要的技术革命，带来了经济、社会和文化的巨大变化。

货膨胀，如今其国内物价疯狂上涨，通胀率屡创历史新高。美国印钞影响的不只是其国内经济，全球都会因此受影响。在经济全球化的多米诺骨牌效应下，美国的金融危机或将引发普遍的企业洗牌浪潮。中国也无法置身事外，一旦受金融危机影响，国内宏观经济承压，无疑将让大多数企业日子难熬。其一，外贸加工等出口依存度高的产业，明显受制于外部需求放缓而遭遇寒冬。欧美订单锐减冻不死出口大厂商，其靠收缩战线还能断臂求生，但为大厂代工的小厂则因"没饭吃"而只能关门。其二，房地产等资金密集型行业受困于流动性突然紧缩而在资金链上"走钢丝"。一类贪图金融投机却在股市暴跌中被套，以致副业冲击主业败下阵来，另一类则受市场不景气和银行惜贷两头挤压。

第四，穿越中国特色的政治周期。纵观历史，企业的高增长往往由改革驱动，1978 年跟着改革开放"练摊"的个体户，有不少成长为类似曹德旺、宗庆后、柳传志等"第一代企业家"。1998 年后房地产起来了，背后一大批煤炭、钢筋、能源产业老板也富了。2000 年前后中国互联网应用逐步成熟，又孵化出腾讯、阿里巴巴、百度、京东等一大批互联网巨头。在改革开放40 多年的历史宏大叙事里，靠着各种"剪刀差"、放松管制、制度红利、人口红利、资源红利、环境红利诞生了无数个企业家创业神话。许多企业家都是半个时政家，几十年来在政府文件、领导人讲话、政府报告、报纸社论的字里行间期待或失望、亢奋或忧惧，在一波又一波的产业政策变化中捕捉机会、变换战略、调整方向。然而如今，时移世易。过去几十年，政府更注重经济发展的速度，即"效率"先行；到了当下，发展重点已面临由量到质的根本性转变，又加之，以往粗放模式下的企业不断突破政策、市场、社会的边界，倒逼国家不得不出手"修理"。如此一来，以往高歌猛进的企业、商业自然也面临规范与纠偏。从粗放到规范的政策背景，都意味着原有的底层逻辑被釜底抽薪，商业扩张、企业发展的风险、不确定性日益增多，稍有不慎便会被吸进时代的旋涡。

第五，穿越百年未有之大变局这一超级周期。大变局之下，企业原有的生存法则面临失效风险，尤其是科技变革的"降维打击"更是不停动摇着企业的根基。这几十年，经济发展最大的引擎还是新技术，沿着互联网、数字化技术，继而引入区块链、元宇宙这一条技术发展路线，技术的影响正从社会的公共基础设施层面，系统性地深入各个行业，从底层改变一些行业的运行逻辑。据麦肯锡全球研究所预测，到2025年一些颠覆性技术有望每年创造14万亿—33万亿美元的效益。那么不难预见，缺乏前瞻性的企业不仅将被新技术颠覆，更将被市场抛弃。就像智能手机渗透率决定移动互联周期，随着智能手机的快速渗透，产业演变从电子设备开始，逐渐向软件内容传导并扩散至场景应用，带动了整个产业链高景气的态势。2015年后智能手机产业发展进入成熟期，此后智能手机销量震荡下滑，渗透率的提升开始放缓甚至停滞，未能及时调整的企业自然被时代抛下。

科技创新"淘金先富卖铲人"

继农耕文明、工业文明、信息文明之后，科技文明到来，科技经济成为21世纪经济文明发展的本质。有别于前三个文明具有明确产业特征（农业经济、工业经济、信息经济），科技文明赋能所有行业，升级实体经济的同时让一切"面目全非"。科技是把双刃剑，对量大面广的企业无异于"一半是海水，一半是火焰"的甜蜜煎熬。一边是风口阵阵、热点频出，创新永不过时，创业一直在路上。从区块链、新能源汽车到AI绘画、ChatGPT等，众多企业追逐跨界创新，就连资本都紧盯科技，意在押宝未来。虽然诸多大企业生怕错过风口而进行多元化押注，可创新不易，跨界更难，深陷泥潭者不计其数。另一边却是寒风萧瑟，冰点降临，企业要么倒闭，要么艰难过冬。仅从国内"重点 40 城"的企业注销数看，2022 年就高达 194 万家，注销比例为 6.9%，其中小型和微型企业占 93.3%。在科技文明背景下，企业追创新"找死"，不创新"等死"，生死就在一线间！而正因所有行业都将被科技"格式化"，让企业无奈陷入科技创新的三重选择悖论。

一是进退选择：沉溺于历史惯性还是积极进取、创造未来？科技文明下的创新往往是从 0 到 1 的创新，比如苹果手机的问世就让摩托罗拉、诺基亚等瞬间没了市场，并取得巨额利润。即便之后智能手机品牌多如牛毛，也难以改变苹果利润占行业八九成的状态。这让企业进退维谷，若保有当下市场，如柯达那样则将错失时代机缘。但若积极进取，问题是创新成本很高，尤其是颠覆性创新，要么站在技术最前沿，要么改变行业本质，也非寻常企业所能办到！因为一旦横空出世将清零传统产品，甚至毁灭产业带，带来"赢家通吃"。这让很多企业困于历史惯性不进则退，最终消失在历史长河中。

二是取舍抉择：单一专业化还是多元化分散押注？科技经济的风口太多，吸引无数创业者涌入，人人都期待自己是"风选之子"，却无奈市场、资金有限，风吹得越猛，同行竞争就越激烈。如果以前是与风口上的同行争个你死我活，那么如今创新企业更多是与自己、与大环境博弈。毕竟，科技不是谁都玩得起的，多赛道的押注需要足够财力支撑，不然走专业化等于是竭尽全力的单一押注，比如 Meta 专攻元宇宙，至今还在烧钱赔本，要熬到"春暖花开"还得等技术到位了！

三是收放尺度：到底收缩过冬还是扩张突围？因为科技进步速度太快，冰冻了原有行业的常态化发展，造成传统行业萎缩。互联网平台就大量歼灭了沿街实体店，即是血淋淋的教训。即便是走在前沿的科创企业，也因为科技研发"九死一生"与"资金黑洞"而身处生存悬崖边。加之，风口概念下的资本炒作将带来一窝蜂效应，终会因同质化与产能过剩而被"平仓"。于是，一边是过冬需要收缩战线保存实力，却也可能熬不过冬天；一边是既然熬不过，就需要创新突围，可创新未必带来生存，也可能加速死亡。企业由此被架上"明哲保身"还是"剑走偏锋"的天平。

说到底，百年未有之大变局注定原有历史惯性走不下去，企业必须寻找新的发展引擎，只不过，大多数传统企业会被淘汰，并呈现市场的马太效应。尽管大企业们是"瘦死的骆驼比马大"，但就连华为等行业领头羊都在"无人区"迷航。2022年8月22日任正非发文《整个公司的经营方针要从追求规模转向追求利润和现金流》，指出："2023年甚至到2025年，一定把活下来作为最主要纲领，边缘业务全线收缩和关闭，把寒气传递到每一个人。"这一切都是因为这次时代性浪潮面临两个拐点的叠加。

一是经济拐弯，大繁荣不再，经济增长放缓。尽管市场经济全球化、中国改革开放等奠定了过去40年世界经济大繁荣的基础，但从新型冠状病毒感染疫情到俄乌冲突，从通胀高企到金融危机，相比过去40年约3.5%的平均增速，全球经济增长正急剧放缓，2022年全球GDP增速降至2.9%。伴随95%的发达经济体和近70%新兴市场下调增长预期，联合国预判2023年全球经济增速仅为1.9%。全球经济大萎缩，将真正考验企业。相比繁荣期谁都能顺势自然增长，到了衰退期，大量企业将被洗牌。这意味着，以前企业的目标是赚钱，增长是常态；将来企业的目标是生存，活下来就是胜利。

二是动力迭代，科技经济将让传统型企业集体向科技型企业转变。因为科技成为经济发展的决定性力量，任一单向的科技突破都将导致某类产业发生经济文明层面的变革，尤其是从"互联网＋"到"AI＋"几乎是扫荡一切！技术的跨界融合和行业无边界浪潮成为常态，驱动企业从简单制造走向科技支撑，通过新技术、新模式来创造新的市场。尤其对中国企业来说，过去近40年的企业创新根本上是通过压缩西方国家300年来的技术创新红利而实现。只可惜，速生亦将速死，它更可能在顿失价值潜力的情况下变成"夹生饭"。

由此，科技崛起"格式化"所有产业，重塑企业发展引擎将呈现"淘金先富卖铲人"特征。正如 19 世纪美洲的淘金热，如今成千上万人涌入科技领域妄想一夜暴富，却让无数人倒在科技淘金路上。即便少数人穿越科技"死亡之谷"，也将深陷砸钱泥沼乃至被资本捕获。当初淘金热真正笑到最后的只有卖铲的投机商人、贩卖食物和水的小商贩，以及政府这样的幕后赢家。如今科技淘金热虽然一旦成功将覆盖所有损失，还能"赢家通吃"，但"一将功成万骨枯"，真正能熬下来的是凤毛麟角。

一来，科技永远缺钱，比如新药研发就有 10 亿美元、10 年时间的"双十定律"之说。尤其在基础理论"停滞"、基础材料难以突破的背景下，科技突破也非砸钱所能砸出来。二来，当下已非同行竞争，而是外行颠覆内行的时代。正如智能手机颠覆照相机，跨界打击的普遍化，让企业遭遇看不见的超视距打击。如果企业一味将科技作为发展引擎，则无异于"与狼共舞"。加之，从宏观角度看，当初工业崛起，大量生产流水线形成工厂公司，与之配套的服务顺势崛起。到了后工业时代，第三产业大过第二产业，尤其是生产性服务业，金融、航运、咨询等如火如荼。因此，如同工业时代的第三产业，未来科技型第三产业将大行其道！

尤其在中美科技战正酣之时，各国在科技经济上比学赶超，以国家和市场之力逐鹿科技文明高地。在美西方的科技铁幕下，中国被动将"制裁围堵"转化成"研发清单"，以突破"卡脖子难题"弯道超车。不管是国家实验室的集中建设，还是芯片、AI 等科技突围，都会产生大量科技服务需求。科技经济时代，科技服务为主的第三产业将大大超过科技产业本身。各个城市竞相追逐科技风口，以科技招商布局未来产业，以科技服务招待企业客户。2023 年 1 月 10 日，商务部印发服务业扩大开放综合试点方案，广州、杭州等六城无不将科技服务排在重点领域首位。以此观之，企业与其将发展引擎押注在不确定的科技上，不如聚焦科技三产为科技产业服务。

虽然当下确实需要那些直接以科技为引擎的行业巨头或专精特新企业，

为中国科技崛起和国际竞争披荆斩棘，但基础研发和技术跃迁非一时之功，接下来可以说是企业的生死之战，检验实力的标准就是"剩者为王"。即便是华为每年投入上千亿科研也依然在苦熬。2021 年开始华为就先后成立三批 20 个军团，从智慧公路、海关港口到智能光伏等 10 多个行业 100 多个场景应用，聚焦华为数字核心递延来真正抢占"5G + AI"的战略高地。比如煤矿军团就是基于鸿蒙开发"矿鸿"操作系统，将数字技术带入煤矿行业。正如任正非所说："过冬就要收缩敛藏，保护好核心，因此，收敛是为了更好地开拓，而非瞎折腾、瞎创新，耗尽弹药。"华为尚且如此，多数企业没有实力和精力强行做科研，倒不如聚焦科技服务配套。尤其对众多园区来说，作为科创主战场之一，谁能率先搭建科技服务平台，不仅服务和组织园区内企业，更以此连接产业上下游并形成合作生态圈，谁就在活动策划、会议服务中"筑巢引凤"，进而在增强产业链影响力和组织力的过程中"脱颖而出"。

说到底，企业发展引擎绝非"无中生有"，而应结合自身优势，在原有内核基础上进行业务递延和服务迭代。正如华为、大疆等切入汽车行业就不是直接造车，而是基于其通信数字和无人机的核心优势，为造车企业提供汽车智能和无人驾驶等系统性服务方案。企业一旦进行战略升级，往往需要"稳定存量、变革增量"，从单一专业化转型为"双向引擎"和"内外循环"。即便真要切换引擎，也需"两条腿"走路，不然很容易"捡了芝麻、丢了西瓜"而被震荡出局！

时间与空间的双重跨越

从工业时代到互联网时代，企业的纵向时间轴发展成为争议的焦点，"百年老店"的长寿和"互联网企业"的短命互相冲突。这边，追溯商业历史，企业家们经常信心百倍地说："我们要做百年企业！"对于传统工业时代的百年老店来说，开宗立派、基业长青的根本在于扎实的产品和深厚的内功。例如，成立于 1887 年的日本花王株式会社，是一家耳熟能详的洗化用品公司，市场占有率一度达到全球第一，为了保证专注性，公司最后决定撤出软盘行业，开始着重日化产品的技术研发。那边，随着互联网时代的到来，"百年老店"放在互联网领域则是一个伪命题，互联网企业的寿命皆短，每诞生新一代科技企业，上一代企业似乎都被遗忘在沙滩上。一些 21 世纪初叱咤风云的互联网巨头，如今已是一具空壳；更别提，TikTok 的凶猛扩张已经让社交巨头们感受到巨大威胁。不同商业领域的网络化及社交化，都在激发更多的细分垂直领域获得成长空间，出现大批颠覆上一代的科技公司。

而如今，进入百年未有之大变局，各种周期交织下，衡量企业的标准也从时间轴扩展到空间轴。毕竟，当前的竞争早已超出行业、国家界限，是全球范围的竞争。一方面，国家间的技术竞争往往就是大公司牵头在比拼。比如说到 5G 技术，背后就是华为与高通等的竞争；说到商业航空，就是商飞与波音、空客的竞赛；等等。另一方面，"卷"到最后，企业家们也突然反应过来，"卷"本身没问题，但不能向内，要向外，要出海。于是就来到国内企业近身肉搏的时代，打得非常热闹，其激烈程度直接从斗兽场提升到渡劫，所以现在中国企业一说出海，就不仅是新制造了，科技企业、游戏文娱企业、互联网企业都在排着队、憋着劲往外冲。

究其根本，新时代提出了新要求，企业穿越周期不仅意味着时间维度的深耕，更要在空间维度上游刃全球市场。

其一，随着国内市场的日益成熟，打破空间限制，向全球要市场成为企业开拓式发展的必然。张一鸣就曾说："中国的互联网人口只占全球的五分之一，如果不在全球配置资源，无法跟五分之四竞争，出海是必然的。"如今，内卷不知所起，一陷而深，其蔓延之风大行其道，诸多行业都难以幸免。而化内卷为"外卷"则成为破题思路。从新发布的财报来看，海外市场已经成为不少企业的第二增长曲线。截至 2022 年，名创优品的全球门店总数超 5 400 家，其中，名创优品海外门店的增速高于国内门店。在门店数量上，2022 年下半年名创优品在中国的门店数量为 3 325 家，净增加 157 家店，同比增长 4.96%；海外门店数为 2 115 家，净增加 238 家店，同比增长 12.68%。

其二，从资源获取和技术获取来看，海外市场不仅是消费蓝海，还是生产和创新的重要基地，塑造着企业的研发、创新等可持续竞争力。许多国家和地区拥有先进的技术和生产能力，海外市场可以为中国企业提供更多的资源和技术支持，帮助企业提高生产效率和产品质量。同时，海外市场也是一个广阔的创新和研发空间，通过与当地企业和机构的合作，中国企业可以获取更多的创新资源和技术支持，推动企业创新能力的提升。例如，万向集团早在 1999 年就在美国设立了号称"桥头堡"和"海外心脏"的万向美国公司，并由其实施一系列国际并购，如 2000 年成功收购了其长期贴牌客户美国舍勒公司，获得了舍勒的品牌、专利技术、专用设备和市场网络。此后，万向打通了向福特、克莱斯勒和通用供货的渠道，通过前向、后向产业链国际协同，为企业更高层次的创新夯实了基础。

其三，在政治频频扰动经济发展的国际竞争环境中，能否在云谲波诡的国际市场中生存下来才是对企业真正的考验。政治动荡、政府政策的变化、国际关系紧张等因素都可能对企业的经营带来不利影响。企业需要密切关注国际形势和相关政治动向，并制定应对策略以降低风险。从华为、TikTok 被美国打压、封禁到小米在印度遭巨额罚款都表明头部企业的国际化发展不仅是市场之争，更是国家之争，应对政治风险也成为企业全球化布局的课题。如何进行多元化布局、提高国际化权重、规避政治红线都考验着企业的适应与生存能力。

由此可见，时代变了，在此背景下，若要实现时间和空间的双重跨越，就意味着企业要从内部到外部、从组织到界面等方方面面培养自身的可持续发展能力。

企业进化的三大路径

企业进化与生物进化具有诸多共同的规律，如果说生物的基因决定了机体素质和发展潜质，那么企业的基因则决定了企业的形态、发展乃至变异。生物的进化要适应环境，而企业经营要适应市场，顺应大势。因此，企业呈现出至少三种进化方向。

第一，业务迭代：基于核心业务的"基因传递"。生物种群的个体通过生殖繁衍进行基因的世代传递，这种遗传机制能够使生物种群保持相对稳定。对于企业来说，核心能力可以视作企业的基因，然后基于核心能力不断拓展新业务。如百年企业 3M 公司，3M 核心能力是其强大的技术平台，可以看作共用的"基因库"。它的核心技术平台可供所有业务部门自由使用，3M 有一个创新元素周期表，根据创新活力，51 个核心技术被分为材料、工艺、研发能力、数字化和应用开发五大类，彼此之间可以共用，不受限制。

第二，模式创新：基于市场变量的"基因突变和重组"。基因在传递过程中会发生变异，包括基因突变和基因重组，产生新基因从而实现进化。同样地，企业在发展过程中也可能面临工艺改进、企业并购和产业链重组等变量的冲击，推动商业模式的不断创新。比如互联网对商业模式的重塑如同"基因突变"：水果巨头靠"合伙模式"，不花一分钱，狂开 4 500 多家门店；好市多利用"社群模式"，锁定一亿会员的重复消费。而企业混改就像是一种"基因重组"。疫情期间惨淡经营的许多地方国资旅游企业通过资源整合焕发了生机，继广州商控和岭南集团实施重组后，福建、河南的旅游企业也动作频频，欲借此摆脱困顿。

第三，组织变形：打造市场需求"敏捷型组织"，充分竞争，适者生存。

生物通过遗传和变异，适应环境的个体将会越来越多，从而实现种群的不断进化。企业为了适应环境也需要灵活的组织架构，随业务流程的改变而动态调整，尤其是在数字时代，逆势增长的企业往往是"以客户为中心的敏捷型组织"。企业组织、产业链越快响应市场需求，越能从困境中破局。信息传递成本越低，传递速度越快、越准确，企业主体的决策效率就越高。

由此观之，通过主动"基因传递""基因变异"，进化升级将成为公司再度向上跃升的契机。当然，由于企业基因的差异，企业禀赋不同，各自的进化路径也各不相同。

第一，产业领袖：通过延伸重构，甚至"变道重构"，建立产业生态系统。西门子、GE、华为、腾讯、阿里巴巴等企业，都是从一个产品或业务做到领先地位，然后不断延伸，成为一个产业或产业生态的领袖。全球市值排名第三的 Alphabet 就是一个实现自我进化的成功案例，而 Alphabet 的前身正是硅谷互联网巨头谷歌。面对外部环境的变化，谷歌设置了特别的业务部门保持对外连接，使用正确的工具方法不断催生创新产品与创业公司。经过多年努力，谷歌最终在 2015 年将旗下不同的资产整合到控股公司 Alphabet，完成了从谷歌到 Alphabet 的"进化"。

第二，行业冠军：借助技术开荒，从"风口猪策略"转为"风口鹰战略"。2018 年后，"风口上的猪"基本很难再飞起来了，未来中国会像美国、日本一样，陆续涌现出实现重大技术突破的"开荒英雄"。这些细分赛道的头号选手将自己创造风口，不仅自己成为"风口鹰"，还会因为重大技术突破，创造新行业，让其他国家或其他组织享受风口红利，成为某个细分市场或某一专业领域的冠军。比如苏州的宝时得在电动工具领域甚至超过了德国博世；东莞做芯片卡的企业楚天龙，生产线的自动化程度全球领先，解决了全球其他国家还没有解决的机器手指精确运动难题。

第三，"先天不足"的企业：与其自甘平庸，倒不如通过"基因修饰"

"靶向治疗"来获得"变异优势"，从而获得长久发展。对于量大面广的中小企业而言，抗风险能力提升的核心是降低成本。因此，建立敏捷高效的组织结构，并且保留核心竞争力，进行"企业瘦身"、特色规划就是这类企业扬长避短的选择。例如，生产型企业将生产车间搬进专业的工厂区，而不再自建工厂；服务型企业进驻小区单元房；一些门店自我切割成店中店，以分摊房租及抱团取暖。尽管企业规模压缩，但在互联网环境下，这些小微企业会更加注重品牌与营销，打造成"小作坊、靓品牌"的百年老店初始形态，并且更加亮眼。

企业增长新引擎：全域整合

拉开时间纵轴，2000 年是第一代中国互联网企业起舞的元年，新浪、搜狐、网易这三家门户网站分别在纳斯达克挂牌上市，凭借公域获客攒下"第一桶金"。2020 年随着流量争夺战的展开，"私域"逐渐崛起。腾讯智慧零售案例调研发现，"打开小程序下个单"逐渐成为日常，2022 年可视为以微信生态为代表的私域业态全面爆发年。而今，"全域"又站在了聚光灯下。客观而论，公域—私域—全域的变迁，不仅仅是商业逻辑下的自然演化。腾讯用"私域 2.0"来描述全域经营的新趋势，即全域并不是抛弃私域，而是私域的跃升——经过探索期迈向规模化的必然导向。随着私域规模的扩大和运营活动的增加，难以阻挡地将触角伸向公域，推动企业打通全域从而提高经营效率。按贝恩全球专家合伙人鲁秀琼的论述，不同企业根据不同发展阶段和不同品类，可分为"小私域、中私域，一直到大私域（也就是全域）——各个数字化平台体系的互联互通"。这种变迁，也是透视公域、私域各自缺陷后，理性选择的必然。公域存在增长天花板（即流量增长趋缓），私域又面临培养成本高、培养周期长的问题，全域不仅强调线上线下一盘棋，同样凸显公域私域一张网，不仅能减少对公域流量的依赖，还能稀释培养私域过程中的成本。

更为关键的是，在不同"场域"的联动中，会迸发新的商机。一方面，私域是企业全域经营的基石。如上所述，数据是全域的核心前提。企业通过私域沉淀数字化资产，基于用户洞察和数据分析，借助数字化手段实现精细化的运营和自动化的营销触达，从而提升全域经营的效率。另一方面，企业通过私域中有温度的触达和运营，建立和消费者的长期连接，让流量转换为"留量"，进而形成公域引流—私域沉淀—反哺公域的"混合打法"：在公域空间获取新用户并引流至私域空间；私域运营沉淀用户、创造用户价值，并以此获得更立体的用户洞察；在私域运营的基础上，反哺公域运营。

事实上，全域经营已经拓展了企业的增长新机遇。截至2022年底，百果园拥有约1 060万名微信粉丝、180万名抖音粉丝、33.6万名微博粉丝，并指导店长建立2.25万个门店微信群。全渠道打通下，百果园2022年财报显示，约27.2%的订单通过多个线上渠道下达。另据《全域经营——新商业环境下零售企业价值增长路径》报告，接受调研的企业中80%认为全域经营提升了品牌建设与客户关系管理效率。

如果说全域经营从形式上看是公域＋私域的复式叠加，联通线上线下、融合品牌与渠道、反哺公域、联动公域与私域，那么其内核恰恰是简化与回归——围绕"以用户为中心"的商业初心，重塑传统割裂的营销策略、商品布局、品牌管理等。本质上，想经营好生意，用户在哪里，商家的经营、触点就应该到哪里。无论企业提出的口号、概念如何变换更新，一切都离不开"用户、数据、行为图谱"这三大本源。在一定程度上，公域—私域—全域的转变，是从流量思维向用户思维的转向。全域的最终目的回归到最基础的商业增长逻辑——跨出全渠道、全触点"一视同仁"的误区，根据用户个性化需求，有聚焦、有侧重地布局。在此过程中，用更多的串联、打通和整合来实现"降本"，用更多数据和产品在全流程中"提效"。而当全域经营吹响号角，它将不可逆地把企业推向一个全新的商业生态。

更进一步分析，数字经济时代，全域整合已然成为企业突围的核心引擎。企业运营本质上是通过重构与生态伙伴之间的边界和关系模式，形成新的、更具价值、更协同的系统结构。而"技术进化是一个时代进化的底层化驱动和内核性变因"，每一种系统结构都与特定的技术条件相对应，技术发展将推动商业层面的新进化、新融合。工业经济时代，传统企业创造价值主要通过打造优质的产品与服务直接服务于"三链"的某一环节或者多个环节。随着信息技术崛起，人类近30年积累的科学知识几乎占人类科学知识总量的90%，同时改变了不同主体间的竞争合作关系，企业可利用信息技术跨界创新，从而对价值创造活动进行扩展和延伸。

在此背景下，企业不应延续此前"单打独斗"专攻某一环节的发展逻辑，而是要更加依靠组织生态的整合能力。企业不仅自身要具备独特的竞争优势，进而在这个生态网络中找到自己的位置，更需将内部资源能力、外部生态合作、价值创造与收益获取等多种要素有效整合起来，形成一个协调、合作、互补的生态循环，才能突出重围。当然，这也意味着整合永远"在路上"，没有终点。各个维度和层次的产业整合将随着技术的演化，进行更广泛、更深入的再整合、再组织。《三国演义》开篇仅用短短十几个字，概括"浪花淘尽英雄"的历史——"话说天下大势，分久必合，合久必分"。商业世界也是如此，随着全域整合的推进，企业系统结构将始终留有足够的演化空间，或许在全域之后将开启下一阶段的裂变。

中国式综合商社的出海之路

出海对于中国企业而言，已从可选题变成了必选题。且不说，世界这么大，中国汽车要去看看。李书福带领吉利汽车收购了沃尔沃、路特斯、宝腾，入股雷诺韩国；魏建军领导的长城汽车频频在东南亚、俄罗斯、巴西落子，还筹划着让"中国汽车开上欧洲大街小巷"……除此之外，医药、电商、物流行业也纷纷出海，开启一场又一场比拼格局与实力的"卡位战"。但光鲜的背后逃不了掣肘，国际世界复杂的政治、社会环境，以及中国企业间的恶性竞争，使得中国企业在海外普遍缺乏系统化的风险应对方式，更无法整合产业资源形成竞争优势。

在此背景之下，学习日本综合商社的抱团出海之路，在团结中征战世界的呼声再一次响起。毕竟，自20世纪60年代开始，日企大举向海外发展，大幅增加对外投资的同时，借着"抱团模式"保持了相当高的投资成功率，带来丰厚的利益回报和品牌提升。企业间很少单兵作战，在信息获取、产业协同、融资助商方面产生集聚效应，发展出一条对外共赢之道。

其一，日企财团间的环形持股，为上下游企业的长期合作、"亲密无间"打下坚实基础。日本的财团，并不是"金字塔形"的层级结构，而是由其成员企业组成的一个松散联合体，该联合体是以资本为纽带相联系的环形结构。其中，综合商社作为连接产业（制造公司）和金融（主力银行）的重要环节，一方面，帮助有长期产业价值的企业获得融资；另一方面，为主力银行提供可靠的投资对象，互赢互利又降低整体风险。

其二，日企不仅采用非相关多元化产业布局，还向管控难度较大的纵向产业延伸，在产、商、融的互联互通中编织全球产业链。以三井物产为例，其先凭借产、商、融三位一体的商业体系将东南亚进行产业分工定位，并衔接成东南亚贸易网，再利用金融投资推动相互衔接和升级发展，从而形成著名的"雁行模式"。其通过极低的股权敞口进入市场，将自己的技术、产业、金融、贸易快速输入，使自身成为产业主导者。

其三，日企通过在内部创造小气候的方式形成了更庞大的利益共同体，只发出一个声音，大大提升国际议价权。如日本铁矿石谈判权表面在新日铁等钢铁企业手中，实际却掌握在三井物产、住友商事、伊藤忠商事等综合商社手里，通过分配不同角色，实现整体效益的最大化。通过企业的抱团，所有的产业链都在财团内部完成，外部的流动性决定的定价权难以进入内部，从而保持了整体的竞争优势和一定的定价能力。

也正因为综合商社在日企海外投资中提升决策水平、协调产业各方的杰出贡献，许多企业家也希望能在中国搭建类似综合商社的平台，帮助中国企业"走出去"，缓解散兵游勇带来的中企海外发展困境，最大限度克服和规避中企间的恶性竞争。然而，简单模仿，反而可能得不偿失。中国近年来也尝试民企联合投资和工业园输出的海外发展路线，但出现的结局是，要么民企联合投资由于出资人较多，抱团后容易产生意见不一致，相持不下，且缺乏具体的情报分析、运营和管理部门，平台往往流于形式；要么工业园输出的海外发展路线不能有序协调各产业，只不过形成了企业"聚居"的状态，不能有效帮助企业产生集聚优势。究其原因，日本的综合商社成长于特定因素之下，目前在中国的土壤上，尚难以形成成功的"出海"模式。

首先，与日本集体本位主义所赋予的"抱团基因"相比，中国则缺乏以契约等形式抱团的历史传统。日本财团很看重企业间相互依赖的关系，不断强调一荣俱荣、一损俱损的命运共同体的经营理念，即日企所说的"和"的思想——团结、互助、协作、忍让。因此，日本企业的国内竞争也不以排斥合作为前提，就连不同的商社之间，也存在表面竞争却私下合作的情况。而中国则讲究"利可共不可独，谋可寡不可众"，这使得中国企业"走出去"的趋势逐渐明朗，但分散式、自发性的"单打独斗"问题突出。

其次，与日本悠久出海历史所赋予的完善体制模式相比，中国企业国际化的时间还比较短，尚处于学习、摸索阶段。日本的商业体系一直是独立的存在，有自己的话语体系，包括理论认知体系、商业伦理体系以及与政权的互动设计模式等。正如《瞭望》周刊发表文章《"合成营"护航企业走出去》，提到日本对外投资服务时形象地比喻："日本在布局国外市场时，供应链会跟金融、物流、法规等一起打包进入。就像是提供了一个国家级的旅行箱，装满了所有所需要的工具，而日本企业家只需要开包即用。"而中国正处于新结构建立初期，它所考虑的是有没有、稳不稳定、安不安全的问题，而非效率问题。民企出海的问题尚待进一步整合进中国经济发展的整体设计中。

由此看来，以财团作为纽带与核心正是日本综合商社的必胜"武器"，相比之下，中国独特的土壤也在冥冥之中赋予了中国企业与众不同的特色与出海模式。

首先，中国素来具备的举国体制优势为复式化（政府＋市场）出海打下基础。2022年以来，多个外贸大省以政府牵头的形式"走出去"，在"包机出海"时，政府和当地使馆、商会直接对接，打通了渠道，和关键资源、关键企业真正"搭上线"。这种复式化出海无疑是有效市场和有为政府相结合的缩影。

其次，以园区为载体的模块化出海让"中国经验"实现海外的复制粘贴。中国园区出海以国内企业为主体，通过谈判的方式与东道国政府签订协议，在协议限定的区域内投资并建成集中度高、公共服务功能健全、管理模式便捷高效的产业园区。截至2023年初，中国已有182个境外产业园区，其中农业园区54个，轻工业园区31个，重工业园区21个，高新技术园区13个，物流合作园区11个，综合产业园区52个。

最后，中国门类齐全的产业链优势让贯穿上下游的产业链出海成为可能。例如，凭借完备的产业链基础，中国高铁已开启了全系统、全要素、全产业链走出国门的步伐，印度尼西亚的雅万高铁即为"第一单"，从设计、设备、材料和施工均采用中国标准、中国产品。又如，中国新能源出海也体现出从"整车出海＋上游原材料海外建厂"向"海外新能源产业链本地化"发展的趋势。宁德时代已以19.2亿元入股非洲Manono锂矿项目，比亚迪中标智利矿业部的锂矿开采，欣旺达拟收购阿根廷锂矿企业持有的 Laguna Caro 矿权项目，力拓集团则以 8.25 亿美元收购阿根廷矿业公司的锂矿项目。

由此看来，每一个国家的成功都不可复制，"依葫芦画瓢"无济于事，面对日益复杂的国际环境，日本综合商社固然有可借鉴之处，但关键是结合自身特色，对出海模式进行更新，对战略思想进行升级，从而建立起中国式综合商社的出海之路。

其一，进一步完善政府、国企、民企合力打包出海"1 + 1 + 1"模式，有效实现不同企业的优势互补与产业协同，进一步提升整个项目联合体的"端到端"服务能力。与民营企业相比，国有企业最大的劣势在于市场化不足，运营效率较低。民营企业通常运行机制灵活，市场反应敏捷，决策速度快，且勇于创新。因此新出海之路在政府牵头之下，融合国企、民企从而用更专业的方式参与竞争，获取更多优质机会。比如在产业合作方面，比较典型的案例是新兴际华集团通过联合中国五矿及一家铸管企业，成功克服印度政府"矿产不能出境加工销售，只能本地消化"的政策限制，助力印度钢铁球团项目成功落地。

其二，在产业链全出海的基础上灵活运用链长制，发挥龙头效应让中国企业集聚上下游，一体化盘活"一盘棋"。2023 年 6 月中国风机产业链成功进入巴西，带动产业链上下游 24 家企业共同"出海"。TN 项目位于风力资源丰富的巴西东北部巴伊亚州，于 2021 年开工建设，总装机容量为 180 兆瓦。项目配置 40 台风电机组，全部使用中国产风机设备，是目前南美洲最大叶片风电机组之一。如此一来，把中国技术、中国经验带到巴西，既实现了产业链抱团"出海"，同时又让"一带一路"沿线国家分享中国这些年来在新能源领域的开发成果。

其三，加强园区利用集成复合优势出海，通过抱团式海外投资，帮助企业获取与东道国政府谈判的更大优势，争取更加优惠的政策，使企业"集中、有序、理性地走出去"，进而降低国际化运营成本和风险。在园区出海的同时带动相关企业，让出海不再只是单一或单方面向国外输出产能或技术，而是集成复合优势，从前期建设、园区开发，到后期运营、管理、服务整体打包输出。园区通过与当地的共享融合，共享平台基础设施、专业管理服务、创新资源，打造中国企业与东道国的"利益共同体"，从而帮助中国企业融入当地经济环境。如此一来，中国将在独具特色的中国式综合商社出海中走向世界、融入世界。

第十二章　创业、就业的重新定义

当造富机遇在众多行业涌现，多个风口开始"刷屏"，反倒让企业、资本患上"选择焦虑"。殊不知，不是风口太多太杂，而是其运行逻辑切换，需要被重新定义，创业逻辑亦随之生变。而且，劳动力市场迎来结构性调整和优化，不仅就业机会蕴藏在产业迭代中，从"新办公"到新城市的演化也将随之到来。与此同时，企业的人才观从"你为我所有"变成"你为我所用"。

重启造富窗口

回顾过往，中国财富黄金期客观上由三大阶段的不同造富窗口拉动。

其一，20世纪80—90年代，在改革红利鼓动下，以"84派""92派"为代表的企业家群体率先突破体制，发展个体经济，吹响了第一波造富浪潮的号角。

其二，21世纪前10年，先是加入WTO后拥有贸易竞争优势的中国享尽世贸红利，初级制造业迎来"黄金十年"。而后随着城镇化推进、人口红利释放，整个房地产业开始"狂飙突进"，无数炒房者成为"隐秘富翁"。

其三，21世纪10年代，互联网浪潮各个细分蓝海迭起，从PC互联网到移动互联网，从老牌三大门户（新浪、搜狐、网易）到巨头 BATJ（百度、阿里巴巴、腾讯、京东），再到新贵 TMDP（字节跳动、美团、滴滴、拼多多），商业神话不断刷新纪录，互联网也成为年轻人向往的"奶与蜜的应许之地"。

简而言之，"下海"、外贸、房地产、互联网这三个阶段的四大窗口构成了中国财富创造的主线，也成就了中国财富黄金期。只可惜，在云谲波诡的百年未有之大变局下，不仅传统制度红利趋于消失，就连房地产、互联网等产业性造富窗口也在监管、市场、疫情等多重整合下逐渐关闭。

当"遥想当年，感慨当下"成为舆论场主流叙事，殊不知向上的发展机遇往往在底部盘转中铸成，中国将重启造富窗口。

首先，受益于宏观经济复苏预期的拉涨动力。现代经济是预期经济，财富创造活动取决于对未来的信心。后疫情时代消费回暖，俄乌冲突带来的"三链"压力逐步释放，美联储疯狂加息趋于理性，将构成中国经济复苏的基座。

其次，中国经济动力引擎重启。在"6＋1"（大基建、后工业、新能源、新三农、数字化、绿色化＋中国的世界经济安全岛地位）动力因子的驱动下，中国经济驶入新一轮增长轨道，成为世界经济的引擎。在此过程中，支柱性、战略性产业的重新排列组合将开启新的造富窗口。

再次，中国财富创造力的"深度""广度""长度"逐步夯实。在财富创造力的三个维度①中，不断通过新技术、新模式提升"深度"，提高财富生产力；通过内外双循环的良性互动扩大"广度"，驱动"三链"重构；通过地方产业引导基金等新资本模式拉伸"长度"，让财富在不同空间、不同时间进行转移配置成为可能。

---

① 财富创造力的三个维度，一是"深度"，体现在单位时间生产的产品上，工业革命使人类的生产效率上升。二是"广度"，一方面是市场地理范围跨地区、跨国界的拓展；另一方面是消费品、工业品种类与空间的扩大。市场地理范围的拓展使人类生产的产品的价值提升。三是"长度"，也就是时间维度，表现为今天的财富和未来的财富之间的距离。

最后，一批企业被倒逼出"逆生长能力"。疫情、地缘冲突等多重冲击，叠加市场持续优胜劣汰的行业性洗牌，致使许多企业被淘汰出局。据市场监管总局统计，2022年上半年全国有46万家公司宣布倒闭，310万左右个体工商户注销，而存活下来的企业整体提升了商业韧性、运营管理能力。以生鲜电商盒马开创"流动超市"模式为典型，有的企业还催生出适应经济生态系统变化的新模式、新形态。

进一步分析，造富窗口中各类红利、风口的本质是阶段性的供需失衡。互联网红利兴起之初，买家多、卖家少，引发供需失衡，只要卖家入驻平台，就给扶持、给流量。这吸引卖家迅速聚集、抢夺买家，直至供需平衡，红利消失。彼时"天下没有难做的生意"就成了当下"天下没有好做的生意"。而供需的周期性波动恰恰意味着，红利、风口始终呈现阶段性轮动特征，新一波风口带来一个新领域短暂的供需失衡，进而开启新的造富窗口。只不过"人不能两次踏进同一条河流"，本轮造富窗口的特殊性体现在以下方面。

一方面，经营重心从做"产品"转向聚"用户"。商业权力已经从生产端转移到消费端，短缺经济下遵循先做产品，再去找用户；今后是先找用户，再去定做产品。核心差异在于做"产品"是向所有人提供同一款商品；聚"人群"则需商品增值，满足不同细分需求。

另一方面，从政策红利、资源红利转向技术红利、生态红利。"创新是先进生产力的灵魂"，区别于由政策、资源（流量、资本等）驱动的外生性增长，由技术创新、产业生态创新支撑的内生性增长，不仅为产业本身拓宽新爆发空间，且更符合经济发展的必然趋势（即先进生产力代替落后生产力）。未来造富窗口将集中爆发于"硬核"领域，当下强势崛起的几个赛道，新能源汽车覆盖率逐渐追上燃油车、新能源逐渐替代化石能源、集成电路国产化……无不由硬核技术的爆发式发展、产业生态的逐步到位驱动。

更为关键的是，从单一行业转向多行业。如创投圈出现"FAANG"概念变化，从传统指代互联网企业中的美国五大巨头——脸书（Facebook）、亚马逊（Amazon）、苹果（Apple）、网飞（Netflix）和谷歌（Google），切换为特指五大行业——燃料（Fuel）、农业（Agriculture）、航空航天（Aerospace）、核能（Nuclear Power）、黄金等贵金属（Gold）。从财富榜单也能窥得造富赛道正从房地产、互联网向以新能源、新科技、新工业为核心的多条"智造"赛道转轨。按上榜人数变动幅度来看《2022年新财富500富人榜》，机械与设备业是最大赢家，新增18人；其次是能源与环保领域，新增7席；化工行业、金属与冶炼行业也各自增加了5位。

问题是，当造富机遇在多行业涌现，多个风口开始"刷屏"，一波又一波五花八门的东风反倒让企业、资本患上"选择焦虑"，毕竟"太多的选择，等于没有选择"。辩证地看，有中生无、无中生有，不是风口太多太杂"乱花渐欲迷人眼"，而是风口运行逻辑切换，需要被重新定义。

第一，造风时限延长、追风壁垒抬升。无论是产业生态的布局、打造、运营，还是新技术从概念、实验室、中试到工厂化，都需经历"十月怀胎"的打磨过程。一如当下风头正劲的新能源已经蛰伏了20年，未来风口不是"想追就能追"，"空手套白狼"的草莽英雄路线、"资本开路—营销轰炸—讲故事"的套路再难适用。各个风口分化会进一步加剧，向产业纵深挺进，抬高追风壁垒。

第二，风口造富方式虚化，从有形到无形。未来的风口竞争，不是产品的竞争，而是抢占"大众心智"的竞争。《国富论》提出："利润降低不是商业衰退的结果，恰恰相反，这是商业繁荣的必然结果。"未来有形产品的利润越来越趋近于0，而无形产品的利润越来越大；风口造富将不靠有形的产品赚钱，而利用无形的服务、体验赚钱。当下随着汽车智能化、数字化，已出现硬件售价降低、软件及售后服务价格上涨趋势。特斯拉在当下猛烈的降价潮下，FSD（完全自动驾驶能力）价格却连续涨至12 000美元。

第三，风口打破新与旧的对立，不再局限于新产业、新"物种"。各种想法、点子和创意的跨界混搭，释放出产能空间与想象力。一方面，传统产业迎来风口时刻，AI、信息技术深度交互落地让传统制造业"脱胎换骨"。资本快速响应，将制造领域视为机构重点布局的领域。2022 年高瓴集团在"制造"这个大命题下的投资占比最高，超过 40%。另一方面，加深新旧产业联动。黄奇帆在 2022 年末举办的第七届中国制造强国论坛上预判未来二三十年能够形成万亿美元级别市场的五大件——无人驾驶的新能源汽车、家用机器人、头戴式 AR/VR 装备、柔性显示、3D 打印设备——皆为新与旧、制造业与服务业交叠的产物。

财富的风口和浪潮风云变幻，进而产生新的不确定性。自亚当·斯密开始，经济学的诸多先贤致力于探索财富的秘密。无论理论的探讨存在多大的争议，一个共识是，财富的生长需要时间的灌溉，抓风口亦然。说到底，风口被更多人感知的时候，往往已经错过最佳的产业布局时间窗口。那些站上风口的成功者，并不是被机会砸中的幸运赌徒，绝大多数是深耕行业的坚守者。

"一万个小时定律"在商业领域同样适用，恰如雷军所言："今天在空中飞的那些猪，他们都不止练了一万个小时，可能练了十万个小时以上。"相比追着外部不确定性的风口跑，对企业而言更重要的是找到内部的锚点。这种锚定离不开自身的能力和长久以来相应资源的积累，最终构成企业的护城河、核心竞争力，让企业可以横跨多个风口"随风起舞"。德国诗人里尔克在《给青年诗人的信》中有一句话，送给站在新一轮造富窗口中的企业同样应景："好好忍耐，不要沮丧。你想，如果春天要来，大地就使它一点点地完成。"

哪类人创业会成功？

如果从 2014 年算起，在"大众创业，万众创新"的号召下，日新月异的行业、爆炸增长的企业、一夜成名的创业者、疯狂"哄抢"的创投圈、遍地开花的众创空间，都成为全民焦点。然而以2020年为界，一场漫长而煎熬的疫情让创业者的世界变了天。2020年之前的创业故事"很燃"，创业者信奉风口、红利，他们的故事给人一种紧迫感，"你的同龄人，正在抛弃你"。2020年之后的创业故事平添了"悲情"色彩，关键词变为关停、负债，反过来被同龄人同情。如果将时间轴拉得更远，就会发现20世纪90年代的热词是"下海"，而当下"90后"的热词是与之对应的"上岸"。从跃跃欲试"下海"，到争先恐后进金融圈、互联网大厂，再到现在纷纷选择"上岸"，注释了时代的转向。

其一，创业背景已变。20世纪90年代的创业潮发生在南方谈话之后，整个社会向着市场经济飞奔，机会多、空间大、成本低、成长性高，仅1992年有12万公务员辞职下海，催生诸多"九二派"企业家。进入21世纪，互联网浪潮袭来，涌现出"老派"互联网大佬；进入移动互联网时代，移动支付与消费升级趋势叠加成就一代"互联网＋"创业者。而如今从大繁荣进入大调整时代，宏观、中观、微观早已换了人间，不确定、不稳定成为常态。2020年至今，共有46万家企业倒闭，300多万个体户注销，即使存续的企业也大多在艰难求生。

其二，科技经济时代，创业门槛越来越高，对创业者的要求也越来越高，已不再是一张PPT就可以轻易融到钱的年代。此前，"文艺青年创业有三宝：花店、咖啡店、奶茶店"，"没背景青年赛博创业也有三件宝：滴滴、外卖、自媒体"。伴随劳动力、房租、原材料成本上涨，加之互联网抹去信息差，低门槛创业已内卷到极致，以致奶茶店、咖啡店、花店、茶叶店、服装店、便利店、密室逃脱店、剧本杀店、美容院、婚纱店构成创业"避雷"指南中的十大项目。如今，创业团队专业程度高、产品及技术壁垒高、产品市场需求大、投资背景强（最好有上下游上市公司的投资）方能入创投圈的法眼。

2023 年前三季度，中国股权投资市场整体延续下滑趋势，但降幅稍有收窄。募资端新募集基金数量和总规模分别达 5 344 只、13 521.53 亿元人民币，同比分别下滑 2.1%、20.2%。数据表明，投资市场节奏放缓，投资人处于观望状态，出手越来越谨慎。

其三，当年人心思变，当下人心思稳。一般而言，越是经济上行形势好，机会越多，人们更有意愿"下海"弄潮、放手一搏；越是经济下行压力大，人们越倾向于进入有保障、可预期的体制内，或选择更稳定的工作岗位。"风险厌恶"与"偏好稳定"是人的本能，外部环境的不确定性、不稳定性越高，人的内在选择往往越偏向追求稳定、规避风险，正可谓"大厂梦碎后，宇宙尽头是考公"。2022 年公务员竞争最激烈的岗位报录比达到了 20 602∶1，报考人数高达 204.73 万人，而在五年前，这一数字仅为 148.63 万人。以清华大学毕业生就业情况为例，2019 年清华大学毕业生 6 965 人，毕业生创业人数 52 人；2020 年毕业生 6 995 人，毕业生创业人数 36 人；2021 年毕业生比 2020 年增加 446 人，但创业人数为 27 人，仅占毕业生总数的 0.4%。概言之，创业的光辉岁月与草莽时代已过。

进一步而言，创业动力不足的根本原因在于创业九死一生，成功者凤毛麟角，后疫情时代创业更是"99 死 1 生"。从企业生命周期来看，中国中小企业平均寿命只有 2.9 年，存活 5 年以上的不到 7%，10 年以上的不到 2%，上市的概率为万分之二。换言之，中国超过 98% 的中小企业在 10 年内都会走向死亡，即使活着的中小企业利润率也不到 3%（经济高速增长的 2011 年数据）。从创业成功率统计数据看，高校毕业生创业成功率更低。2005 年大学生创业成功率只有 2%—3%，远低于一般企业的创业成功率；2007 年大学生创业成功率只有 0.01%，几乎等于零。可以说，创业成功其实是一个小概率事件。

当草莽热血、大破大立式的创业时代成为过去式，当创业者们很难找到

20 年前 Copy to China 式（复制到中国）的创业捷径，当互联网那样显见的赛道成为凤毛麟角，未来的创业者及创业逻辑将生变。

其一，鼓励处长们"下海"创业。创业的每一步都不会严格按照所构想的逻辑来推进，即便在创业过程中解决了一些构想中的核心问题，但仍然会不断蹦出一个又一个的实际问题。创业的过程就是解决一个又一个问题，直到解决了大部分问题，才能逐渐走上正轨。所以，创业不仅需要激情与梦想，更需要解决问题的资源与能力，以及有效的价值交换系统，这些才是应对种种问题最实用的武器。

其二，技术牛人"跨界通吃"创业。科技经济大行其道，新一代创业者的成功与其学术和产业背景相关性越来越高，集技术派、工程师、企业家等身份于一身，既需要具备极强的技术性，热爱技术与设计，又需要跨界通吃的能力，会集成、懂创新。事实上，与过去三代创业者群体相比，新一代的创业者很多出身于国内外名校、名企，而且有着丰富的研究经历，甚至有很多专利技术，还有风险资本支持。

其三，天生的创新者、颠覆者。一些创业者堪称"连续创业者"，他们乐于折腾，勇于搏击商海，近乎偏执地选择一些少有人走的路，无论乘风破浪还是折戟沉沙，急流勇退不是他们的姿态，持续航行才是他们的归宿，哪怕屡战屡败，也会越挫越勇。

就行业而言，没有哪个行业更适合创业，毕竟每个行业都有创业的成功者与失败者，但创业逻辑已转换。

第一，从模式创新到底层技术创新。当移动互联网红利见底，新消费遇冷，大规模的互联网模式创新已渗透到各个行业，接近顶点，因此专注于模式创新的创业或将暂告段落。但科技经济方兴未艾，光电芯片、人工智能、航空航天、生物技术、信息技术、新材料、新能源、智能制造等"硬科技"风起云涌，更有待商业化突破，底层技术创新的氛围正在变浓，因此新一代创业领域将转向技术研发和技术应用。

第二，遵循 MVP（最小化可行性产品）原则。创业不是无所不包、一蹴而就，而是首先专注于为某一小群客户提供足够价值，看自己的新产品是否解决了一个其他产品尚未解决的问题，是否有客户愿意付费。因此，创业的最佳方式是遵循聚焦法则，集中资源实现单点突破，核心逻辑是起步初期把一个简明清晰的产品或服务推向市场，验证需求并不断优化迭代。如果最小可行性产品成立，再转向最小适销产品（MMP），真正上路。

第三，从为创富、为成功到为社会、为价值而创业。很多人只看到创业可能带来的财富，尤其是那些"冲着创富去的创业者"和"冲着再就业去的35 岁职场人"，但事实上，"创业是一场突破认知边界的旅程"，是探索世界的另一种方式，如果想活出人生的宽度，创业或许是一个不错的选择。创业，要么一人孤独，要么万人空巷，而社会上下保持着创新开拓的创业精神，这才是更重要的。

失业潮与就业潮同时上演

不可否认，失业潮的确影响了一部分工种，但"山重水复疑无路，柳暗花明又一村"，失业潮的另一侧，就业潮也在酝酿上演。究其原因有以下几点。

一是需求变迁，无论是消费升级还是用户对体验的更高追求，新需求派生出新职业。1999 年，《中华人民共和国职业分类大典》颁布，到了 2015 年7 月，新修订的一版将中国的职业分为 8 个大类、75 个中类、434 个小类、1 481 个职业。与 1999 版相比，原来的很多职业都消失了：铅字排版工、修钢笔匠、补瓷匠、弹棉花匠……皆成为远去的记忆。同时，一批新职业出现了：大数据工程师、婚礼策划师、快递员……用户需求越来越细分，催生大量新的就业机会。此外，年轻一代在新经济中的权重越来越大，年轻人的新消费喜好打开了新的人才缺口。密室逃脱剧本设计师、轰趴管家、电竞顾问……这些闻所未闻的新职业，如今正成为年轻人的"新宠"。人力资源社会保障部有关数据显示，2020年中国电子竞技员的整体从业规模超过50万人，预测未来5年电子竞技员需求达近200万人。

二是发展理念演变。新职业植根于经济发展的土壤，经济模式与发展理念推动职业新陈代谢是历史发展的客观规律。一方面，"互联网＋各行各业"打碎了原有社会关系，也拓展了就业新形态。比如中国信息通信研究院发布了基于微信平台的《2021数字化就业：新职业新岗位报告》，报告显示，由公众号、小程序、视频号、微信支付、企业微信等共同构成的微信生态，在2020年衍生就业机会3 684万个，同比增长24.4%。据调研测算，2020年小程序、企业微信、微信支付等服务商共带动290万个就业机会。在日本，数字化工种同样也迎来春天。日本金融厅开出约1千万日元年薪，和企业争抢高端数字化人才。另一方面，"碳中和"已成世界发展共识，也是未来经济活动的基本前提，这就需要大量掌握相关碳排放技术，熟悉政策和标准，做好碳排放规划、核算、核查和评估的"碳排放管理员"。进一步讲，随着"碳达峰""碳中和"的发展理念渗透未来所有行业和公司的经营决策，它将重塑未来中国的生产方式和生活方式，推动职业更新。据有关机构预测，从2021年到2050年，中国可再生能源行业的就业人数将新增1 000万人，也就是每年将新增33万个就业岗位。

三是技术更迭，一方面重构、赋能老职业，另一方面又催生众多新职业。以AI为例。一方面，AI在产生替代效应的同时，也将产生创造效应。即AI会取代部分传统职业及工作模式，那些工作简单重复的就业岗位将不断减少，而迎合新需求的新工种、新岗位将会越来越多。这就是AI给就业带来的根本性变化。国际机器人联合会的研究数据显示，制造类机器人直接或间接地增加了人类就业岗位的总数。2020 年，机器人产业在全球范围创造的岗位总数将从 190 万个增长到 350 万个，每部署一个机器人，将创造出 3.6 个岗位。德勤在英国进行的一项研究发现，随着自动化和 AI 的发展，80 多万个低技能工作岗位被淘汰。但与此同时，有 350 多万个新的工作岗位被创造，而且这些工作的平均年薪比之前高了 1.3 万美元。

另一方面，AI 的替代效应与创造效应之间存在一定的时空差。这边，部分原有产业革命式地优化升级；那边，大量新兴产业井喷式涌现。前者在时序上先于后者，原有产业的优化升级最直接的表现就是导致部分劳动力人口失业，而随着大量新型产业的出现，会涌现出大量新增就业岗位，从而使技术进步带来的失业转变为良性失业。例如，经济学家戴维·奥托研究发现，如今 60% 的工作者所从事的职业在 1940 年尚不存在，并指出过去 80 多年超过 85% 的就业增长是由技术驱动创造的新职业带来的。

以此看，失业潮背后并非永久性的大规模失业，实则是对劳动力市场结构的调整和优化。在此背景下，一系列新职业从无到有快速增长，正是新技术、新业态、新模式蓬勃发展的最好注脚。新的就业潮日益涌现。

一是赋能千行百业、紧扣人机协作的"AI＋"未来型产业。AI＋交通、AI＋医疗、AI＋养老等以技术驱动的人工智能将"格式化"各行各业，融入经济社会发展各领域。由此，AI 既智能又高效地承担起大量基础性、技术性工作，人类从业者侧重在温情、创意、策略等软性技能上，从而产生翻倍的合作效应。例如，自 ChatGPT 发布以来，美国劳动力市场对与 AI 互补的软技能的需求大幅增长，如灵活性（增长 158%）、职业道德（增长 120%）、社会洞察力（增长 118%）和自我管理（增长 83%）。

二是（到县城）返乡就业。一方面，从机器替代体力劳动者向 AI 替代知识分子的升级，将让返乡潮由过去的国家出面主导转向市场自发主导。尤其是随着农业机械化、集约化、智能化发展进程的加快，高学历"青工"将自发涌入智能农业，提升生产效率，稳定产出。比如，在互联网＋农业生产、互联网＋旅游结合的过程中自然会催生创意职业、农村电商等新业态、新模式。与此同时，新业态又催生出一大批新职业，例如，民宿管家、研学旅行指导师、互联网营销师（带货主播）等。另一方面，AI打破地域壁垒，给县域就业、创业带来重大机遇。如阿里巴巴在甘肃、贵州等中西部欠发达地区数字就业中心开展的标注业务，包括文本、图像、音频、视频等各类场景，以及自动驾驶、智能农业等200余个应用场景，年数据标注量过亿，多个中心成为当地最大用工企业。

从上述的新就业潮中可以进一步预见，未来的就业形态也将天翻地覆。一如"管理哲学之父"查尔斯·汉迪提出的三叶草组织形态：未来的企业由专业核心人员、外包人员和临时及兼职人员组成。30%的员工是核心员工，会跟随公司前进，其余的员工以外包、顾问、自由职业者的形式存在。换言之，未来将至少呈现出以下四种新就业形态，通过兼职化、多职业化的方式，参与广泛的社会分工和协作。

一是合伙人型。传统实体企业都开始尝试转型，事业合伙人制就是企业诸多转型选项之一。相较于传统的雇佣制管理机制，合伙人制度的优势在于：对核心人才有更强的吸引力，能够提高核心人才留存率；更强的创新激励作用，让更多人参与内部创新。AI对顶尖人才的赋能将极大地增强中小企业的行业竞争力。例如AI绘画领域的领头羊、颠覆了整个设计行业的Midjourney公司，仅11名全职员工，却在不融资的情况下，凭借着付费订阅的商业模式，不仅每年营收高达1亿美元，还在社交平台Discord上积累了1 000多万用户。

二是副业型。经济发展、产业升级，新兴职业强势崛起，为多重职业者提供了更多可能。清研智库《2019年两栖青年金融需求调查研究》显示，全国年轻群体中有主业的兼职者、创业者这类"两栖""斜杠"青年已超

8 000 万人，其中女性约占六成，以 1980—1995 年出生人群为主，高学历人群是"两栖"青年的主流。未来，副业或将成为更多人的选择。

三是零工型。所谓的零工型就业形式，顾名思义是一种灵活就业，比如网约车司机、快递员、外卖骑手、兼职主播等。相关统计数据显示，2021 年中国零工经济的从业人员已经超过 1 亿人，预测在 2036 年左右，中国从事新零工经济的群体或将突破 4 亿人！

四是嵌入型。以前有句话："我是社会主义的一块砖，哪里需要往哪搬。"现在看来这句话正在实现。未来越来越多的人将处于一种类似 U 盘的嵌入式工作状态，哪里需要就插在哪里，随插随取，利用自己的专长与企业各取所需。

1962 年，美国著名科学哲学家托马斯·塞缪尔·库恩在《科学革命的结构》一书中提出"范式"概念。他认为，科学的发展并不是线性前进的，而是总处于一定的世界观（范式）中。在某一范式下，知识增长会从快变慢，一旦达到边界，就会触发范式革命。新的范式就像是宇宙爆炸的起点，将会重写一切。眼下，世界迎来了就业的范式革命，这或许还要经历漫长的打磨，需要一代人甚至几代人去适应，但是与时俱进是人类的优良品质。正如海伦·凯勒所说："躲避危难最终并不比从容面对更加安全，人生要么是一场果敢的冒险，要么就只是一场空。"

数字员工的五大红利

有别于全职员工、外包员工及兼职灵活员工这三大传统用工模式，数字员工作为突破性的劳动力模式具有以下五大红利。

其一，数字员工具有处理庞大数据的能力，面对琐碎且复杂的数据来源，突破人类员工的精力上限，带来显著的效率红利。例如，中铁置业共部署

20位财务数字员工，其中3位负责资金支付，17位负责共享审核，从登录共享平台到审核结束的单流程平均处理时长约2分钟，可实现40个流程7×24小时无人值守状态的自动运行。三一重工以数字员工打通CRM（客户关系管理）系统、返利系统和资金系统后，数字员工的处理效率可达到人工的5倍。

其二，相对于被七情六欲左右的人类，没有情绪问题、随叫随到的数字员工无疑也意味着企业的管理红利。人力资源管理千头万绪，员工的诉求也多种多样。而数字员工以文本编码，以算力、财力、电力为核心，不会感到无聊、枯燥、困倦，能够时时刻刻理性地处理任何问题，一切基于数据，没有偏见，也不会犯下一般人常犯的"一孔之见"的毛病。

其三，突破时间、空间、身体条件等物理限制，数字员工堪称职场上的最佳劳模，持续释放成本红利。传统的员工往往需要支付工资、福利、保险等费用，而数字员工则可以通过互联网进行远程工作，不需要企业提供办公场所、设备和人力资源等。这样，企业可以节省大量开支，从而提高盈利能力。据统计，数字员工的成本只有传统员工的一半，而且企业还可以随时随地"招聘"数字员工，无须担心人才短缺。

其四，数字员工与企业数字化转型实现螺旋式协同进步，以技术红利激发企业新动能。过去几年，广大企业浩浩荡荡开启了一场数字化转型，从OA系统、到CRM、ERP（企业资源计划）等系统，积淀了大量数据。随着企业研发、生产、销售、人力等各项业务场景数字化深入，如何借助数字员工的力量，最大限度发挥数据价值，用数据进行决策、分析正成为企业在竞争中制胜的关键所在。

其五，围绕数字员工，可以衍生出一个个新的经济闭环，撬动企业的价值红利。比如个性化的生产在过去是不太可能的，但当数字员工广泛应用之后，理论上不管是提供服务还是生产产品，都可以做到每个人一个设计师、一条生产线。借助数字员工和 AI 平台，个体也可以直接创造价值。

由此看来，数字员工的出现似乎将弥补人口红利消失之后的劳动力危机。IBM 调研表明，众多高管已经开始改变企业战略，接受这种全新的工作方式。然而，数字员工并非"即插即用"，聘用一个数字员工，让数字员工为企业工作，全程无须人工干预，这是不可能的。一旦大量数字员工的应用成为常态，传统的人才战略和企业管理模式也面临诸多挑战。

第一，新的生产关系需要新的组织形态。数字员工的加入让组织构成更多样、更复杂，"混合型"的员工队伍将会是企业人力资源开发的主要方向，未来组织不再拘泥于固定的形态。调查显示，超过 90% 的受访中国企业认为，要有效地经营一支人与计算机混合的员工队伍，必须保证他们之间的合作。然而，且不说，诸多行业从业者对于数字员工难免存有"抢饭碗"的担忧，防范意识多于合作意识；更何况，对于企业管理者来说，如何根据工作任务和人机各自优势，建立一种和谐共生的工作模式也是一项重大挑战。

第二，数字员工的"搅局"让企业管理的时间、空间全方位改头换面。随着数字化的全面渗透，不仅催生了数字员工，就连人类也纷纷从"结构化就业"转向"自由择业"。以前主流就业模式基本上是全日制、工薪就业，但科技的发展使得个人和职业之间的界限变得模糊，企业管理也不再局限于传统的办公室。对此，企业是否需要配套专门的数字员工管理部门？如何制定数字员工管理制度、标准与流程？数字员工的运维工作又如何进行？诸如此类问题都有待解决。

第三，企业风险管理升级，为数字员工发展设置安全防线成为必然。数字员工主要负责的业务流程，本质上其实也是由一段软件程序执行的，这就需要定期对数字员工的运行状态、健康情况进行检查，对数字员工代码的安全性进行评审。此外，网络社会本就风险重重，数字员工掌握着很多业务系统的关键敏感数据，比如业务系统的账号、密码，一旦被盗用，后果不堪设想。越来越复杂和普遍的网络安全威胁成为悬在企业头顶的"达摩克利斯之剑"。

英国哲学家科林格里奇曾提出著名的"科林格里奇困境"：一方面，除非一项技术得到了广泛应用，否则它的影响不可能被完全地预测；但是另外一方面，如果一项技术得到了广泛的应用，那么它就难以控制了。如果说数字员工的小范围应用正在让企业管理面临重塑，那么，一旦量大面广地铺开，就业模式、社会管理无疑将在更大范围内发生"翻天覆地"的变革。不单纯是数字人，包括 AI、大模型、大数据等等新技术，都存在"劳动力替代"的争议，这些技术在发展过程中还呈现出不断融合的趋势，替代人力的潜力更大。而当就业主体、就业形态、就业模式变了，社会管理的基调也更为复杂。

正如人工智能专家 Calum Chace 提出的"经济奇点"，指的是人工智能如果不能取代所有人类劳动，也能取代绝大部分。按照其说法，"当大多数人都永远不再工作时，就达到了一个经济奇点。"当"经济奇点"到来后，机器人劳动普及，人类社会的生产力推动到前所未有的水平，与既有生产关系之间的冲突和不适应将被急剧放大。进一步来看，在就业之外，数字人还存在诸多潜在的社会问题和社会风险。比如，很多人从心理上接受不了数字人客服、虚拟人主播；AI 广告使得垃圾广告信息泛滥，今后元宇宙中同样可能有很多数字推销员围着顾客的化身搞推销；成瘾问题在数字人应用中也存在，而且可能更严重……如此一来，法律政策、制度规范、安全伦理等各个方面都面临着进一步调整升级。

技术在落地过程中，总伴随着争议。从 19 世纪末火车在中国的落地经历了"风水"之争，到近年来的"5G 基站辐射"，再到现在数字人抢饭碗，其中既包括别有用心者的推波助澜，也出于人类认知的局限。事实上，作为科技产物，数字员工背后的"魂"或"神"，依旧需要人来"托底"。在当前的虚拟数字人领域，数字员工更像是一个生产工具，只有人的创造力加上生产工具，才可以更高效、更低成本地实现价值创造。在社会层面，管理革命的基调将是协调市场经济与社会经济，相关法律政策、制度规范、管理措施的升级都将建立在此准则之上。

企业层面，一方面，数字员工从虚拟助手逐渐进化为主要员工将是大势所趋，相应的规范也要随之跟上。2023 年 5 月 9 日，抖音就曾发布《抖音关于人工智能生成内容的平台规范暨行业倡议》，这代表着抖音明确开放了人工智能生成的图片、视频和衍生的虚拟人直播，也意味着数字人要被"管"了。未来，从平台到企业，可能都需要为自己的数字员工办理"身份证"，确保其合规性。另一方面，人机搭配组队的"混合型"工作团队将成为企业人力资源发展的主流。例如，当数字员工将营销等环节前置化，客户、消费者均可以实时掌握生产的进度、产品的生产情况，并能实时影响生产情况，这必将使企业管理层的管理和决策加速变革。人工智能时代创新的真谛就是要激发人身上潜在的智慧。

零工经济的蝴蝶效应

荀子有言："千举万变，其道一也。"数字游民、零工经济并非凭空走红，而是植根于经济发展的土壤，成长于社会进步的潮流。促使其"一炮走红"的变量有以下几点。

其一，中国产业结构发生的深刻变化为数字游民、零工经济提供了相应的产业支撑。近年来，随着中国经济社会的不断进步，第三产业规模日益壮大，越来越多的劳动力都在流向第三产业，而互联网平台经济的快速发展又不断催生出各种新经济业态，如外卖、网约车等，相对应的是社会分工也在不断精细化，这给不少劳动者提供了灵活就业的机会。

其二，数字化、智能化为现代人打破空间束缚提供了技术支撑。技术发展之下人们首次突破地理和距离的局限，从为了生存而必须定居在一地的境遇中松绑，进而得到自由。这给人们带来前所未有的选择机会，使其释放出无与伦比的潜能。便携的办公设备能让人快速搭建工作环境，加上高速、平价的无线网络，成为数字游民、零工经济生活方式得以成立的基础条件。

此外，更有一部分群体在 AI 员工、数字员工的"逼迫"下不得不走上数字游民之路。在人工智能、虚拟人等技术的助推下，数字员工正在加速进入职场，如拿下万科优秀新人奖的"崔筱盼"、浦发银行的"小浦"、中金财富的"Jinn"、招商局集团的"招小影"，等等。数字员工们"三头六臂"，各显神通，自然有劳动力不断被挤出，没有了稳定工作，只能以零工、"斜杠"等方式谋生。

无论主动或被动，不得不承认的是，数字游民、零工经济已经发展为当今社会一种不可忽视的新型工作形态。这种工作形态又反过来改变了身处其中的员工、雇主及周边产业链，重塑了企业组织关系，"以办公室为工作中心的时代"已开始动摇。

一方面，从定点工作到旅居生活、从"朝九晚五"到多元时间安排，传统办公模式被打破。例如，数字游民不受传统办公系统（包括办公空间、生产设备、人事关系等）的约束，可以根据自己的意愿在全球范围选择工作、旅居地点，安排具体的工作时间。上个月还在清迈古城大街小巷流连，下个月或许就在巴厘岛海滩上漫步了，再过几个月身影可能出现在胡志明机场。还可以将办公地点搬到候机室、咖啡馆甚至沙滩上、泳池边。这意味着他们远离了钢筋水泥丛林中的格子间，告别了"朝九晚五"和通勤拥堵。

另一方面，千百年的全职雇佣时代走向分崩瓦解，组织边界越来越开放，从"人才为企业所有的全日制用工"转变为"人才为企业所用的灵活用工"这一新型组织形式。传统的雇佣模式中，企业和员工是直接雇佣关系，企业自行招聘员工，与员工签劳动合同，为员工支付薪资及缴纳社保，并对员工进行日常管理。而灵活用工模式中企业和员工并非直接雇佣关系，企业只需将用工订单提交给中标的零工中介，企业与中介签订服务合同，之后由中介负责按要求招聘灵活员工。以 Amazon Mechanical Turk 这一微任务众包平台为例，用户可以在该平台上发布一些小任务，这些任务通常用几分钟就能完成。在数字游民、零工经济带来颠覆的同时，争论也由此而起。对于企业来说，远程办公真正的核心是打造了一套商业模式、技术平台、先进的工具和运营体系，这绝非一蹴而就。更何况，办公室的存在有其意义，面对更复杂的问题，面对面交流效率会更高。作为硅谷著名的工作狂，马斯克就给员工两个选项，要么回来工作，要么自己走人。这场办公室革命远未结束。

进一步来看，数字游民、零工经济不仅改变了办公模式及用工模式，更引起了城市、社会层面的蝴蝶效应。曾经，石油和矿产的发现引发新兴城市的兴起；如今，大城市上班族的外流催生了新的数字游民社区、城市。新工作业态正重新定义"好城市"，参考指标从 GDP、教育、医疗变为了每月开销、网速以及天气。据数字游民信息平台 Normad List 城市排名数据，身居前五的是：西班牙大加那利岛、葡萄牙里斯本、葡萄牙波尔图、匈牙利布达佩斯、美国迈阿密。颇有意思的是，耳熟能详的国际都市在这份榜单上并无明显优势。榜单前 100 名的城市中，每月开销在 2 000 美元以下的占了一半。数字游民的生活空间独立于工作空间，这意味着景观优美、生活丰富、物价低廉、气候宜人、网络便捷、安全友好的城市比传统上以经济机会为纲的城市更具吸引力。

这样的工作业态或将缩小大城市与小城镇之间的差距。从 Zoom 小镇的兴起，到"买一座远方房子"的鹤岗，上班族获得风景优美、生活舒适的度假小屋，偏远小镇收获经济发展的新契机。人们像水一样流动到最适合他们的居住地，带来的是一国或全世界各地的均衡发展和城市化水平的共同提高。更深远地看，新型工作业态或将对城市进行重构，从"政府规划"转变为"群体＋政府"的合力创造。如今城市的形成，要么是悠久的历史、政治、地理影响的结果，要么是在政府规划和经济潮流下的产物。而数字游民社区，更像是一个个体可以去发挥的蓝图，每个人都在图纸上增添色彩。2021 年，葡萄牙的马德拉群岛诞生了欧洲第一个数字游民社区，这也是政府机构力量和数字游民创造力结合的成果。当地政府发起了"Digital Nomads Madeira Islands"项目，针对数字游民的需求，比如酒店、餐厅、住宿、租车、法律等，为其创建独特的社区和生活体验。

与此同时，长远来看，数字游民、零工经济的"B 面"也将逐渐显现。从个人层面来看，自由也有代价。数字游牧在解放了雇员肉身的同时，也模糊了工作与生活的边界。边工作边度假，意味着度假也成了工作，生产行为由此成功侵入了打工人宝贵的闲暇之中，人最终把旅行和度假的生活喘息空间也让渡给避无可避的生产行为。

从企业层面来看，一方面，被零工拆解的企业难免面临破碎化的危机。企业是一个有机的生命体，当传统的企业形态被数字化的扩张侵蚀得面目全非时，企业文化很可能也会被打得七零八落。"零工"们并不了解企业文化，也未曾耳濡目染，他们的行为习惯和价值观也许与企业格格不入。

另一方面，远程办公常态化意味着可以在全球寻找低价高质的人力资源。2021 年起，美国科技企业已纷纷将触角伸向加拿大等人才价廉物美之地。有从业者表示："一觉醒来，硅谷的工作机会都被夺走了。"这给被浪漫化的数字游牧生活方式留下隐忧：其经济基础是高薪资地区收入和低薪资地区生活成本的价差，随着企业对远程人力资源开发的加深，这一价差还能维持多久？这场办公方式革命是否会导向这样的未来：HR 们更容易找到人力成本的洼地，最终导致全行业待遇下降和产业转移，就像曾经发生在美国"锈带"城市的那样？

对社会治理而言，零工经济在帮助员工更好地平衡工作与生活的同时，也可能被企业加以利用而致使工人社会保障体系日渐薄弱。临时工和合同工的收入更低，福利计划也不同，而这种做法在硅谷很常见。据 OnContracting 估计，在大多数技术公司，临时劳动力占员工总数的 40%—50%。此外，避免雇用全职员工可以帮助科技公司每年在每个劳动力身上节省 10 万美元。在中国，大型互联网企业应用"人力外包"策略以降低运营成本的现象也已经普及。因此，如何适应、引领数字游民、零工经济的良性发展，仍然需要企业调整组织及战略，城市更新治理方式，社会革新生态机制，多方合力共同引导数字游民、零工经济的可持续发展。

综上，社会就业观开始发生转变。如果说过去企业的人才观是"你为我所有"，如今则变成"你为我所用"。换言之，企业和人才正从传统的雇佣关系变成彼此成就、相互赋能的平台合作关系。其中，人力资本兴起，出资方雇用劳动方，劳动方也雇用出资方，两者殊途同归，共同造就"速度与激情"。与此同时，正如马克思等社会学家所言，工业革命以后人类生产组织的发展趋势是不断摧毁企业以外的各种社群，其后果是生产过程中对人的价值和情感的忽视，从而导致人的"异化"。然而，社会生产关系发展至今，工作的目的逐渐从维持生计转变为实现梦想，劳动者的情感、价值认同得到前所未有的重视。企业开始把员工看成全面的人，人们靠基于价值认同的情感连接和心灵契约紧密融合在一起，企业成为员工实现梦想和人生价值的平台。

"新办公"成为发展主流

从写字楼空置率走高，到租金下行的压力增大，全球办公市场正迅速"塌方"。2023 年 8 月，研究机构 XY Sense 发布对美国、英国、中国香港、新加坡等九个国家（地区）约 2.5 万个办公物业的统计数据，结果显示"全球 36% 的工位一直无人使用"。此外，资本投资也不看好办公市场，黑石集团就计划按 2.5 亿英镑的价格"亏本"出售其在伦敦仅存的写字楼 CARGO

大楼，并且暂停支付新建办公楼的项目经费。放眼国内，办公市场也概莫能外。CBRE数据显示，2022年全国20个重点城市甲级写字楼总存量超过7 800万平方米，市场平均空置率上升至21%，每月租金下降至每平方米171元。种种压力之下，一些办公楼运营企业开始积极自救。

有的是业态升级，在不改变办公属性的前提下通过调整招引企业实现转型。如2022年美国建设、规划的217个办公楼转换项目中，一半以上转变为生物实验室。在国内，则出现了产业居间的招商方法，办公楼的运营企业局中"攒局"，帮助同一条产业链上下游的公司实现一起办公，形成联动集聚效应。

有的是工业上楼，利用集约土地、配套完善优势，招引科创型制造企业。随着电子、医药等偏"轻"的制造业进一步发展，叠加城市土地存量日趋紧张，企业开始从低矮的传统厂房迁移到办公物业。如深圳就在推动集研发办公、高端生产、生活配套等功能于一体的产业综合体。而在新加坡，那里的办公楼运营企业则是将高层建筑转化为一个个独立的工厂，甚至实现货车上楼。

不可否认，种种转型举措均能发挥积极作用，特别是经济中存在着"繁荣—衰退—萧条—回升"的周期性，萧条到极致就会回升。当经济转入复苏，新需求的涌现也将提振办公市场，进而使整个行业起死回生。问题是，在将城市开发为"水泥森林"的发展惯性之下，全球办公市场供过于求、竞争激烈的态势难以根本性改变。更关键的是，办公市场正面临从工业时代到智能时代的时代切换。工业时代多依赖土地、劳动力、原料等有形的物质资源，因此产业靠近资源，人才依附产业，自然而然就形成了以CBD、工业区为核心的当代办公样貌。

当进入智能时代，科创、文化等新产业中信息和知识资源权重增加，"人找产业"开始向"产业找人"转换。因此，尽管办公市场正在全新的行业逻辑倒逼下迎来转型升级的历史机缘，但仅凭办公物业的形态自我更新，并不能扭转供需错配的根本问题。归根结底，从工业时代到智能时代，办公空间迎来了转向"新办公"的时代拐点。

一是绿色低碳化。在环境、社会和公司治理（ESG）等全新发展理念日趋重要的当下，"神似"工厂车间的办公空间已不能满足新产业要求。运用人工智能等先进技术实现智能减排、优化能源利用已成为考查"新办公"的重要指标。

二是科技化，新兴产业应当与网络、信息等科技要素紧密结合，特别是智能中心、数据中心、运算中心等全新空间需求日趋明显，办公空间必须在信息、数据、算力接入等方面适配创新产业的智能需求。

三是人性化，新兴产业的员工群体多为"80后""90后"，渴望更人性化的工作环境。这就要求"新办公"以人为本，重视人的身心健康与环境的舒适性。

综上，时代切换将使"新办公"成为发展的主流，从"新办公"到新城市的演化亦将随之到来。

一方面，办公背后的产业迭代升级与城市发展相辅相成。办公空间的背后是产业需求，形态变化实则与城市同步迭代升级，全球城市都在提"制造业立市"，写字楼也开始积极流入高端制造业。如电子光学仪器制造商捷欧路入驻万菱国际中心，已成为办公转型的写照。

另一方面，"新办公"的变革逻辑与城市迭代升级一脉相承。"新办公"强调绿色低碳、科技化和人性化，这与当今城市的发展逻辑不谋而合，如上海就提出"让绿色成为城市发展最动人的底色"。

与此同时，时代变革使得"新办公"转型成为不可逃避的话题，而"新办公"的兴起也将开启"新城市"的转型之路。未来，伴随"新办公"的迭代变革，"新城市"将呈现以下特征。

首先，产业社区替代传统工业区、CBD，凝聚"新办公"集群。即不同技术、不同行业彼此融合形成新的发展空间。如美国马里兰州 I‑270 生物科技走廊，其核心谢迪格罗夫组团内集聚了 100 多家生物技术企业，而且医疗中心、商场、跳伞中心等购物和娱乐场所可满足产业人群的生活、办公和休闲等需求。

其次，城市综合体集娱乐、商业、生活等功能于一身，提供"新办公"配套。从居住区通过漫长通勤抵达工作场所的生活方式将成为历史，在"15分钟生活圈"等理念影响下，未来城市将围绕人们的生活形成若干组团，囊括消费、工作、生活等诸多功能，也将自然形成对"新办公"的配套支持。如墨尔本就提出"为市民打造一个可以在 20 分钟内解决生活所需、到达工作单位、回到家的社区"。

再次，智能楼宇成为智慧城市的重要载体。"新办公"将通过人工智能、传感器等技术控制建筑能耗，智能减排，将极大促进智慧城市的发展。如英国皇家伦敦资产管理公司大楼，就利用人工智能系统＋传感器来跟踪建筑物的使用情况和其他因素，自动调整照明、制冷等活动，节约 20% 以上能源。

最后，"新办公"形态转变，将更多地体现社会服务属性。随着城市发展，老城区已不再承担商业、办公职能，这些区域内的办公物业质量、品位普遍高于其他建筑，因此可以转型为公共建筑。如在东京，近 20% 的办公楼被申请改建为学校、教培中心等。国内不少办公楼也被改造为公寓、养老院、医院等。

"旗亭百隧开新市，甲第千甍分戚里。"当下，传统办公空间的集体"塌方"敲响了城市空间面向下一个时代需求而演化的钟声。未来，得益于数字技术、智能产业的进一步发展，城市的发展方向将体现在对城市整体形态的多维度改造，特别是从整体到局部的空间布局上，满足未来办公形态对区域分布、相关配套设施以及发展资源的要求。